Chefsache: Best of 2014 | 2015

Lizenz zum Wissen.

Sichern Sie sich umfassendes Wirtschaftswissen mit Sofortzugriff auf tausende Fachbücher und Fachzeitschriften aus den Bereichen: Management, Finance & Controlling, Business IT, Marketing, Public Relations, Vertrieb und Banking.

Exklusiv für Leser von Springer-Fachbüchern: Testen Sie Springer für Professionals 30 Tage unverbindlich. Nutzen Sie dazu im Bestellverlauf Ihren persönlichen Aktionscode C0005407 auf *www.springerprofessional.de/buchkunden/*

Jetzt 30 Tage testen!

Springer für Professionals.
Digitale Fachbibliothek. Themen-Scout. Knowledge-Manager.

- Zugriff auf tausende von Fachbüchern und Fachzeitschriften
- Selektion, Komprimierung und Verknüpfung relevanter Themen durch Fachredaktionen
- Tools zur persönlichen Wissensorganisation und Vernetzung

www.entschieden-intelligenter.de

Springer für Professionals

Peter Buchenau
Herausgeber

Chefsache: Best of 2014 | 2015

Herausgeber
Peter Buchenau
Waldbrunn, Deutschland

ISBN 978-3-658-08708-1   ISBN 978-3-658-08709-8 (eBook)
DOI 10.1007/978-3-658-08709-8

Die Deutsche Nationalbibliothek verzeichnet diese Publikation in der Deutschen Nationalbibliografie; detaillierte bibliografische Daten sind im Internet über http://dnb.d-nb.de abrufbar.

Springer Gabler
© Springer Fachmedien Wiesbaden 2016
Das Werk einschließlich aller seiner Teile ist urheberrechtlich geschützt. Jede Verwertung, die nicht ausdrücklich vom Urheberrechtsgesetz zugelassen ist, bedarf der vorherigen Zustimmung des Verlags. Das gilt insbesondere für Vervielfältigungen, Bearbeitungen, Übersetzungen, Mikroverfilmungen und die Einspeicherung und Verarbeitung in elektronischen Systemen.
Die Wiedergabe von Gebrauchsnamen, Handelsnamen, Warenbezeichnungen usw. in diesem Werk berechtigt auch ohne besondere Kennzeichnung nicht zu der Annahme, dass solche Namen im Sinne der Warenzeichen- und Markenschutz-Gesetzgebung als frei zu betrachten wären und daher von jedermann benutzt werden dürften.
Der Verlag, die Autoren und die Herausgeber gehen davon aus, dass die Angaben und Informationen in diesem Werk zum Zeitpunkt der Veröffentlichung vollständig und korrekt sind. Weder der Verlag noch die Autoren oder die Herausgeber übernehmen, ausdrücklich oder implizit, Gewähr für den Inhalt des Werkes, etwaige Fehler oder Äußerungen.

Gedruckt auf säurefreiem und chlorfrei gebleichtem Papier

Springer Fachmedien Wiesbaden GmbH ist Teil der Fachverlagsgruppe Springer Science+Business Media
(www.springer.com)

Vorwort

Marc liegt regungslos auf dem heißen Asphalt, sein Kopf blutet. Ein herbeigeeilter Passant leistet Erste Hilfe, reißt im das T-Shirt auf und versucht Marc mit einer Herzdruckmassage wiederzubeleben. Von weiten erklingt die Sirene des Rettungswagens, welcher rasch näher kommt. Keine fünf Minuten sind seit Marcs Sturz und dem Eintreffen des Rettungswagens vergangen. Der Notarzt springt aus dem Rettungswagen und beugt sich über Marc. Zu spät – Marc verstirbt in seinen Händen.

Die Autoren aus dem Buch *Chefsache Leisure Sickness* greifen in diesem Fall nicht die klassischen Führungsthemen auf. In der Serie geht es vielmehr um Randthemen, die für Unternehmer, Führungskräfte und Selbstständige extrem wichtig sind, die aber nicht auf deren Prioritätenliste ganz vorne stehen. Bei *Chefsache Leisure Sickness* geht es darum, warum gerade Führungskräfte und Leistungsträger fast ausschließlich am Wochenende und im Urlaub krank werden. Es ist doch einfach ärgerlich: Da freut man sich auf seinen wohlverdienten Urlaub und liegt dann mindestens die ersten 3 Tage krank im Bett. Oft nur mit Schulterbeschwerden, Magenerkrankungen oder Migräne, aber wie die wahre Geschichte von Marc zu Beginn beschreibt, kann dieses Symptom bis zum Tod führen. Im Buch *Chefsache Leisure Sickness* wird beschrieben, was es ist und wie es zu Leisure Sickness kommt und vor allem, was jede einzelne Führungskraft und jeder Leistungsträger tun kann, um eben nicht die ersten drei Tage krank im Urlaubsbett zu verbringen, sondern seinen Urlaub in vollen Zügen, von der ersten Minute an, zu genießen.

Chefsache-Autoren sind anders. Jeder Chefsache-Autor ist ein Experte auf seinem Gebiet. In dem Fall von Leisure Sickness ist es Birte Balsereit. Sie studiert Kognitive und Klinische Neurowissenschaften am Goldsmiths College, University of London. Zuvor hat sie bereits ein Postgraduierten-Diplom in Psychologie und einen Bachelor mit dem Schwerpunkten Freizeitmanagement und BWL erworben. Die Praxisbeispiele werden in den Chefsache-Büchern von führungserfahrenen Managern ergänzt. So wird aus jedem Chefsache-Buch ein Expertenbuch mit umsetzbaren Praxisbeispielen, also Bücher von der Praxis für die Praxis.

Chefsache-Themen sind anders. Es sind die Erfolgsfaktoren im Bewusstseinszeitalter von morgen. Das Industriezeitalter und das Technologiezeitalter haben ausgedient oder, anders ausgedrückt: Welche Themen und Aufgabenbereiche werde ich als Vorgesetzter morgen brauchen, um übermorgen erfolgreich zu sein? Sie wissen ja, die einzige Konstante in unserem Leben ist die Veränderung. Mit dem Kauf dieses Chefsache-Buches *Best of 2014/2015* werden Sie den ersten Schritt in Richtung Bewusstseinszeitalter gehen. Sie treten in eine für Sie noch erfolgreichere Zukunft ein.

Auf den nächsten Buchseiten werden Sie 34 Chefsache-Autoren erleben, die alle in Ihrem jeweiligen Fachgebiet erfolgreiche Experten sind. Egal ob es sich dabei um die Themen Chefsache Gesundheit, Prävention, Betriebskita, Kopf, Social Media Marketing, Leisure Sickness, Männer oder Frauen handelt, alle diese Chefsache-Themen haben ein Ziel und das heißt, für Sie, liebe Leserin, und Sie lieber Leser einen nachhaltigen unternehmerischen oder persönlichen Erfolg zu sichern. Lassen Sie sich von den 34 Autoren inspirieren und nehmen Sie die 34 Tipps, komprimiert auf maximal 3 Buchseiten, dieser Experten an. Der Charme dieses Buches besteht darin, dass Sie einfach irgendwo anfangen können zu lesen. Sie brauchen nicht wie bei normalen Business-Büchern vorne zu beginnen. Gefällt Ihnen ein Autor, kennen Sie diesen vielleicht sogar persönlich oder haben Sie Interesse an einem spezifisch beschriebenen Beitragstipp, fangen Sie dort an. Auf drei Seiten ersichtlich, der Expertentipp. Daher können Sie das Buch ideal auf Ihrem Büroschreibtisch oder Ihrem Nachtisch liegen haben. Drei Seiten pro Tipp können Sie immer und überall lesen. Dieses Buch, *Chefsache: Best of 2014/2015*, bringt Sie weiter.

Sie wollen mehr? Kein Problem! Chefsache hat sich mittlerweile am Markt als Erfolgsfaktor etabliert. Die vielen Chefsache-Bücher sind Schritt eins. Lesen Sie diese auf Ihrem Erfolgspfad an die Spitze. Alternativ können Sie auch den Besuch der Chefsache Business Talks, die im ganzen deutschsprachigen Raum stattfinden oder die Chefsache Powerweekends, welche einmal im Quartal durchgeführt werden, besuchen. Bei den Chefsache Business Talks haben Sie die Möglichkeit, bis zu vier Chefsache-Autoren an einem persönlich Abend zu treffen. Nach kurzen Vorträgen zu den jeweiligen Fachgebieten stehen Ihnen die Chefsache Autoren den ganzen Abend Rede und Antwort. Alles was Sie immer schon zu einem Thema interessiert hat, können Sie da erfragen. Anders geht es bei den Chefsache Powerweekends zu. In einer kleinen intensiven Gruppe, nur unter anderen Chefs, die auf maximal sechs Personen beschränkt ist, erfahren, erlernen und erleben Sie die nächsten Schritte auf Ihrem persönlichen Erfolgsweg. Vorträge, Workshops und Trainings wechseln sich gekonnt ab. Chefsache Powerweekends stärken Ihre Stärken. Sie möchten mehr erfahren zu den Chefsache Businesstalks oder dem Powerweekend? Ganz einfach, alles Wesentliche erfahren Sie auf www.chefsache24.de.

Ich wünsche Ihnen viel Spaß, viel Inspiration und den damit verbundenen Erfolg. Erfolg ist Chefsache.

Waldbrunn, im September 2015   Ihr Peter Buchenau

Inhaltsverzeichnis

1 **Wer sich anbiedern muss, verliert Glaubwürdigkeit und Durchsetzungskraft** 1
Falk S. Al-Omary

2 **Personalarbeit – neu gedacht?: Entscheidung für den Menschen** 5
Petra Barsch

3 **Ihr Recht auf Erfolg: Sie haben ein Recht auf Erfolg, dazu müssen Sie aber auch die Voraussetzungen richtig anwenden** 11
Reinhold Bartha

4 **Ergebnisproduktion wie am Fließband** 17
Steffen Becker

5 **Erfolgsfaktor Stimme: Wie Sie mit dem Superman-Mantel Ihre *Stimm*ung und Sprechwirkung erhöhen** 23
Barbara Blagusz

6 **Chefsache Social Media Marketing – wie erfolgreiche Unternehmen heute schon das Marketing von morgen nutzen** 29
Dominik Fürtbauer

7 **Excellent Leadership: Gebote für Ihren Führungserfolg** 37
Ralf Gasche

8 **Die Gesundheit – der Erfolgsfaktor der Zukunft** 41
Johannes Glatzle

9 **Schaffung erfolgreicher Unternehmen: Führung zu Erfolg und Prävention von Unternehmenskrisen** 47
Hanno Goffin

10 **Führung 4.0** 53
Jürgen W. Goldfuß

11	**Poser versus Performer** .... Suzanne Grieger-Langer	61
12	**Ohne Worte: Der Körper spricht, wenn er schweigt** .... Michael Hannig	67
13	**Das Experiment – Synapsen unter Strom** .... E. Chiara Hartmann	71
14	**Love it – leave it – change it: Gesundheit im Kontext von Führung und Eigenverantwortung** .... Antje Heimsoeth	75
15	**Wahre Führungs*kraft*: So wird Ihr Team zur echten Erfolgsmannschaft** .... Brigitte Herrmann	81
16	**Journalistin und Coach: Zwei Rollen ergänzen sich** .... Gudrun Holtz	87
17	**Vom Wagnis geistiger Flexibilität** .... Yvonne Natascha Heum	95
18	**Führung und Gesundheit** .... Axel Olaf Kern und Michael G. Ludwig	103
19	**Preisprobleme gibt es nicht!: Die 3 wichtigsten Strategien, um Preiskämpfen in weitem Bogen auszuweichen** .... Roman Kmenta	109
20	**Verhalten, Sprachen, Erfolg – Lernen im Alltag** .... Josua Kohberg	113
21	**Ab heute jedes Jahr gesünder** .... Michael von Kunhardt	119
22	**Dankbarkeit bringt Glücksgefühle für alle** .... Bärbel Langer	123
23	**Veränderungsexzellenz – Der Schlüssel zum Erfolg von morgen** .... Dieter Lederer	127
24	**Umdenken statt umfallen!** .... Christina Linke	135
25	**Vertriebssouveränität – Verkaufen über Limit: Vertrieb so einfach machen, dass Vertriebserfolg einfach ist** .... Jochen Metzger	141
26	**Sinn wirkt präventiv: Ein Plädoyer für mehr als nur Über-Leben im Unternehmen** .... Monika Mischek	147

27	**Die Stufen zur Achtsamkeit im Unternehmen**............	153
	Bettina Sabath	
28	**Weil Werte wirken**...........................	159
	Boris Springer	
29	**Wer Leistung will, muss Sinn stiften**..................	165
	Kurt Steindl	
30	**MIT WEICHEN BANDAGEN© – die Faustformel für außergewöhnlichen Erfolg**........................	169
	Christoph Teege	
31	**Erfolg entsteht nicht nur in Tabellen und Reports**...........	175
	Dagmar Verloop	
32	**„Der Chief Heart Officer (CHO) – die Führungskraft der Zukunft"**....	181
	Claus Walter	
33	**Iss Dich fit!: Oder wie man durch richtiges Essen, Gesundheit, Leistungsfähigkeit und Erfolg steigern kann**..............	187
	Hardy Walle	
34	**Angst – Ein unterschätztes Gefühl**..................	195
	Floris Weber	
35	**Work-Life-Fun-Balance: Wo stehen Sie auf Ihrer persönlichen Lebensfreude/Spaß-Skala?**......................	199
	Susanne Wendel	

Wer sich anbiedern muss, verliert Glaubwürdigkeit und Durchsetzungskraft

Falk S. Al-Omary

Rechtsanwälte dürfen nur eingeschränkt werben und sie dürfen schon gar nicht per Telefonvertrieb oder mittels bezahlter Akquisiteure potentielle Mandanten pro-aktiv ansprechen. Viele haben aber trotzdem herausragende Mandanten, gelten als der absolute Crack für ein bestimmtes Fachgebiet und erzielen Top-Honorare. Ähnlich ist es bei Ärzten und anderen Berufsgruppen. Es ist also nicht die klassische Werbung oder der aktive Vertrieb, der über geschäftlichen Erfolg bei Selbstständigen und Freiberuflern entscheidet, die vor allem sich selbst und ihr Know-how anbieten. Im Gegenteil: Würde ein Rechtsanwalt alle Verheirateten anrufen, die sich gerade im siebten Ehejahr befinden und ihnen die perfekte Scheidung versprechen oder ein Arzt gezielt alle Männer ab 40 in einem Umkreis von 30 Kilometern zur Prostata-Krebs-Vorsorge einladen, hieße es schnell „der hat es aber nötig", „der ist unseriös" oder noch schlimmer „der kann nichts taugen". Ähnlich ist es bei Unternehmensberatern, Trainern, Architekten, Künstlern und allen anderen, deren Expertenwissen oder ganz persönliches Können im Vordergrund steht. Wer sich derart verkaufen muss, testiert in den Augen anderer sein eigenes Scheitern, macht sich unglaubwürdig und hat spätestens in der Preisverhandlung schlechte Karten – wenn es überhaupt so weit kommt.

Das bedeutet aber nicht, dass sich Experten nicht verkaufen sollen – nur sie müssen es anders tun. Selbstinszenierung, Public Relations und Eigenvermarktung sind die richtige Wahl. Denn was auch Rechtsanwälte, Ärzte und andere Berufsträger machen dürfen, ist mit ihrem Wissen punkten. Sie dürfen sich mit Titeln und Auszeichnungen schmücken, Vorträge halten und über ihr Spezialgebiet aufklären – per Fachartikel, Pressemeldung, Videobotschaft, Blogbeitrag, Social Media oder Einladung zu eigenen Veranstaltungen. „Aufklären" heißt aber auch hier, nicht marktschreierisch um das nächste Mandat betteln,

---

F.S. Al-Omary (✉)
Trupbacher Str. 17, Siegen 57072, Deutschland
e-mail: post@al-omary.de

sondern informieren, Wissen teilen und Inhalte produzieren, die potenziellen Kunden gegenüber den Anschein erwecken, dass hier ein echter Profi am Werk ist, der bereitwillig und – im Rahmen der Eigen-PR – sogar kostenfrei Praxistipps gibt. Einen Profi beauftragt man eben gerne, weil ihm seine Reputation vorauseilt. „Dem kann man vertrauen", „Von dem habe ich schon gehört" oder „Der gilt als Koryphäe auf seinem Gebiet" sind dann die Aussagen, die die Kaufentscheidung begleiten. Der Kunde oder Mandant fühlt sich nicht akquiriert ober beworben, sondern vielmehr informiert oder, in der Spitze, sogar als Teil einer Elite, die sich gezielt den Anwalt, Arzt, Berater, Trainer oder Architekten ausgesucht hat. „Ich leiste mir den besten ..." – wer möchte das nicht mit Stolz von sich behaupten?

1.1 Klassischer Vertrieb ist keine Lösung

Bei Rechtsanwälten und Ärzten gibt es indes noch ein Problem: die Gebührenordnung, die so manches Honorar per Gesetz deckelt. Bei Beratern, Trainern, Coaches, Architekten, Künstlern und anderen Experten hingegen kann der Stunden-, Tages- oder Projektsatz ins Unermessliche steigen. Sechs- oder gar siebenstellige Umsätze sind eben kein Privileg großer Unternehmen, sondern können auch von kleinen Betrieben und sogar Einzelpersonen erreicht werden. Wenn deren Inhaber die richtigen Maßnahmen ergreifen. Die einen kämpfen auf dem Markt um das „Ich oder ein anderer", die anderen, diejenigen, die sich über einen längeren Zeitraum hinweg selbst inszeniert und in Szene gesetzt haben, um das „Ich oder keiner". Neben Kompetenz und einem daraus resultierenden guten Leumund braucht es dafür vor allem eine Selbstinszenierungsstrategie, die sich dauerhaft durchhalten lässt und die dem eigenen Wesen und Charakter entspricht. Schließlich müssen Angebot und Preis langfristig zum eigenen Habitus und dem erworbenen Expertenstatus passen. Das ist harte und kontinuierliche Arbeit, die weit über das reine Erlernen von Fähigkeiten und Erwerben von Formalqualifikationen hinausgeht. Engagement und permanente Persönlichkeitsentwicklung sind ebenso gefragt wie das immer neue Darstellen der eigenen Person in der Öffentlichkeit, in den Medien, in der Branche und bei möglichen Kunden, Mandanten und Empfehlungsgebern. Nur wer präsent ist, findet auch statt, wird empfohlen und kann Top-Honorare verbuchen. Selbstinszenierung, Medienreichweite und sichtbare Präsenz sind die unbedingte Klaviatur, auf der Experten spielen müssen.

Der klassische Vertrieb per Telefon, Mailing oder „Klinkenputzen" ist hier hingegen eher imageschädlich. Was bei konkreten Produkten und austauschbaren Dienstleistungen funktioniert, kann und darf nicht übertragen werden auf Angebote, die ausschließlich von einer bestimmten Person mit deren individuellen Kompetenzen erbracht werden. Trainer, Berater, Vortragsredner, Rechtsanwälte haben kein Produkt, sie sind das Produkt. Mal abgesehen davon, dass die eigene Kompetenz per Buch, CD, DVD, Download, Online-Kurs oder Internet-Beratung multipliziert werden kann oder sich ein bestimmtes Beratungs- oder Trainingskonzept verfranchisen lässt, so bleibt doch immer die eigene

Persönlichkeit unabdingbarer Bestandteil – und auch das Hauptverkaufsargument. Personenbezogene Leistungen erfordern zwangsläufig die persönliche Inszenierung des Know-how-Trägers. Will er erfolgreich werden, muss er selbst „an die Front", kann seinen Vertrieb nicht delegieren, weder an einen Call-Center-Agent noch an eine Werbe- oder Vertriebsagentur.

Stattdessen braucht er Spezialisten an seiner Seite, die mit ihm an seiner Identität, seiner Persönlichkeit, seinen Potentialen und seiner individuellen, ganz auf die Person zugeschnittenen Markenentwicklung arbeiten. Profis, die ihn begleiten, seine unternehmerischen und privaten Ziele in Einklang mit dem zu bringen, was er an Ideen, Kompetenzen und Leistungen anbietet und die dies alles in einem kongruenten, ganzheitlichen Auftritt bündeln, den er nicht nur imagemäßig in bestimmten Situationen darstellen kann, sondern den er konsequent lebt. Motto: konsequent ich, immer, überall.

1.2 Selbstinszenierung: Perpetuum mobile für den Erfolg

Wer so vorgeht, das eigene Sein und Wesen kultiviert und darauf aufbauend die eigene Selbstvermarktung gestaltet, sich bei jeder Gelegenheit als Experte profiliert und inszeniert, hat bessere Verkaufschancen. Gekauft wird dann nämlich eine Persönlichkeit, basierend auf Vertrauen und Renommee, auf gelebter Expertise und einer vorauseilenden Kompetenzanmutung. Der Verkauf wird überzeugender, persönlicher, wahrhaftiger, weil der leistungserbringende Mensch im Vordergrund steht und eben nicht eine durch Dritte dargebotene Werbebotschaft. Wer als Experte verkaufen möchte, muss sich selbst verkaufen lernen. Vertrieb ist und bleibt Chefsache – Vertrieb eben im Sinne einer umfassenden Selbstinszenierung und Eigen-PR. Und das kann, wie schon gesagt, nur einer – der Chef, der Herr oder die Herrin im Ring, der Experte persönlich.

Eine überzeugende Persönlichkeit mit einzigartiger Kompetenz und deren Vermarktung schafft Vertrauen und sorgt so auch für Empfehlungen – ohnehin die beste Quelle für neue Mandate und Projekte. Testimonials, Referenzen, Mitgliedschaften in Qualitätszirkeln und Fachverbänden sorgen für weitere Reputation und Imagetransfers und sind zugleich wiederum eine Möglichkeit, sich der nächsten „Selbstdarstellungsbühne" zu bedienen. So sind Aktivität und Präsenz in den Medien und auf dem gesellschaftlichen oder branchenspezifischen Parkett der größte Umsatzbringer – wenn sie getragen werden von einer wiedererkennbaren, einzigartigen und sich perfekt inszenierenden Persönlichkeit. Sogmarketing durch Inhalte und Personality statt Anbiederung durch Bettelakquise lautet das Erfolgsrezept für Kompetenzträger. Ein Prinzip, das wie ein Perpetuum mobile für den eigenen Erfolg funktioniert.

1.3 Über den Autor

Falk S. Al-Omary ist der Experte für Selbstinszenierung, Medienreichweite und Egoselling. In mehr als 20 Jahren in politischen Ämtern und Mandaten und mehr als 50 Funktionen in Verbänden, Organisationen und Unternehmen hat er gelernt, wie strategisches Denken und Handeln in einem komplexen und meist rauen Umfeld funktioniert, wie sich starke Persönlichkeiten an die Spitze kämpfen und dort auch bleiben. Mit diesem Wissen leitet er heute seine eigene Unternehmensgruppe. Er ist Mentor, Marken- und Identitätsentwickler sowie zupackender Markenbotschafter für all diejenigen, die vor allem sich selbst verkaufen, sich mit ihrem Namen und ihrer Expertise durchsetzen und auf ein positives Meinungsklima sowie auf ein ihnen vorauseilendes Renommee angewiesen sind. Der Autor von „Bescheidenheit zieht Armut an" und anderen Werken rund um die Themen Marketing, PR und Selbstinszenierung arbeitet für viele prominente Persönlichkeiten sowie für namhafte Unternehmen und Eventveranstalter. Er sorgt dafür, dass Experten mit ihrem Wissen und Können sowie maßgeschneiderten Produkten höhere Honorare erzielen, ohne diese rechtfertigen zu müssen. Dafür spielt er die Klaviatur der Medien: Von Print und Online über Radio und TV bis hin zu crossmedialen Kampagnen transportiert er Botschaften, Themen und Meinungen und sorgt so für starke Anziehungskräfte des Marktes. Der PR-Profi, Wirtschaftsjournalist, Autor, Top-100-Unternehmer, ausgebildete Business-Coach und professionelle Vortragsredner ist zudem gefragter Keynote-Speaker. Seine Vorträge und Workshops sind frech und spritzig, maximal provokant und ein schonungslos ehrlicher Blick hinter die Kulissen der Erfolgreichen.

Mehr unter www.al-omary.com.

Personalarbeit – neu gedacht?

Entscheidung für den Menschen

Petra Barsch

Personalabteilungen fast aller Unternehmen ringen derzeit um neue Konzepte, neue Wege und Innovationen im Personalrecruiting, in der Mitarbeiterbindung und im Umgang mit der alternden Belegschaft. Ständig erscheinen neue Studien zu den Themen Personalmarketing und Recruiting; Fachkräftemangel, demografischer Wandel, Diversity sind Themen der Stunde. Alles soll auf die Zukunft der Unternehmen einzahlen. Mobile und Active Recruiting, Employer Branding sowie Marketing 2.0 sollten den Zugang zu Bewerbern und die Bindung von Mitarbeitern erleichtern. Und dennoch scheint sich nicht viel zu ändern.

Laut einer Studie durchgeführt von der ManpowerGroup ergibt sich für Deutschland im Jahr 2015 folgendes Bild:

> *„SCHWIERIG ZU BESETZENDE POSITIONEN 46 Prozent der Unternehmen in Deutschland leiden unter akutem Fachkräftemangel. Das sind sechs Prozentpunkte mehr als 2014. Bei jedem zweiten Unternehmen führte die Personallücke bereits dazu, dass Aufträge abgelehnt werden mussten. Mehr als 40 Prozent sind nach eigenen Angaben weniger wettbewerbsfähig und innovativ, weil die richtigen Fachkräfte fehlen. ‚Der Arbeitsmarkt hält mit dem wirtschaftlichen Aufschwung im Land nicht mehr Schritt', sagt Herwarth Brune, Vorsitzender der Geschäftsführung der ManpowerGroup Deutschland. ‚Um den Konjunkturmotor am Laufen zu halten, braucht es neue Ideen, wie wir Menschen in Arbeit bringen. Das Einstellen von Flüchtlingen sollte beispielsweise erleichtert werden.' Facharbeiter und Handwerker sind echte Engpassberufe. Zudem gehen den Unternehmen die Manager aus. ‚Eine ganze Generation der Babyboomer steht vor dem Ruhestand. Diese Lücke müssen die Arbeitgeber füllen, beispielsweise durch gezielte Nachwuchsprogramme', sagt ManpowerGroup-Deutschland-Chef Herwarth Brune. Äußerst schwierig gestaltet sich auch die Suche nach IT-Fachkräften. ‚Es besteht dringend Handlungsbedarf, wenn deutsche*

P. Barsch (✉)
Schivelbeiner Str. 42, 10439 Berlin, Deutschland
e-mail: mail@petrabarsch.de

© Springer Fachmedien Wiesbaden 2016
P. Buchenau (Hrsg.), *Chefsache: Best of 2014 / 2015*,
DOI 10.1007/978-3-658-08709-8_2

Unternehmen eine Vorreiterstellung beim Megatrend Industrie 4.0 einnehmen wollen. Es lohnt sich zum Beispiel, zusätzlich mehr Arbeitnehmer intern für die neuen Anforderungen zu qualifizieren, statt eingleisig nach den perfekten Spezialisten zu suchen', so Brune" (Manpower Group 2015).

Doch bei der Suche werden häufig die grundlegenden Regeln im Umgang mit neuen und alten Mitarbeitern nicht beachtet oder sogar verletzt. Der Umgang mit Bewerbern und damit potenziellen neuen Mitarbeitern lässt aus Sicht der Suchenden noch zu wünschen übrig. „Unternehmen suchen nach Profilen statt nach Menschen" fasst den Eindruck der zunehmend frustrierten Bewerber zusammen. Die Liste der negativen Eindrücke ist lang. Es beginnt damit, dass Stellenanzeigen in immer mehr Stellenbörsen veröffentlicht werden, anstatt in regionalen oder berufsspezifischen, auf den Unternehmenswebsites muss der Bewerber sich teilweise immer noch langwierig durchklicken um aktuelle Anzeigen zu finden. Personalberater und Dienstleister werden immer öfter in den Prozess eingeschaltet.

Unhaltbar finden viele Bewerber auch den zunehmenden Einsatz von Formularen, die jegliche Individualität im Keim ersticken. Bessere Vergleichbarkeit meinen die Unternehmen. Doch worum geht es hier eigentlich? Nicht doch um einen Mitarbeiter, der die Aufgaben erledigen kann und will? Und genau der wird möglicherweise abgeschreckt oder aufgrund eines Formfehlers aussortiert.

Was Bewerbern nicht in den Kopf will, ist, dass im Zeitalter der Automatisierung des Mailverkehrs eine Eingangsbestätigung eine so große Hürde darzustellen scheint, dass sie oft nicht versendet wird.

> ▶ Hier wäre es Zeit umzudenken. Zu den Bestrebungen durch Mobilrecruiting, Marketing 2.0 sollten auch neue Umgangsformen definiert werden. Dazu gehört Transparenz über den Eingang, den Stand des Auswahlverfahrens und eine qualifizierte Absage – und das alles regelmäßig und freiwillig.

Das Vorstellungsgespräch ist dann ein großer Meilenstein, viele Bewerber bereiten sich wochen- oder zumindest tagelang auf alle möglichen Fragen vor. Sie wollen einen guten, wenn nicht perfekten Eindruck hinterlassen. Unternehmen scheinen jedoch häufig zu vergessen, dass auch sie sich hier vorstellen und von ihrer besten Seite präsentieren. Das scheint oft nicht der Fall zu sein. Die Gesprächspartner scheinen oft schlecht vorbereitet zu sein, kennen die Unterlagen kaum oder gar nicht. Häufig werden die Gespräche mit der Personalabteilung geführt – ca. 73 %, was aber auch nicht wirklich beeindruckend verläuft. Zudem würden Bewerber lieber mit den zukünftigen Vorgesetzten oder Kollegen sprechen.

Das wünschen sich 89 % der Teilnehmer einer Umfrage, die die Recruiting-Plattform Softgarden im Januar 2015 durchgeführt hat. Nur 44 % wollen mit der Personalabteilung sprechen (vgl. Softgarden 2014). Diese Ergebnisse sollten ernst genommen werden, denn sie passen leider zu den Erfahrungen vieler Arbeitnehmer. Falsche Ansprache, dass der

Interviewer während des Gesprächs die Füße auf den Schreibtisch hatte oder auch geraucht hat, klingen wie Einzelfälle, sind es aber nicht.

Auf das Unternehmensimage wirken sich solche Erfahrungen verheerend aus. Bewerber berichten Freunden und Bekannten und raten von Bewerbungen in diesen Unternehmen ab.

Was wünschen sich Bewerber stattdessen?

- Vorgesetzte sollten sich vor Beginn des Gespräches mit den Unterlagen beschäftigen.
- Hilfreich wäre, wenn normale Tagesabläufe zur Veranschaulichung beschrieben würden.
- Vorauswahl nicht nur Assistenten und Praktikanten überlassen. Die massive Suche in Jobbörsen nach Praktikanten und Werkstudenten für die Personalauswahl legen diesen Schluss nahe.
- Klare und realistische Bewerberprofile
- Fragen, die von den Standardfragen abweichen, dafür relevante Punkte betreffen
- Kollegen aus dem Bereich nehmen am Gespräch teil und entscheiden mit.
- Gespräche sollten offen geführt werden.
- Wertschätzende Atmosphäre und Zugewandtheit
- Einhaltung der Termine – keine dauernden Verschiebungen oder lange Wartezeiten.

Immer noch lässt in vielen Unternehmen der Umgang mit Bewerbern zu wünschen übrig. Bewerber geben an, sie hätten schon einmal ein Angebot eines Arbeitgebers abgelehnt, weil sie sich von ihm unzureichend informiert gefühlt hätten. Durch schlechtes Bewerbermanagement laufen Unternehmen Gefahr, gerade sogenannte High Potenzials als potenzielle Mitarbeiter zu verlieren.

Ist die Einstellung erfolgreich zustande gekommen, werden viele neue Mitarbeiter von der Realität eingeholt. Was im Vorstellungsgespräch und in der Firmenbroschüre noch ganz ausgezeichnet klang, ist nun in Vergessenheit geraten. Zu oft sitzt der neue Mitarbeiter rum, der Rechner steht noch nicht zur Verfügung, keiner hat so richtig mit ihm gerechnet, der Chef ist nicht da. Betriebsrundgang – keine Spur, da sich kein Kollege zuständig fühlt. Beim Neuen entsteht der Eindruck des Unwillkommenen, gegen den es vielleicht sogar Vorbehalte gibt. Die Folge ist, dass der neue Mitarbeiter das Unternehmen schnell wieder verlässt und der Auswahlprozess von neuem beginnt.

Um dem entgegenzuwirken, sollte die Einarbeitung fest geplant sein, der Ansprechpartner benannt, die Technik funktionieren und die wichtigen Personen für die zukünftige Arbeit sollten vorgestellt werden. Gekoppelt an einen Rundgang, der ebenfalls zur Vorstellung genutzt wird, kann die Einarbeitung gut starten.

Um diesen und allen weiteren zukünftigen Entwicklungen entgegenzuwirken, müssen sich Personalabteilungen die Frage stellen, wie sie ihre Rolle zukünftig sehen und ob sie nicht als Innovatoren, als Vorausdenker und Gestalter agieren wollen. Heutzutage haftet vielen der Ruf an, verstaubte Hüter der Vergangenheit zu sein und Trends zu verschlafen. Neue Namen wie „Business Partner" sind oft tatsächlich nur Makulatur. Verantwortungen und Befugnisse werden abgegeben.

In Zeiten, in denen sich ganze Unternehmen neu strukturieren, sind auch Personalabteilungen aufgefordert, sich zu entwickeln. Es ist unwahrscheinlich, dass das Wissen und Know-how von heute auch in Zukunft noch relevant sein wird. Die Rolle der Personalabteilung wird sich in den nächsten Jahren stärker wandeln als je zuvor. Zu diesen Erkenntnissen führt die Studie „The Global Leadership Forecast 2014/2015" von DDI und dem Unternehmensverband „The Conference Board".

Der zufolge sehen sich 60 % der Personalabteilungen als Partner der Fachabteilungen, allerdings sehen sich 22 % als reaktiv. Sie reagieren lediglich auf Anfragen aus den Fachabteilungen und setzen Richtlinien durch. Nur 18 % setzen Datenanalysen ein, um Talentlücken zu erkennen und vorausschauend zu agieren (vgl. The Global Leadership Forecast 2014/2015).

Aber Personalarbeit ist keine reine Abwicklung von Aufgaben oder Administration, sondern ein Finden und Entwickeln von Potenzialen. Von hier müssen die Impulse ausgehen und die Unterstützung kommen.

Sich für die Zukunft zu positionieren, wettbewerbsorientiert auszurichten und Prozesse zu optimieren funktioniert nur, wenn die richtigen Personen an den richtigen Stellen sitzen. Daher gehört zu den originären Aufgaben der Personalabteilung, frühzeitig Vakanzen zu erkennen und gegenzusteuern. Personal strategisch und zukunftsweisend entwickeln und nicht spontan und nach dem Gießkannenprinzip. Dazu muss HR in die strategische Unternehmensführung eingebunden sein, den Platz beanspruchen und einen eigenen Beitrag leisten. Es geht darum, mögliche Schwierigkeiten und Bedarfe im Voraus zu erkennen und den Unternehmen und Mitarbeitern die Möglichkeiten des Wandels aufzuzeigen.

2.1 Über die Autorin

Petra Barsch ist Diplomökonomin und seit 2006 freiberuflich als Trainerin und Beraterin für Personalbeschaffung und -marketing tätig. Davor hat sie Erfahrungen in der Personalarbeit in unterschiedlichen Branchen wie der Gastronomie, dem Gesundheitswesen, der Versicherungsbranche gesammelt.

Heute liegt das Hauptaugenmerk ihrer Tätigkeit in der passgenauen Formulierung der Anforderungen, in der zielgruppengerechten Ansprache sowie der guten Einstellungsvorbereitung, um Fehlbesetzungen zu minimieren, am besten zu vermeiden. Die genaue Kenntnis der eigenen Unternehmensstärke auf dem Arbeitsmarkt darzustellen ist dabei eine wesentliche Voraussetzung, über die sie sich im Beratungsprozess Klarheit verschaffen. Sie verbindet moderne Erkenntnisse der Personalarbeit mit Menschlichkeit und Empathie.

Zunehmend unterstützt Petra Barsch Personalabteilungen dabei, ihre Rolle für die Zukunft zu definieren, ihre eigenen Strukturen an die Entwicklungen anzupassen und sich das dafür nötige Wissen anzueignen. Sie begleitet Personalabteilungen bei der Umsetzung moderner Methoden wie Holocracy, konsultativem Entscheiden und integrativer Entscheidungsfindung sowie Design Thinking in ihrem Wandel und macht sie so zukunftsfit.

Literatur

Manpower Group (Hrsg.). (2015). Studie Fachkräftemangel. https://www.manpower.de/fileadmin/user_upload/2015_06_22_MPG_TalentShortageSurvey_Broschuere_Deutschland_8Seiten.pdf. Zugegriffen am 08.07.2015.

Softgarden (Hrsg.). (2014). Bewerbungsprozess & Unternehmensmarke. http://go.softgarden.io/bewerbungsprozess-unternehmensmarke?. Zugegriffen am 08.07.2015.

Studie „The Global Leadership Forecast 2014/2015" von DDI und dem Unternehmensverband „The Conference Board". (2014/2015). http://www.ddiworld.com/glf2014. Zugegriffen am 28.06.2015.

Ihr Recht auf Erfolg

Sie haben ein Recht auf Erfolg, dazu müssen Sie aber auch die Voraussetzungen richtig anwenden

Reinhold Bartha

3.1 Jeder redet von Erfolg – was ist das eigentlich?

Meist ist Erfolg die Folge einer Anstrengung, die zu einem guten Ergebnis führt. Eine gründliche Vorbereitung ist der Schlüssel zu unserem Erfolg.

Laut Wikipedia bezeichnet der Begriff Erfolg das Erreichen selbst gesetzter Ziele (2015).

In der Regel decken diese Ziele menschliche Grundbedürfnisse ab. Literatur und Auflistungen von Grundbedürfnissen gibt es eine ganze Menge. Ich kann daher nur empfehlen sich mit der Frage „Was will ich im/vom Leben?" einmal ernsthaft zu beschäftigen. Vieles läuft nach eigener Beantwortung der Frage leichter, lockerer und sicherer ab. Für jeden Menschen ist Erfolg etwas anderes.

Die Abb. 3.1 zeigt eine kleine Idee von acht Grundbedürfnissen, die als Motivation zum Erreichen eigener Ziele dienen kann.

Wir merken bereits hier, dass Erfolg zumindest immer einen erheblichen Aspekt hat: Individualität! Weiterhin lässt sich regelmäßig feststellen, dass bei den meisten Menschen Erfolg einen weiteren Aspekt hat: Zukünftig.

Aber wenn Sie erst einmal wissen, was Sie möchten, dann fragen Sie sich bestimmt: Wie kann mein individueller Erfolg erreicht werden?

R. Bartha (✉)
Kanzlei Bartha, Töpferstr. 58, 61273 Wehrheim, Deutschland
e-mail: info@kanzlei-bartha.de

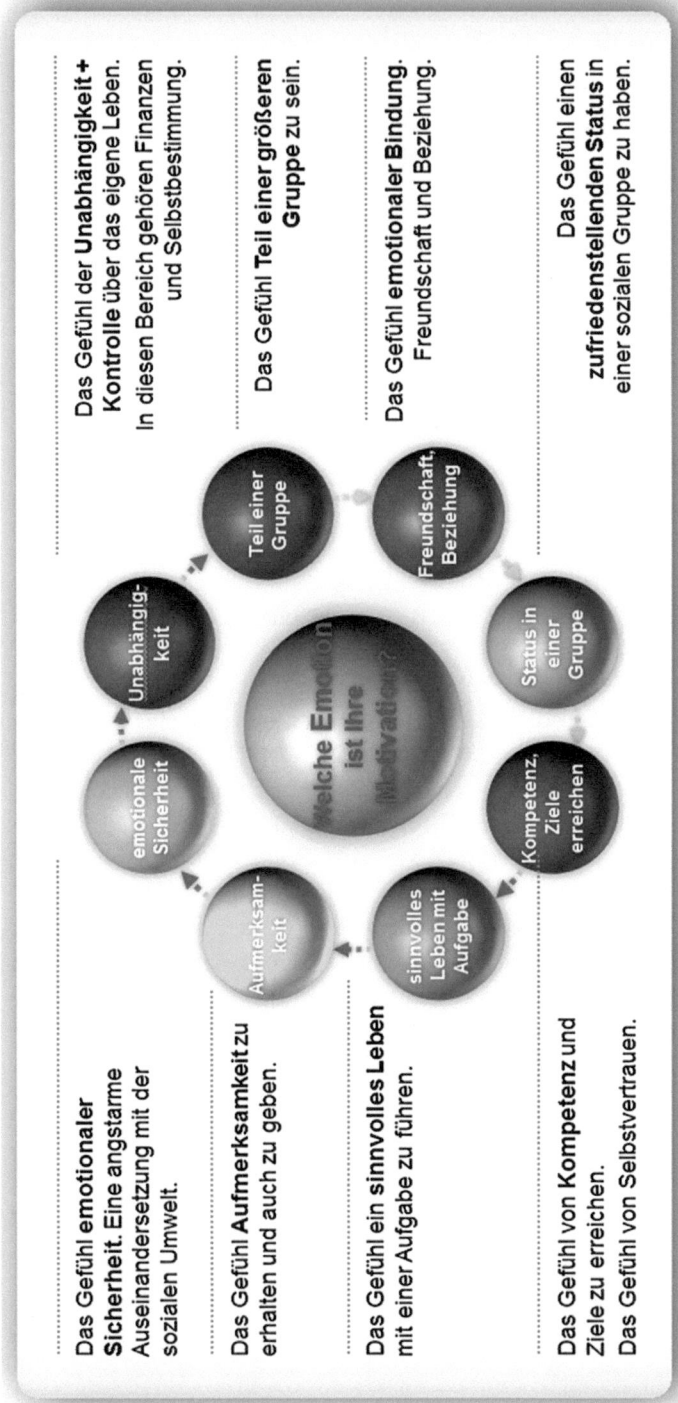

Abb. 3.1 Die 8 Grundbedürfnisse

3.2 Der Schlüssel des Erfolgs

Dies führt uns zur nächsten Frage, ob Erfolg planbar ist. Um es direkt vorweg zu nehmen: Ja!

Jedoch fällt Erfolg nicht vom Himmel. Die Hände in den Schoß legen und abwarten hat noch in den seltensten Fällen zum Erfolg geführt. Es ist daher wichtig ins Handeln zu kommen. Damit meine ich nicht blinden Aktionismus, sondern gezieltes und effizientes Vorgehen.

Der Schlüssel zum Erfolg ist somit der Aufbau Ihres Wissens:

*K*nowledge *E*mpowers *Y*ou.

Je nach Ihren Zielen benötigen Sie daher individuelle Regeln um diese zu erreichen. Den Erfolg von anderen Menschen kopieren zu wollen bedeutet nur, auch deren Ziele zu kopieren.

3.3 Regelheft zum Erfolg

Die Hauptfrage auf dem Weg zu *Ihrem* Erfolg lautet daher: Nach welchen Regeln muss ich mich richten? Daher beginnt die Wissenssuche zunächst mit Fokus auf das richtige Regelheft. Nun sind wir in Deutschland Weltmeister der Regeln. Und wo finden wir beispielsweise Regeln? In Gesetzen.

Sie kennen sicherlich folgende Gesetze:

BGB = Das Bürgerliche Gesetzbuch
HGB = Das Handelsgesetzbuch
StGB = Das Strafgesetzbuch

Aber kennen Sie auch das EfGB?

EfGB = Erfolgsgesetzbuch

Das BGB findet man regelmäßig auf namhaften Bestsellerlisten. Mit dem EfGB verhält es sich leider etwas anders. Denn es ist individuell und persönlich. Des Weiteren ändert es sich ab und an, nämlich immer dann, wenn sich Ihre Werte und Einstellungen im Leben verändern. Somit bei jedem Entwicklungsschritt Ihrer Persönlichkeit.

Aber: Einiges ist für jeden gleich. Allgemeine Lebensgesetze oder universelle Gesetze, physikalische Gesetze oder auch gesellschaftliche Gesetze.

Ihr EfGB muss somit eine Mischung aus allgemein anerkannten und gültigen sowie Ihren individuellen Regeln sein. Wenn Sie eines haben, dann können Sie sich glücklich schätzen.

3.4 Ihr Handwerkszeug – Lernen aus den Gesetzen

Wenn Sie noch kein EfGB haben, dann sollten Sie sich eines verfassen. Auf Grundlage des bisher Festgestellten wünsche ich Ihnen viel Spaß beim Schreiben Ihres EfGBs, mit dem Ziel Sie zum Erfolg zu führen.

Dazu erkläre ich Ihnen noch kurz eine bewährte Struktur aus dem Bereich der Rechtswissenschaft: Gesetze sind regelmäßig in einen Allgemeinen Teil (AT) und einen Besonderen Teil (BT) aufgebaut.

Schaffen Sie sich daher **Regeln für den Allgemeine Bereich (AT)**. Dies sind Regeln, die Sie quasi spartenübergreifend auf alle besonderen Bereiche anwenden können. Beispielsweise habe ich für mich in meinem EfGB AT einen Wissensteil zum Thema „Rhetorik/Kommunikation". Dieses Wissen ist meiner Meinung nach unerlässlich auf dem Weg des Erfolgs. Weitere Themen in meinem EfGB sind:

- Strategie, Planung, Positionierung
- Kommunikation, Rhetorik, Körpersprache, Atmen
- Organisation, Zeitmanagement, Stressmanagement, Selbstmanagement
- Achtsamkeit, Empfindsamkeit
- Knigge, Kleidung
- Resonanz, Glaubenssätze, positive Autosuggestion
- Lebensbalance

Zu all diesen Themen sammele ich Wissen und Erfahrung, die mich dem Ziel meines Erfolges näher bringen. Genau dies wird auch Ihnen passieren, wenn Sie mit diesem System arbeiten.

Ferner schaffen Sie sich **Spezialregeln für Besondere Bereiche (BT)**. Hier müssen Sie genau schauen und prüfen, welche Ziele Sie anpeilen. Ich habe direkt das ganze Leben als Erfolgsziel angepeilt:

- Allgemeines
- Körper
- Beruf
- Finanzen
- Familie
- Geist
- Lebensziele

Und so wird das eigene EfGB immer weiter verfeinert und in kleinere Einheiten verzweigt. Wer mehr zu den feineren Untergliederungen erfahren möchte kann mich gerne kontaktieren.

3.5 Fazit

Sie haben nun einen Leitfaden zur gründlichen Vorbereitung auf dem Weg zum Erfolg kennengelernt. Die Anstrengung der Umsetzung muss von Ihnen kommen. Legen Sie los!

3.6 Über den Autor

Reinhold Bartha ist Rechtsanwalt mit eigener Kanzlei, Unternehmer sowie Unternehmensberater. Er bietet Hilfe als Berater, damit Probleme erst gar nicht entstehen, kann aber auch danach rechtssicher rettende Lösungen liefern. Sein Talent ist dabei stets, die Kernprobleme herauszuarbeiten und auf einen einfachen Punkt zu konzentrieren, um dann mit einer meist einfachen Lösung an der Wurzel zukünftige Probleme erst gar nicht entstehen zu lassen.

Mit seiner KANZLEI BARTHA steht er Unternehmen als Beirat oder Berater zur Seite. Zusätzlich zu seinem Wissen als Jurist unterstützt er diese auch durch Unternehmerwissen in den Bereichen Führung, Personal, Organisation, Vertrieb, Verkauf und Marketing. Ferner hat er sich einen Schwerpunkt im Bereich Inkasso und Verkehrsunfallmanagement aufgebaut.

Ergänzt wird sein Wissen durch sein eigens gegründetes Unternehmernetzwerk FNE – FAIR NETWORKING ENTERPRISES. Hier verhilft er Selbstständigen, Freiberuflern und KMU durch gezielte Marketingmaßnahmen zu mehr Kunden und mehr Umsatz. Gleichzeitig verfügt er hier über ein großes Netzwerk an Experten, die er im Rahmen seiner Beratungen vertiefend einsetzen kann.

Als Inhaber von IHR RECHT AUF ERFOLG begleitet Reinhold Bartha als Präventiv-Berater und Business Coach Fach- und Führungskräfte und Unternehmer/innen in privaten und beruflichen Entwicklungsprozessen. Auch in Keynote- und Impulsvorträgen gibt Reinhold Bartha sein Wissen und seine Erfahrungen weiter.

Weitere Infos unter: www.kanzlei-bartha.de www.go-fne.de www.ihr-recht-auf-erfolg.de

Literatur

Wikipedia (Hrsg.). (2015). Erfolg. https://de.wikipedia.org/wiki/Erfolg. Zugegriffen am 07.08.2015.

Ergebnisproduktion wie am Fließband

4

Steffen Becker

Franz ist 43 Jahre alt und arbeitet als leitender Angestellter in einem Maschinenbauunternehmen. Er hat es geschafft, sich zu einem Abteilungsleiter hochzuarbeiten, kommt jedoch auf der Karriereleiter nicht im Unternehmen weiter. Er schaut etwas neidisch auf Markus, seinem besten Freund, der mit Anfang 30 bereits Niederlassungsleiter eines großen Baumaschinenhandels ist.

Beide kennen sich schon einige Jahre, denn sie hatten das gleiche Erlebnis. Sie waren beide auf einen Kick aus und lernten sich im Kletterwald kennen, also jenes Teamevent, welches meistens ab fünf Meter Höhe stattfindet, um Teams zusammenzuschweißen.

Eines Tages, nachdem sie sich inzwischen schon zehn Jahre kannten, saßen beide auf der Terrasse von Markus und unterhielten sich. Im Verlauf des Abends stellte Franz Markus die Frage:

„Markus, du bist sehr erfolgreich im Berufsleben, während ich den Eindruck habe, einfach stehen zu bleiben. Ich will auch weiter kommen, und bekomme es im Unternehmen einfach nicht hin. Wie machst du das? Hast du einen Tipp für mich?"

„Franz, wir kennen uns nun schon einige Tage und ich kann dir nur meine Wahrnehmung wiedergeben. Ich kann nicht beurteilen, ob sie stimmt, nur was mir an deinen Erzählungen in den vergangen Jahren aufgefallen ist, sind Äußerungen über Dinge, die du nicht erfolgreich abschließt, oder Dinge, die einfach wesentlich länger brauchen als gedacht. Das gibt es bei mir so gut wie nicht", sagte Markus.

„Das stimmt", sagt Franz, „woran liegt denn das deiner Meinung nach?"

„Nun", entgegnet Markus, „ich kann dir nicht sagen woran das bei dir liegt, aber ich kann dir sagen, warum ich es in den meisten Fällen hinbekomme. Bevor ich dir das jedoch sage, würde ich mich freuen, wenn du dir einmal in den nächsten 14 Tagen aufschreibst,

S. Becker (✉)
Winböhla, Deutschland
e-mail: info@becker-coaching.com

wie du wirklich deine Zeit verbringst–also nicht nur was im Kalender steht, sondern auch das Thema Ablenkungen etc. Schreibe mal bitte deinen tatsächlichen Tagesablauf auf. Lass uns übernächstes Wochenende nochmals darüber sprechen. Einverstanden?"

„Einverstanden", entgegnet Franz.

Zwei Wochen später treffen sie sich und es zeigt sich, dass Franz seine Aufgaben gemacht hat. Es ist ihm schwer gefallen, berichtet er. Seine Aufzeichnungen (siehe Abb. 4.1) sehen sehr individuell aus.

Markus fragt Franz, was in den letzten zwei Wochen sein Ziel war. Er sieht, dass Franz zwar an seinem Ziel gearbeitet hat, jedoch alles andere als konstant. Auf die Frage, warum das so sei, antwortet Franz: „Das Tagesgeschäft hat mich eingeholt. Ich durfte so viele operative Dinge machen und die vielen Besprechungen sind mir so oft in die Quere gekommen."

„Hmm", meint Markus. „Hast du die Besprechungen anberaumt oder wurden sie dir von deinem Chef vorgegeben?" „Die meisten der 20 Besprechungen habe ich anberaumt", sagt Franz.

„Okay", meint Markus, „hier haben wir vielleicht einen entscheidenden Grund, warum du nicht weiter kommst", und Markus beschreibt das folgende Szenario:

„Wissenschaftler haben errechnet, dass wir täglich bis zu 20.000 Entscheidungen treffen, jedoch nur 5 % davon über unser Bewusstsein laufen. 95 % von den täglichen Entscheidungen laufen unbewusst ab. 95 % unseres täglichen Handelns läuft ab, als wären wir alle–also du und ich–im Autopilot. Ich will nicht sagen, dass dies falsch oder schlecht ist. Nur ist doch nun vielmehr die Frage, nachdem du mich darauf angesprochen hast, ob deine bisherigen 95 % Gewohnheiten und Routineabläufe für dich förderlich sind.

Wenn ich mir ansehe wie du die Tage verbracht hast, so meine ich, dass du deine Routineabläufe verbessern kannst.

Du hast mir die Botschaft gegeben, dass du noch nicht zu den Menschen gehörst, die ihre 95 % Erfolgsroutinen ausgeprägt haben. Du möchtest jedoch wirklich dazugehören. Richtig?"

„Richtig", antwortet Franz und fragt: „Was soll ich denn deiner Meinung nach tun?"

„Ich zeige Dir meine Ansicht auf, was mir ganz spontan an deiner Ausarbeitung einfällt", sagt Markus und hat folgende Anmerkungen:

1. Es besteht kein detaillierter Plan bzw. Aussehen für das konkrete Ziel.
2. Es existiert keine festgelegte Strategie für das konkrete Ziel.
3. Die Mitarbeiter und Kollegen werden unklar geführt und daher geht zu viel Zeit verloren.
4. Die o.g. Punkte führen dazu, dass Franz ausgelaugt ist und dazu noch zu wenige Ergebnisse produzierte.

Markus fährt fort: „Ich schildere Dir einmal grob meinen Tagesablauf und der ist in diesen Teilbereichen nahezu fast immer gleich, also routiniert eingearbeitet in meinem täglichen Handeln.

4 Ergebnisproduktion wie am Fließband

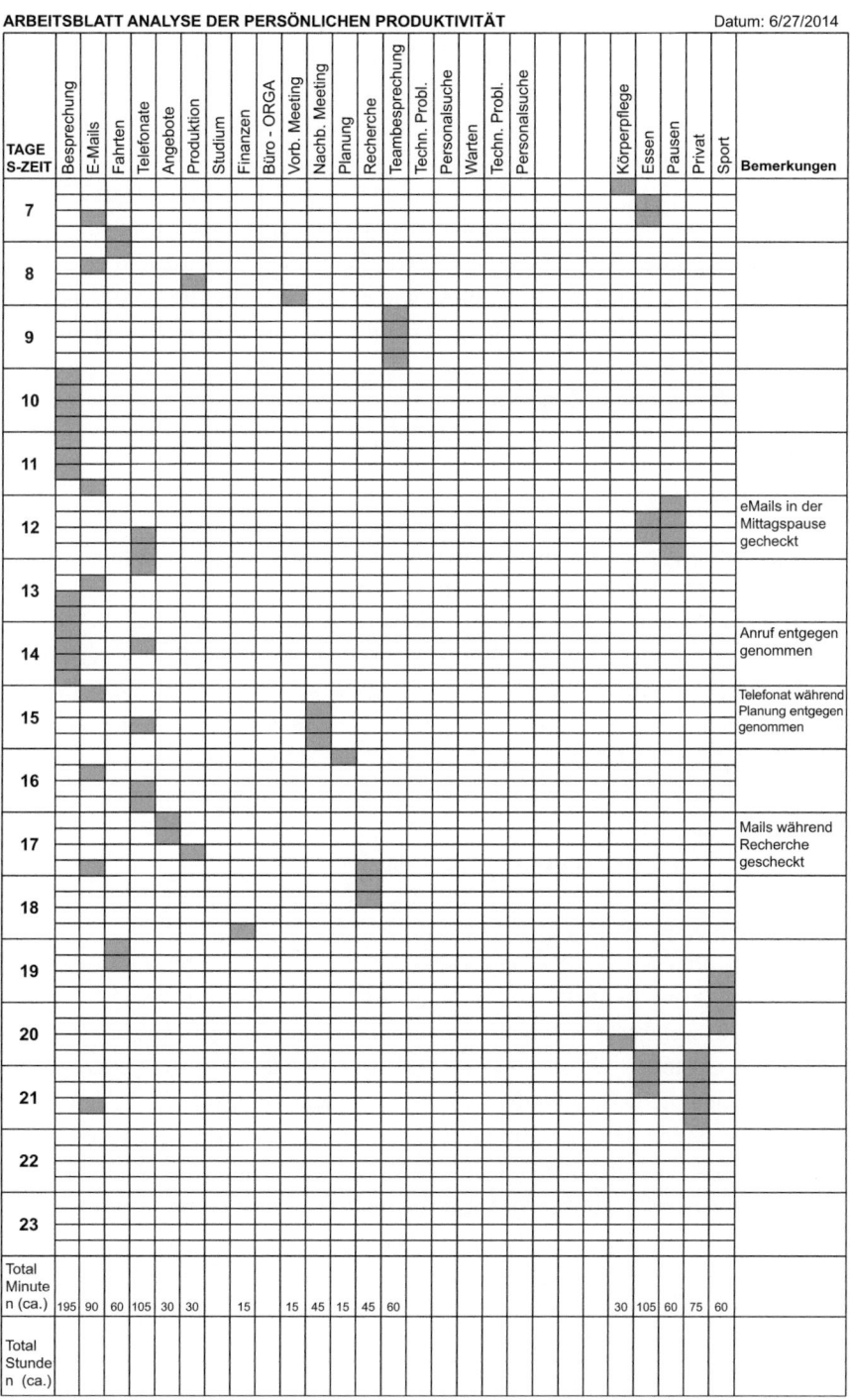

Abb. 4.1 Tagesablauf

1. Jeden Abend schließe ich, bevor ich nach Hause gehe oder wenn ich vom Außendienst komme, zuerst terminlich meinen Tag ab. Ich kläre was für morgen zu tun ist, lege mir die Unterlagen raus bzw. lasse sie rauslegen und habe mir meine Gedanken gemacht, was ich mit wem, wie und warum besprechen will, welche Ergebnisse im Idealfall erreicht werden sollen und was sonst ein vertretbares Ergebnis wäre.
2. Meine Besprechungen, die ich anberaume, haben immer ein festgelegtes Zeitfenster. Dieses dient dazu, dass meine Mitarbeiter optimal vorbereitet zu mir kommen, und dass wir während des Arbeitens sehr effektiv sind. Besprechungen über eine Stunde sind eher selten, denn ich begrenze diese wie gesagt. Meiner Erfahrung nach hat sich die Produktivität dadurch sehr gesteigert – nicht nur die von mir, sondern auch von meinen Mitarbeitern.
3. Jede Besprechung hat ihr Ziel und ihren Inhalt. Dies wird von vorne herein bekannt gegeben. Dadurch erreichst du, dass jeder Besprechungsteilnehmer sofort weiß, woran er ist. Es handelt sich dabei um eine Art Besprechungsprotokoll, welches du der Reihe nach durch arbeitest.

Meiner Erfahrung nach kannst Du durch eine gute Effektivität Deiner Arbeit die Ergebnisse signifikant steigern. Und Effektivität bedeutet ja auch die richtigen Dinge tun!

Ein weiterer wichtiger Punkt dabei ist, dass du für deine Mitarbeiter mit gutem Beispiel vorangehst. Das heißt nicht, dass du alles besser kannst, sondern dass du vorlebst, was du ihnen sagst. Meiner Meinung nach sind deine Mitarbeiter Frau Wollenscheid und Herr Habenwollen nichts anderes als deine Kinder Sabine und Ralf – nur auf die unternehmerische Ebene beschränkt. Du hast sie genauso zu fordern, zu fördern und ihnen auch ihre Grenzen aufzuzeigen. Wir wissen heutzutage aus der Gehirnforschung, dass Kinder und andere Menschen Dinge von ihren Vorbildern und Vorgesetzten übernehmen. Sie übernehmen die Dinge, die du tust und nicht die, die du sagst.

Es sind einige Punkte, Franz, welche du berücksichtigen solltest. Hast du eigentlich gewusst, dass ich einen Artikel in einem Buch veröffentlicht habe?"

„Echt!", antwortet Franz. „Du hast einen Artikel veröffentlicht, das wusste ich gar nicht. Wo wurde dieser Artikel veröffentlicht und welchen Inhalt hat er?"

„In dem Buch, welches den Namen *Chefsache Prävention I* trägt, geht es darum, wie eben Routinen entstehen und wie diese verändert werden können. Insbesondere bei Unternehmen spielt die Unternehmenskultur und die Kommunikation eine entscheidende Rolle. Auch die Kultur und die Kommunikation als Bestandteil sind in ihrer Art und Weise eine Routine aus der Einstellung und Handlung der Führungskräfte und Unternehmenslenker. Genau hier schließt sich aus meiner Sicht der Kreis, woran du arbeiten kannst.

Ich bin mir sicher, wenn du dich mit deinen Routinen und Gewohnheiten bewusst auseinandersetzt, kannst du dir deine unbewussten Erfolgsroutinen aufbauen. Ich wünsche dir dabei viel Erfolg und wenn du meine Hilfe brauchst, dann bin ich für dich da."

„Mensch Markus, das war echt ein super erstes Feedback. Vielen Dank. Ich denke, ich habe den ersten Schritt zur Entwicklung meiner Erfolgsroutinen verstanden. Und falls ich noch Fragen habe, komme ich auf dich zu. Danke nochmals für den ergebnisreichen Abend", sagt Franz und geht nach Hause.

Sehr geehrte Leserin und sehr geehrter Leser, die hier verwendeten Namen sind fast alle frei erfunden und haben keinen Bezug zu irgendwelchen Kunden oder Klienten von mir. Einzig Markus ist real und heißt im wirklichen Leben wie der Autor dieses Artikels. Ich wünsche mir sehr, dass Sie etwas für sich mitnehmen konnten.

4.1 Über den Autor

Steffen Becker hat in seiner über 25-jährigen Berufserfahrung festgestellt, dass die Persönlichkeit eines Menschen für den Erfolg im Leben und im Beruf sehr wichtig ist. Innerhalb der Persönlichkeitsmerkmale taucht immer wieder auf, dass in Gewohnheiten und Routinen der zentrale Schlüssel liegt, um Erfolg zu haben. Daher beschäftigt er sich seit nunmehr zehn Jahren intensiv mit diesem Thema und gilt als Experte für Routinen und Gewohnheiten.

Unternehmen und Verbände buchen ihn für Keynote- und Impulsvorträge, um eine andere Sicht kennen zu lernen.

Die Maxime von ihm lautet: Weiterbildung ist nur sinnvoll, wenn sie danach eine gewohnheitsmäßige Anwendung findet!

Steffen Becker besitzt neben 15 Jahren Erfahrung im Vertrieb von hochwertigen Produkten und Dienstleistungen auch einen Abschluss als Master of Business Administration im Bereich der Unternehmensführung. Ein Großteil der beruflichen Erfahrung gründet sich auf die Ausübung einer selbstständigen Tätigkeit. Seine Kunden erzielten durch seine Unterstützung bis zu 100 % Umsatzsteigerung innerhalb eines Jahres.

Steffen Becker hat im Buch *Chefsache Prävention I* den Artikel „Warum nur veränderte Unternehmensroutinen für die Prävention hilfreich sind" verfasst.

Erfolgsfaktor Stimme

Wie Sie mit dem Superman-Mantel Ihre *Stimm*ung und Sprechwirkung erhöhen

Barbara Blagusz

Fragen Sie sich manchmal: Wie kann ich mich in die für mein Vorhaben richtige Stimmung versetzen? Wie kann ich meine Stimmung nach meinen Vorstellungen verändern? Und wie kann ich damit meine Sprechwirkung gezielt erhöhen?

Tipps für gute Stimmung gibt es viele, doch nur wenige helfen so effektiv. In nur 5 Sekunden fühlen Sie sich energiegeladen und stark. Und das Beste daran: Sie wirken und klingen auch so. Der Superman-Mantel macht's möglich – nur 5 Sekunden und Sie sind wie verwandelt.

5.1 So bestimmen Sie Ihre Sprechwirkung selbst

Nicht jeder ist eine geborene Frohnatur. Manchmal ist es uns eben nicht nach „Welt umarmen" und Luftsprüngen. Doch bei schlechter Stimmung muss es nicht bleiben, denn gute Laune kann man lernen und auch in der Stimme hörbar machen. Erfahren Sie hier, wie Sie mit einem verblüffend einfachen Trick Ihre innere Großwetterlage aufhellen. Klingen Sie kraftvoll und energiegeladen und erzeugen Sie jene *Stimm*ung, die Basis für Zustimmung ist.

B. Blagusz (✉)
SOZUSAGEN – Barbara Blagusz, Ungargasse 21, 7350 Oberpullendorf, Österreich
e-mail: blagusz@sozusagen.at

5.2 Gedanken als Stimmungsmacher

Sind Sie heute mit dem falschen Fuß aufgestanden? Fühlen Sie sich beim Gedanken an ein Kundentelefonat deprimiert und schwach? Sind Sie schlecht gelaunt, wissen aber nicht, wie Sie das Gefühl wieder loswerden können? Es gibt eine einfache Methode, Ihrer schlechten Laune, Ihrer Angst und dem „schwächelnden" Gefühl den Garaus zu machen. Denn, so wie wir uns fühlen, klingen wir auch.

5.3 Emotionen sprechen mit – immer!

Unser emotionaler Zustand bestimmt unser Verhalten und unseren Stimmklang. Fühlen wir uns beispielsweise freudig erregt, traurig oder leicht deprimiert? Strotzen wir vor Selbstvertrauen oder sind wir nervös und angespannt? Wie wir uns fühlen, so werden wir uns auch verhalten und sprechen. Wir alle kennen das – wir brauchen nur unser Verhalten in positiven Situationen mit dem in negativen Situationen vergleichen. In unseren „Glanzzeiten" fällt uns vieles leichter und wir erzielen daher auch wesentlich bessere Ergebnisse.

Das Gehirn spielt dabei eine große Rolle – ob Stimmungs-Killer oder Stimmungs-Aufheller – je nachdem, welcher Art unsere Gedanken sind, tragen sie viel zu unserer Körperhaltung und damit auch zu unserem Stimmklang bei.

5.4 In 5 Sekunden zu innerer Kraft mit dem Superman-Mantel

Stehen Sie auf und gehen Sie ein paar Schritte. Stellen Sie sich dabei vor, an Ihrer Schulter wäre ein „Superman-Mantel" befestigt. Dieser flattert gedanklich nach hinten weg, was Sie ganz deutlich bei jedem Schritt spüren können. Gehen Sie nun bewusst einige Schritte mit diesem „Superman-Mantel". Spüren Sie, wie sich Ihr Körper aufrichtet, der Kopf hebt, die Schultern nach hinten ziehen und der Schritt schneller und kräftiger wird. Spüren Sie, wie sich Ihre Stimmung verändert. Das ist es schon! So einfach! Der beste Trick, den ich kenne, um mich selbst schnell in einen guten Zustand zu beamen.

5.5 Der Körper spricht auch mit

Sprechen Sie dazu. Sagen Sie ein einfaches „Guten Morgen!" einmal in der negativen Haltung und einmal mit Ihrem imaginären Superman-Mantel. Hören Sie den Unterschied. Denn Ihre Körperhaltung bestimmt Ihre Stimmung und damit auch Ihren Stimmklang.

5.6 Neuronales Körperfeedback

Wir haben Körperhaltungen, die mit bestimmten Emotionen verknüpft („verankert") sind. So stehen wir, wenn wir traurig sind, eher mit hängenden Schultern, Blick nach unten (eigentlich nach innen gerichtet) und insgesamt geringer Körperspannung. Wenn wir uns großartig fühlen, richten wir uns auf. Der Blick geht nach vorne, leicht nach oben gerichtet. Der Kopf ist gerade bzw. leicht nach oben gedreht. Wir gehen mit größeren Schritten in einem deutlich schnelleren Gang und zeigen „raumnehmendes" Verhalten. All das mit einer insgesamt guten Körperspannung.

Wenn wir uns nun in einer bestimmten Haltung bewegen, kommt es zu einem neuronalen Körper-Feedback. Das sind Botschaften der Nerven, die der Körperhaltung entsprechend, ans Gehirn gesandt werden und dort die „passende" Emotion auslösen. So wird jede Körperhaltung, vor allem in Bewegung, die entsprechende Stimmung verstärken. Damit entsteht ein Kreislauf, der sich lenken lässt. Entweder durch Gedanken oder durch die bewusste Veränderung der Körperhaltung.

5.7 Was macht der Superman-Mantel?

Die Vorstellung des Superman-Mantels verstärkt die positive Haltung, indem es mit spürbarem Zug die Schultern noch ein Stück weiter nach hinten zieht. Durch das neuronale Körper-Feedback wird diese positive Stimmung noch verstärkt.

5.8 Gefühle beeinflussen unsere Körpersprache und Körpersprache beeinflusst unsere Gefühle

Es gilt: hängende Schultern = negative Stimmung, straffe Schultern/Körperspannung = positive Stimmung. Die gute Nachricht: Oftmals ist der Zugang über den Körper viel einfacher! Sie können in der „Superman-Haltung" gar nicht mehr negativ verstimmt sein. Versuchen Sie es ruhig: Gehen Sie gedanklich mit dem Superman-Mantel und versuchen Sie deprimiert zu sein. Es funktioniert sehr wahrscheinlich nicht.

Ein sehr wirksamer Tipp als Vorbereitung für schwierige Gespräche, Gehaltsverhandlungen, Reklamationen oder als Vorbereitung auf einen Kundentermin.

5.9 So klappt's auch mit der Stimme

Haben Sie sich auch schon oft gefragt, wie es manche Menschen scheinbar mühelos schaffen am Telefon direkt durchgestellt zu werden? Wollen Sie wissen und verstehen, wie Sie mit Ihrer Stimme mehr Klarheit und Souveränität schaffen? Hier ein weiteres

Werkzeug, wie Sie mit Ihrer Stimme und Sprache jene Kompetenz und Verbindlichkeit erzeugen, die dafür notwendig ist.

5.10 Die Macht der Gewohnheit – Der Konjunktiv macht schwach

Sprachgewohnheiten heißen so, weil sie überwiegend unbewusst erfolgen. Geht es um Klarheit, wirken Konjunktive kontraproduktiv. Dieser ist in Österreich und im süddeutschen Raum viel häufiger in Verwendung als im restlichen deutschen Sprachraum. Betrachtet man die Wirkung von „könnte, wollte, würde, wäre", so wird eben eine Möglichkeit ausdrückt und damit keine klare Aussage. Dies klingt damit immer ein wenig unterwürfig und höflich, aber eben auch unverbindlich.

So klingt ein „Könnten Sie mich bitte mit Herrn Huber verbinden?" eben etwas anders als „Können Sie mich bitte mit Herrn Huber verbinden?". Dieser kleine, feine Unterschied kann am Telefon schon erfolgsentscheidend sein. Doch es kommt noch besser…

5.11 Stimme schlägt Inhalt

Wenn Sie jedoch selbst ein klares „Verbinden Sie mich bitte mit Herrn Huber!" wie eine Frage betonen und am Satzende mit der Stimme hochgehen, vielleicht noch mit einem dünnen, hohen Stimmchen, hierarchisch leicht unterwürfig – dann leidet Ihre Kompetenz und Glaubwürdigkeit – selbst wenn dieser Satz ohne Konjunktiv gesprochen wurde und auch gar keine Frage mehr ist.

5.12 So klingen Sie verbindlich

Sehr viel effektiver ist es, wenn Sie bei den Fragen am Satzende mit der Betonung nach unten gehen. Es bleibt dann zwar immer noch eine Frage, klingt aber wie eine Tatsache und erhöht die Verbindlichkeit in Ihrer Stimme. So werden Sie bei einem „Können Sie mich bitte zu Fr. Mayer durchstellen?" eher Erfolg haben, wenn Sie am Satzende die Stimme absenken.

Sehr effektiv ist diese Methode in der Abschluss- oder Entscheidungsphase eines Gesprächs oder einer Verhandlung. „Darf ich gleich zum Punkt kommen?" wird dabei nicht als Fragesatz, sondern als Aussagesatz gesprochen, also ohne die Stimme am Satzende anzuheben. Dies ist im Deutschen gegen alle Sprechgewohnheiten, wirkt aber in Sachen Durchsetzung wahre Wunder. So wirkt jedes „Passt das so für Sie?" oder „Sind Sie damit einverstanden?" mit der Betonung am Frageende nach unten nach mehr Verbindlichkeit und die Kompetenz des Sprechers steigt gleichzeitig. Probieren Sie es aus. Es lohnt sich.

5.13 Achtung bei Aufforderungen

Die in Verkaufstrainings oft gelehrte direkte Form „Verbinden Sie mich bitte mit Herrn Huber!" ist dann gar keine Frage mehr, sondern eine Aufforderung. Die Wirkung ist dabei die klarste. Das Problem: es klingt eben schnell nach Aufforderung, schlimmer noch – nach Anweisung und nicht jedes Ohr reagiert darauf positiv. Achten Sie daher bei direkten Aufforderungen ganz besonders auf den Stimmklang. Selbst ein Fünkchen Hierarchie ist hier schon zu hören.

5.14 Mein Tipp!

Behalten Sie sich einen freundlichen, aber bestimmten Ton mit Absenken der Stimme zum Satzende, dann werden Sie auch meist schnell durchgestellt egal ob mit oder ohne Konjunktiv. Stellen Sie auch Abschlussfragen bzw. Entscheidungsfragen mit dem Stimmklang zum Satzende nach unten.

Hängen Sie sich einen Superman-Mantel um und erhöhen Sie damit Ihre Sprechwirkung. Versuchen es einfach und lassen Sie sich überraschen.

5.15 Interessiert an mehr?

Lesen Sie dazu auch den Artikel „Die Stimme – der unterschätzte Wirtschaftsfaktor – Die letzten Geheimnisse, wie Man(n) überzeugend und kompetent wirkt" im Buch *Chefsache Männer*.

5.16 Holen Sie sich eine Gratis-Potenzialanalyse Ihrer Stimme!

Kennen Sie Ihre Stimme?
Wissen Sie Ihre Stärken und Potenziale Ihrer Sprechweise?
Wollen Sie wissen, wie Sie auf andere wirken?

Mit einer Potenzial-Analyse erfahren Sie die wichtigsten Wirkungsparameter Ihrer Stimme und Sprechweise. Sie erhalten auch gleich Tipps wie und wo Sie ansetzen können, um Ihre Stimme noch effektiver wirken zu lassen.

Klicken Sie hier http://bit.ly/1pIK3vf

Den Unterschied zu anderen Fachbeiträgen kann man auch hören! Holen Sie sich den Podcast „Das Abenteuer überzeugende Sprache" von und mit Barbara Blagusz – auswählen, herunterladen, hören. Mehr dazu hier: www.sozusagen.at/podcast/

5.17 Über die Autorin

Barbara Blagusz ist die einzige Stimm- und Sprechtechniktrainerin im deutschsprachigen Raum, die direkt aus dem Verkauf kommt. Seit 1993 ist die studierte Handelswirtin und Wirtschaftspädagogin erfolgreiche Kommunikationstrainerin in den Bereichen Motivation, Kundenservice sowie Vertriebsmanagement und hat in ihren Seminaren bereits tausende Teilnehmer begeistert.

Aus dieser Erfahrung schöpft sie, wenn sie über den unbewussten Machtfaktor Stimme in Beratung, Führung und Verkauf spricht. Erleben Sie die wirkungsvollsten sowie aktuellsten Erkenntnisse aus der Psycholinguistik und Kommunikationsforschung.

Mit ihrem Konzept „Der Stimmcode© – Erhöhen Sie Ihre Sprechwirkung" erfahren Sie hautnah, wieso der Wirtschaftsfaktor Stimme eine machtvolle Rolle einnimmt. Dabei demonstriert sie humorvoll eine Fülle an praktischen und sofort anwendbaren Tipps authentisch und mit wandelbarem Stimmeinsatz.

Barbara Blagusz ist Autorin des Buches „Erfolgsfaktor Stimme – positive STIMMung in Beratung und Verkauf" sowie Beitragsautorin des Buches Chefsache Männer und verbindet überzeugend wissenschaftliches Know-how mit wertvollem Nutzen für den Alltag – Praxistipps für den Verkaufsprofi sozusagen.

Nähere Informationen finden Sie unter www.sozusagen.at

Chefsache Social Media Marketing – wie erfolgreiche Unternehmen heute schon das Marketing von morgen nutzen

Dominik Fürtbauer

Chefsache Social Media Marketing ist mehr als ein Leitfaden für Führungskräfte und Unternehmer. Spannend und einprägsam greift es für viele eher trockene und immer noch unwichtig erscheinende Themen des modernen Marketings auf und nimmt Sie als Leser mit auf die Reise in Ihre erfolgreiche Zukunft, deren Grundstein allerdings gestern bereits gelegt wurde.

6.1 Gesellschaftliche Veränderungen erfordern auch ein Umdenken im Marketing

Für Sie als erfolgreichen Unternehmer hat das Marketing der Zukunft bereits begonnen. Wer mit seinem Unternehmen am künftigen Markt bestehen will, hat die Weichen dafür bestenfalls gestern schon gestellt. Gegenwärtig reden wir nicht mehr nur von der weltweiten Digitalisierung, sondern befinden uns mittendrin. Wir erleben eine digitale Revolution, die ähnlich wie vor mehr als hundert Jahren die industrielle Revolution, eine völlig neue Ausgestaltung der gesellschaftlichen und wirtschaftlichen Arbeitsweise hervorbringt. Mitten hinein in diese Zeit wurde die neue, Ihre, Zielgruppe geboren. Junge Menschen, die ohne Entbehrungen und mit einem völlig neuen Selbstbewusstsein von Kindheit an alle digitalen Möglichkeiten gewohnt sind zu nutzen. Eine Generation, die digitale Errungenschaften als Selbstverständlichkeit begreifen und sie, wo immer es möglich ist, auch einsetzen. Wir alle kennen diese jungen Menschen als Generation Y.

D. Fürtbauer (✉)
Performance Marketing, Moos 39, 4625 Offenhausen, Österreich
e-mail: dominik.fuertbauer@performance-marketing.at

6.2 Was oder wer sind eigentlich die Gen Y?

Neben technischen Errungenschaften sind es natürlich immer wieder die Ideen und die geistigen Möglichkeiten der Menschen, die eine Gesellschaft auf allen Gebieten voranbringen. Mit der Generation Y, den Digital Natives, wuchs erstmalig eine Generation heran, bei der technischer Fortschritt einhergeht mit dem Ziel der Selbstverwirklichung. Begründet in einer relativ sorgenfreien Kindheit stellt sich innerhalb der jungen Generationen nicht nur die Frage nach dem Sinn des Lebens völlig anders als bei ihren Eltern. Diese Generation sieht ihre Ziele vielmehr in der Veränderung gesellschaftlicher Grundlagen und somit deren nachhaltige Verbesserung, für sich selbst und für die Gesellschaft insgesamt. Aber die Generation Y ist nun einmal die Generation, die richtungs- und zukunftsweisend sein wird. Sie ist kommunikative Zielgruppe, quer-oder andersdenkender Mitarbeiter, Konsument und Produzent, Kunde oder Geschäftspartner. Ohne sie zu kennen, können wir sie nicht für uns gewinnen.

Ausgestattet mit völlig neuen Kompetenzen überfordern die jungen Menschen dabei nicht nur manchmal sich selbst, sondern vor allem ihr Umfeld. An genau diesem Punkt setzt das Buch an und erklärt anhand von zahlreichen Beispielen, wie und warum Unternehmen genau diese typischen Eigenschaften der neuen Generationen nutzen müssen und welche Rolle dabei das Social Media Marketing spielt.

6.3 Die neue Kommunikation – nur digital ist noch normal?

Mit der Digitalisierung entstehen nicht nur Arbeitserleichterung und Zeitersparnis. Die Menschen von heute haben neue Möglichkeiten grenzüberschreitend zu kommunizieren, in Gruppen, die den eigenen Interessen entsprechen. Sie leben und erfahren zahlreiche unterschiedliche Kulturen ohne vielleicht jemals ihr Land verlassen zu haben. Auf kommunikativem Wege finden Freundschaften statt, bahnen sich geschäftliche Beziehungen an und werden vielfältige Kompetenzen innerhalb unterschiedlichster Gruppen ausgebildet. Das moderne Internet kann jeden zum Fachmann machen und ein Fachmann kann jederzeit Meinungen beeinflussen. Erfolgreiche Unternehmen begeben sich deshalb bereits heute genau dorthin, wo ihre Zielgruppe anzutreffen ist, in die digitale Normalität. Egal ob ein Unternehmen auf der Suche nach Kunden ist oder dringend frische Köpfe im Mitarbeiterstamm benötigt, finden werden wir sie künftig in den sozialen Medien, in digitalen Foren und Netzwerken. Dazu erfahren Sie im Buch *Chefsache Social Media Marketing* warum es für heutige Unternehmen entscheidend ist, alle Unternehmensbereiche in die Social-Media-Arbeit einzubeziehen.

6.4 Was macht die Gen Y so wichtig für Ihr Unternehmen?

Die neue junge Generation ist deshalb so wichtig für Unternehmen, da sie bereits jetzt schon einen Großteil Ihrer Zielgruppe ausmacht. Aber dies sollte für Sie als Unternehmen nicht die einzige Sorge sein. Diese jetzige digitale Generation ist es auch, die maßgeblich alle Folgegenerationen prägen wird. Das heißt, dass die digitale Welt, wie wir sie bereits kennen, noch lang nicht an Stillstand denken wird. Auch Unternehmen, deren primäre Zielgruppe heute nicht innerhalb der Gen Y zu finden ist, sollten wissen, welchen maßgeblichen Einfluss Kinder oder Enkel auf die Kaufentscheidung älterer Kunden haben.

Erfolgreiche Unternehmen müssen lernen, dass das Marketing der Zukunft auf Meinungen basiert, die innerhalb ihrer Zielgruppe in Sekundenschnelle kommuniziert werden können. Die digitale Realität, in der Sie als Unternehmen bereits angekommen sein sollten, setzt bisher genutzte Marketingrezepte kurzerhand außer Kraft. Nicht allein Unternehmen bestimmen über den Nutzen ihrer Produkte und Dienstleistungen, sondern ihre Kunden können, wollen und werden über Erfolg und Misserfolg mitentscheiden. Hier ist es natürlich besonders wichtig, dass man die Kommunikationswege der Kunden kennt und als Unternehmen für sich nutzen kann. Erfahren Sie ganz einfach von Peter Buchenau und Dominik Fürtbauer, was die Digital Natives bewegt, wie sie ihren Tag erleben wollen und was sie dabei von der Gesellschaft, künftigen Geschäftspartnern und auch Arbeitgebern erwarten und wie sie die Potentiale von Social Media erfolgreich für die Weiterentwicklung Ihres Unternehmens einsetzen können.

6.5 Soziale Medien ein Hype?

Gern wird uns eingeredet, dass soziale Netzwerke und Medien ein Hype wären. Sind wir aber ehrlich, dann erkennen wir, dass wir die Vorteile, die uns Social Media bietet, gewiss nicht wieder aufgeben werden. Möglicherweise wird sich die Landschaft der Netzwerke irgendwann einmal verändern, es werden spezifische Medien herausgebildet, der Grundtenor weltweiter Vernetzung und die damit verbundenen Kommunikationswege aber werden bestehen bleiben und sich kontinuierlich vertiefen. Mittlerweile entwickelt sich das digitale Leben so rasant, dass wir uns nicht mehr nur mit Menschen vernetzen, sondern sogar damit beginnen, das Internet der Dinge zu erschaffen. Ein erster Schritt dabei war zweifelsohne die Entwicklung der Mobile-Technologie, die es uns ermöglicht, wann immer wir wollen, online zu sein. Das Internet hat somit die enge Verbindung zum heimischen PC verloren, es ist überall dort, wo wir gerade sind und wird dort auch genutzt. Ganz normale Alltagsgegenstände werden künftig zum Netzwerk – Autos, die vernetzt sind, Küchengeräte, die per Knopfdruck auf moderne Medien zugreifen und viele neue Innovationen werden folgen. Und jede dieser neuen Erfindungen wird von Unternehmen Reaktionen verlangen, die Sie als Unternehmer in der Lage sein müssen zu erbringen, wenn Sie zukünftig erfolgreich am Markt agieren wollen.

6.6 Social Media Marketing hat Ihnen noch keinen Nutzen gebracht?

Der größte Fehler im Social Media Marketing liegt bekanntlich darin, es nicht zu nutzen. Ein noch viel größerer Fehler kann es aber sein, es halbherzig zu nutzen. Dann nämlich, wenn Sie irgendjemanden mit Halbwissen Ihr wichtigstes Marketinginstrument in die Hand drücken, der dann in reinster Abzockmanier Ihre anvisierte Zielgruppe belästigt und wahrscheinlich für immer verscheucht. Betreiben Sie Social Media Marketing nicht halbherzig! Sie würden auch niemanden, nur weil er einen Bleistift anspitzen kann, Ihre Werbeplakate zeichnen lassen. Im Buch erfahren Sie, welche Kompetenzen Ihr Social Media Marketingmanager mitbringen muss und was Sie selbst für Ihr erfolgreiches Social Media Marketing tun können. Erfahren Sie, wie Sie Ihre Zielgruppe, Ihre führenden Mitarbeiter und Ihre Angestellten in ein erfolgreiches Konzept einbinden können und wie Sie als Unternehmen zahlreiche Vorteile daraus generieren können!

6.7 Kommunikation ist nicht, wenn man trotzdem spricht

Besonders interessant ist die im Buch aufgezeigte Sichtweise der Generation Y. Noch nie wurde über eine junge Generation so viel geurteilt und geredet wie über die jungen Digitalen. Dabei kommen sie allerdings selten selbst zu Wort, was wohl als Grund dafür gelten kann, dass sich diese Generation stets missverstanden fühlt. „Warum spricht jeder über uns, anstatt einfach mit uns zu sprechen?", sinniert Dominik Fürtbauer, selbst ein Vertreter der Gen Y und spricht dabei offen und ehrlich über seine Umgangsweise mit digitalen Medien und über seine Erwartungen an Unternehmen der Zukunft. Als Digital Native gehört er zu den Menschen, die das Internet täglich nutzen und zeigt Ihnen als Unternehmer die Möglichkeiten auf, das digitale Verhalten der jungen Menschen für innovative Marketingstrategien zu analysieren.

„Redet mit uns!", lautet die eindeutige Aufforderung an Sie als Unternehmen. Ihr Kunde von morgen will nicht mehr informiert werden, er will sich informieren. Er will nicht unterhalten werden, er will sich unterhalten. Kommunikation im Social Media ist die stärkste Disziplin im Social Media Marketing. Dabei versteht sich die Kommunikation als Zwei-Wege-Lösung. Eine fast vergessene Schlüsselkompetenz rückt wieder in das Bewusstsein, das „Zuhörenkönnen". Hierbei verweist das Fachbuch nicht nur auf die Kommunikation als solche, sondern auch auf die Notwendigkeit, die Ergebnisse letztendlich im Unternehmen so umzusetzen, dass sie sich nachhaltig und umsatzsteigernd für das Unternehmen auswirken. Lernen Sie anhand vielfältiger Beispiele, warum Ihre Chefsache Social Media Marketing im Unternehmen jeden etwas angeht und warum deshalb interne Unternehmenskommunikation ebenso wichtig ist, wie das Gespräch mit Ihren Kunden.

6.8 Was erwartet Social Media eigentlich von Unternehmen?

Als Unternehmen haben Sie tolle Produkte, Dienstleistungen und Ideen? Dann propagieren Sie das doch ganz einfach! Erklären Sie ohne Umschweife, was Sie Ihren Kunden bieten, bleiben Sie dabei Sie selbst – ehrlich und ungeschönt und freuen Sie sich auf viele kreative Reaktionen innerhalb Ihrer Zielgruppe! Lernen Sie, wie und über was Sie mit Ihrer Zielgruppe diskutieren können, wie sie mit negativen Kritiken umgehen sollten und erfahren Sie vor allem, warum konstruktive Kritik das beste Kompliment für Ihr Unternehmen ist.

Hierbei ist es wichtig, zu erkennen, dass künftige Kunden Unternehmen als gleichberechtigten Partner betrachten. Die jungen Menschen wollen maßgeblich teilhaben am Erfolg ihres Lieblingsprodukts. Deshalb sind sie auch bereit Meinungen, Erfahrungen, Lob und Kritik innerhalb eines Netzwerkes auszutauschen. Für Sie als Unternehmen ist es entscheidend, in eben diesen Netzwerken präsent zu sein, um auf diese Aussagen dann zeitnah reagieren zu können. Seien Sie bereit dafür, ihren Mitbewerbern einen Schritt voraus zu sein!

6.9 Ich habe bereits genügend Kunden!

Abgesehen davon, dass auch Ihre Kunden Menschen sind, deren unangenehmste Eigenschaft es ist, irgendwann einmal diese Welt zu verlassen, ist Social Media Marketing nicht nur ein Instrument der Kundengenerierung und Kundenbindung. Social Media Marketing ist mehr als käuferorientierte Werbung. Richtig eingesetzt und angewandt ist Social Media Marketing der umfassende und erfolgreichste Weg zur kompletten Ressourcengewinnung für Unternehmen und somit für alle Bereiche vom Einkauf über Vertrieb bis hin zur Mitarbeitergewinnung oder der Nutzung von Human Clouds zur Umsetzung innovativer Ideen mit Investoren und Partnern. Wer heute ganz oben oder ganz vorn dabei sein will, muss auf modernes Marketing setzen, denn Ihre potentiellen Geschäftspartner nutzen Social Media Marketing schon lange.

6.10 Die Arbeitswelt von morgen

Viele Unternehmen beklagen heute einen Mangel an Fachkräften. Gut ausgebildete Fachleute sind bereits jetzt in der Lage, sich einen Arbeitsplatz nach ihren Bedingungen auszusuchen. Immer mehr junge Leute wechseln solange ihren Arbeitsplatz, bis sie dort angekommen sind, wo sich ihre Vorstellungen und das herrschende Betriebsklima weitestgehend decken. Dies verursacht nicht nur Kosten für Unternehmen, sondern kann auch dazu führen, dass Sie als Unternehmer keine passenden Fachleute in ausreichendem Maße finden. Hinzu kommt aufgrund des Geburtenknicks, dass generell immer weniger junge Menschen für den Arbeitsmarkt zur Verfügung stehen. Als erfolgreiches Unternehmen wissen Sie bereits, dass Ihre Mitarbeiter Ihr stärkstes Kapital sind. Dieses Kapital gilt es aber zu finden, zu bündeln und an das Unternehmen zu binden. Moderne erfolgreiche

Unternehmen verstehen es, angenehme Arbeitsbedingungen zu schaffen und ihren Konkurrenten auch im Umgang mit den Arbeitnehmern einen Schritt voraus zu sein. Dabei gilt es zu beachten: Unternehmen sind immer so gut, wie ihr Ruf und dieser Ruf entsteht heute auch und vor allem in sozialen Netzwerken und Foren. Deshalb sollten Sie sich bereits jetzt informieren, wie Sie das Recruiting am besten in ihre Social-Media-Marketingstrategie integrieren um von den besten Arbeitskräften zu profitieren.

6.11 Social Media Marketing – zukunftsweisend und erfolgreich sein

Es gibt keinen Marketingkanal, der künftig so sehr an Bedeutung gewinnen wird, wie die sozialen Medien. Die weiterhin zunehmende Vernetzung aller Lebensbereiche weist dabei eindeutig die Richtung. Es wird keinen Lebensbereich geben, der künftig noch ohne digitale Vernetzung auskommt. Überall dort, wo Vernetzung stattfindet, werden wir Möglichkeiten der Kommunikation haben, ob direkt oder indirekt. Es ist an Ihnen, diese Möglichkeiten zu nutzen! Lernen Sie, Ihren Mitbewerbern einen Schritt voraus zu sein und seien Sie bereit neue Wege zu gehen. Lernen Sie dabei von Menschen, die als Digital Natives die Welt erleben und nutzen Sie deren Potential! Im Buch *Chefsache Social Media Marketing – wie erfolgreiche Unternehmen heute schon das Marketing von morgen nutzen* haben Sie die Gelegenheit die Sichtweise der Generation Y, Ihrer künftigen Zielgruppe, auf das moderne Marketing kennenzulernen. Alles was Sie tun müssen ist es, die zahlreichen Tipps, die das Buch für Sie bereithält, zu durchdenken und anzuwenden.

Profitieren Sie von innovativen Marketingtipps, die Sie immer einen Schritt voraus sein lassen und führen Sie somit Ihr Unternehmen in eine erfolgreiche digitale Zukunft!

6.12 Über den Autor

Dominik Fürtbauer ist ein international gefragter Speaker. Er zeigt auf, welche Strategien Unternehmen verfolgen müssen, damit diese in Zeiten der Digitalisierung gegenüber Konkurrenten wettbewerbsfähig bleiben. Dominik Fürtbauer stammt aus einer Generation, welche sich eine Welt ohne Smartphones und Social Media nicht vorstellen kann. Das macht Social Media zu seinem zweiten Zuhause. Er weiß, worauf es in der Kommunikation ankommt und wie seine Generation erreicht werden will. Zahlreiche Unternehmen beziehen sein Wissen und generieren daraus einen Wettbewerbsvorsprung. 2012 gründete Dominik Fürtbauer das Unternehmen „Performance Marketing GmbH". Er hilft Unternehmen dabei, ihr Business weiterzuentwickeln und bringt Unternehmen zu deren Kunden im Social Web. Mit seinem Wissen schaffte er es, mehrere Startup-Unternehmen und bestehende Unternehmen zum Marktführer zu positionieren.

Weitere Infos unter www.performance-marketing.at

Excellent Leadership

Gebote für Ihren Führungserfolg

Ralf Gasche

Was ist das überhaupt: „Führungserfolg"? Eine exzellente Führungskraft gibt jeden Tag ihr Bestes, um das Beste zu erreichen – für das Unternehmen, für die ihr anvertrauten Mitarbeiter und für sich selbst. Zielkonflikte sind dabei ebenso wenig ausgeschlossen wie Fehlentscheidungen oder Irrtümer. Exzellente Führung ist daher ein stetiger Prozess, eine tägliche Herausforderung. Den Schlüssel zum Handlungserfolg liefern die folgenden 7 Gebote:

1. Mit voller Überzeugung führen
   Das erste Gebot der Führung lautet: die Führungsrolle annehmen. Echte Führung ist weit mehr als der neue Titel auf der Visitenkarte, das größere Büro und andere Insignien der Macht. Echte Führung bedeutet: „Ich bin vorne" und „Ich bin alleine." Wer führt, agiert ab sofort auf einer Bühne. Er oder sie ist von nun an Vorbild, Maßstab, Klagemauer, Entscheidungsträger und Hauptverantwortlicher. Das muss man wollen und mögen. Und man muss es – im wörtlichen Sinne – „verkörpern", durch ein ruhiges, besonnenes und entschlossenes Auftreten. Exzellente Führungskräfte hetzen, jammern oder toben nicht.

2. Menschen mögen
   Führung ist *Menschenführung*, so das zweite Gebot. Organisation, Zielfindung, Kontrolle, all das ist nicht Führung, sondern Management. Natürlich müssen Führungskräfte ihren Bereich auch managen, doch Führung ist mehr als das. Über den nachhaltigen Führungserfolg entscheidet die persönliche Beziehung zwischen Führendem und Geführten. Ist diese geprägt von Interesse, Respekt und Vertrauen,

---

R. Gasche (✉)
Haus Dürresbach, 53773 Hennef, Deutschland
e-mail: ralf@gasche.com

zieht eine Führungskraft die besten Leute an und holt das Beste aus ihren Leuten hervor. Wie gut das gelingt, hängt wesentlich vom eigenen Menschenbild ab. Misanthropen tun sich mit der Führungsrolle schwer, wer Menschen mag, ist eindeutig im Vorteil.

3. Mitarbeiter erfolgreich machen
   Studien und Befragungen bestätigen mit schöner Regelmäßigkeit: Die beste Mitarbeitermotivation sind eigene Handlungsspielräume, Erfolg und Anerkennung. Boni, Incentives und andere materielle Wohltaten wirken allenfalls als zusätzliches „Zuckerl", schlimmstenfalls werden sie als Schmerzensgeld für suboptimale Arbeitsbedingungen empfunden. Mein drittes Gebot lautet deshalb: Stehen Sie Ihren Mitarbeitern zur Seite – und nicht im Weg! Finden Sie heraus, wo die Stärken Ihrer Leute liegen, und geben Sie ihnen die Möglichkeit, diese Stärken einzusetzen. Trauen Sie ihnen etwas zu. Ersetzen Sie Gängelei durch durchdachte Delegation.

4. Gesunden Egoismus pflegen
   Nur wenn es Ihnen selbst gut geht, können Sie auch gut führen. Deshalb ist das vierte Gebot: Nur ein egoistischer Chef ist ein guter Chef. Dabei meine ich mit „Egoismus" nicht Selbstherrlichkeit oder das rücksichtslose Verfolgen eigener Interessen auf Kosten anderer. Gesunder Egoismus besteht darin, dass jemand gut für sich selbst und sein eigenes Wohlbefinden sorgt. Dazu zählen eine ausgewogene Lebensbalance aus Arbeit, Zeit für sich (eigene Interessen, Familie, Freunde) sowie das Handeln im Einklang mit eigenen Überzeugungen. Wenn Sie meinen, dass Ihnen dafür der Freiraum fehlt, ist das nächste Gebot möglicherweise ein nützlicher Denkanstoß.

5. Klug entscheiden
   Beherzte Entscheidungen sind wahre Energiesparer. Je länger Sie mit etwas hadern, je öfter Sie eine Entscheidung vertagen, desto mehr Energie kostet Sie das. Daraus ergibt sich das fünfte Gebot: Durchdenken Sie alle wichtigen Fragen und treffen Sie dann konsequent eine Entscheidung. Die kann auch mal lauten, dass Sie dies jetzt nicht entscheiden wollen. Dann legen Sie die Frage aber auch wirklich ad acta! Verabschieden Sie sich von der Vorstellung „optimaler" Entscheidungen. Die „perfekte" Entscheidung gibt es nicht, sei es, weil Sie nicht alle Einflussfaktoren kennen, sei es, weil Sie ohnehin zwischen zwei Übeln wählen müssen.

6. Achtsam leben
   Mit „Achtsamkeit" ist die Offenheit für momentane Eindrücke gemeint – für das eigene Erleben wie für Signale anderer. Wer achtsam mit sich selbst umgeht, achtet darauf, wie es ihm geht. Wer achtsam mit anderen umgeht, öffnet sich für deren Anliegen. Im Kern bedeutet Achtsamkeit (und damit das sechste Gebot): wahrnehmen, was ist, und dann bewusst entscheiden, wie man damit umgeht. Achtsamkeit ist damit das Gegenteil von Verdrängen, Ignorieren, Ausblenden und führt geradewegs in die Eigenverantwortung. Ein achtsamer Chef erkennt, wenn ein Mitarbeiter sich Sorgen macht, obwohl er sagt, es sei alles „in Ordnung". Und er erkennt auch, wenn sein

eigener Rücken oder Bauch ihm signalisieren, dass er an seiner Arbeitssituation etwas verändern muss.

7. Mutig handeln
Es gibt im Leben keine Garantien – erst recht nicht in unserer schnelllebigen und wettbewerbsintensiven Wirtschaftswelt. Daraus ergibt sich das siebte und letzte Gebot: Erfolg folgt, wenn man sich folgt! Leben und handeln Sie im Einklang mit Ihren persönlichen Werten, statt sich nach allen Seiten absichern zu wollen. Dieser Versuch führt oft geradewegs zwischen alle Stühle. Exzellente Führung verlangt auch persönliche Autonomie, Geradlinigkeit und Mut. Das gelingt einem vielleicht nicht an jedem Tag. Aber mit Entschlossenheit und Beharrlichkeit jeden Tag ein bisschen mehr.

7.1 Über den Autor

Ralf Gasche ist Führungsexperte sowie Inhaber der Firmen Ralf Gasche Coaching und Ralf Gasche Akademie. Der Diplom-Verwaltungswirt (Schwerpunkte: Kriminalistik, Kriminologie, Psychologie) blickt auf fast 40 Jahre Führungserfahrung zurück: 23 Jahre Führungs- und Einsatzerfahrung als Terrorismusfahnder in Bundespolizei (u. a. Bundeskanzleramt), BKA und BMI sowie 15 Jahre Ausbildung von Führungskräften. Parallel zu seinen eigenen Unternehmen leitete er eine Coach-Agentur und bildet Business-Coaches aus.

Heute berät Ralf Gasche Unternehmen und ihre Führungskräfte. Seine hohe Professionalität basiert auf tausenden Coaching-Stunden, hunderten Vorträgen und zehntausenden Seminarstunden für Unternehmen – immer zu den Themen: „Wie funktioniert Führung? Wie funktionieren Menschen?" Er begeistert und inspiriert mit seinen „Excellent Leadership" Vorträgen auf Firmenveranstaltungen und großen Bühnen und ist Lehrbeauftragter an verschiedenen Hochschulen. Zu seinen Kunden zählen viele DAX- und börsennotierte Unternehmen, erfolgreiche Mittelständler und Bundesministerien.

Mehr unter www.gasche.com und www.ralfgasche.com.

Literatur

Gasche, R. (2014). Achtsam leben, klug entscheiden, mutig handeln! Erfolgreich führen ohne auszubrennen. In P. Buchenau (Hrsg.), *Chefsache Prävention II* (S. 23–48). Wiesbaden: Springer Gabler.
Gasche, R. (2015a). Chefsache Egoismus. Die Dos und Don'ts. In P. Buchenau (Hrsg.), *Chefsache Gesundheit II*. Springer Gabler: Wiesbaden.
Gasche, R. (2015b). Frauen in Führung – eine Klasse für sich. Wie Sie sich erfolgreich positionieren und durchsetzen. In P. Buchenau (Hrsg.), *Chefsache Frauen*. Springer Gabler: Wiesbaden.
Gasche, R. (2015c). *So geht Führung! 7 Gesetze, die Sie im Führungsalltag wirklich weiterbringen.* Wiesbaden: Springer Gabler.

Die Gesundheit – der Erfolgsfaktor der Zukunft

Johannes Glatzle

Lassen Sie mich mit einer spannenden Frage beginnen: Ist das Thema Gesundheit wirklich Chefsache?

Für mich ist das Thema Gesundheit nicht *nur* Chefsache, sondern auch Teil der *Führungsaufgabe* und *Führungsverantwortung* der Führungskräfte. Der Chef muss dieses strategische Thema erkennen, die Führungskräfte müssen jedoch mitwirken und das Thema Gesundheit an die Mitarbeiter transportieren und transferieren und ich meine hier nicht etwa die Augenwischerei wie wir übernehmen den Fitnessstudio-Beitrag für Sie oder wir hängen ein paar Plakate auf, die Übungen für den Rücken und dergleichen enthalten. Nein, ich meine hier ernsthaftes und nachhaltiges Gesundheitsmanagement, das sich, wie das Wort an sich schon aus dem Thema Gesundheit und aber auch Management zusammensetzt.

Erfolge können hier nur Hand in Hand erreicht werden, Gesundheitsprävention auf den verschiedensten Kanälen im Einklang mit einer neuen gesundheitsfördernden Art zu führen, gesunde Führung eben. Es gilt eine gesundheitsfördernde und gesundheitsbewusste Kultur im Unternehmen zu kreieren, auf die das Unternehmen als wichtiger Stützpfeiler aufbauen kann.

Jeder Unternehmer weiß heutzutage, dass es wichtig ist, für die Märkte von morgen gewappnet zu sein. Die Welt dreht sich weiter, es gibt neue Generationen mit anderen Bedürfnissen, Vorstellungen und Wünschen, denen das Thema Gesundheit wichtig ist.

Das Thema Gesundheit ist mittlerweile laut diverser Studien ein sehr wichtiges Auswahlkriterium bei der Arbeitsplatzwahl und bei der Wahl des Arbeitgebers. Schon hier lässt sich die Wichtigkeit des Themas Gesundheit für die Zukunft erkennen.

J. Glatzle (✉)
Masurenweg 12, 89542 Herbrechtingen, Deutschland
e-mail: johannes.glatzle@glatzle.com

Auch vor dem Hintergrund des demographischen Wandels ist das Thema in Zukunft nicht mehr weg zu denken. Eine älter werdende Belegschaft führt zwangsläufig zu anderen Rahmenbedingungen, auch im Unternehmen. Die Arbeitsplätze müssen gesundheitsgerecht gestaltet werden, die Leistungsfähigkeit der Mitarbeiter ist bis ins hohe Alter zu gewährleisten und präventiv zu unterstützen, beziehungsweise zu fördern.

Die Gesundheit der Mitarbeiter sollte uns als Unternehmer und Führungskraft einiges wert sein, denn genau diese erwirtschaften den so dringend benötigten Umsatz, von dem wir als Unternehmer und Führungskraft profitieren und abhängig sind. Es ist an der Zeit etwas zurück zu *geben* und sinnvoll in die nachhaltige Gesundheit der MitarbeiterInnen zu investieren. Eine lohnende Investition, das verspreche ich Ihnen.

Es gilt also das Credo:

Schaffen Sie als Unternehmer/Führungskraft es, dem Thema Gesundheit die Wichtigkeit und Dringlichkeit beizumessen, die ihm gebührt, oder schaffen Sie sich und Ihr Unternehmen in den Märkten von morgen ab. Charles Darwin,[1] hat es seinerzeit schon auf den Punkt gebracht:

> „Es ist nicht die stärkste Spezie, die überlebt, auch nicht die intelligenteste, es ist diejenige, die sich am ehesten dem Wandel anpassen kann."

Seien auch Sie bereit und erkennen Sie den Wandel zum zukunftsweisenden Erfolgsfaktor Gesundheit und sichern Sie sich den Fortbestand Ihres Unternehmens, indem Sie als Arbeitgeber attraktiv für neue Fachkräfte sind und auf eine fitte und belastbare Belegschaft zurückgreifen können.

8.1 Gesundheit – meine Herzensangelegenheit

Ich selbst gehöre der jüngeren Generation an, habe schon viele Top-Unternehmen erfolgreich beraten und schon so einiges gesehen. Ich schreibe also nicht über theoretisch angelesenes Wissen, sondern kann von meinen eigenen Erfahrungen in Bezug auf Gesundheit im Unternehmen profitieren und berichten. Mein Konzept GEBEN ist einerseits wissenschaftlich/theoretisch belegt und für das Management aufbereitet, auf der anderen Seite praxiserprobt und zu 100 Prozent erfolgreich und bewährt.

Ich höre häufig Aussagen, wie „hätte ich nur" oder „wenn ich… hätte ich…". Lassen Sie mit mir die Welt der Ausreden und der „theoretisch hätte irgendetwas passieren können oder gar müssen" hinter sich. Nehmen Sie noch heute Ihre Gesundheit und Ihre Zukunft, beziehungsweise Ihr Unternehmen selbst in die Hand.

---

[1] Charles Darwin, geboren am 12. Februar 1809 in Shrewsbury, gestorben am 19. April 1882, war ein britischer Naturforscher. Er gilt wegen seiner wesentlichen Beiträge zur Evolutionstheorie als einer der bedeutendsten Naturwissenschaftler.

8 Die Gesundheit – der Erfolgsfaktor der Zukunft

Ich persönlich habe es so gemacht – ohne Angst vor Konsequenzen und Risiko. Ich habe 30 Kilogramm nachhaltig abgenommen und bin fitter und leistungsfähiger als je zuvor, ich habe die Konzepte in meinem Unternehmen implementiert und erprobt.

Meine Erfahrungen waren bei Weitem nicht nur positiv. Ich habe mir viele „blutige Nasen" geholt, habe aber nie aufgehört weiterzumachen. Ich weiß also was funktioniert und was nicht. Alles, was ich Ihnen anbiete, habe ich vorher an mir oder in meinem Unternehmen, selbstverständlich mit der Einwilligung meiner Mitarbeiter, getestet. Wenn Sie mir sagen, dass etwas nicht geht bzw. nicht möglich ist, ist das für mich Motivation pur, der ehrgeizige Startschuss, es erst recht zu versuchen und einen Weg zu finden, der funktioniert.

Klar können Sie sich als Unternehmer oder Führungskraft selbst durch das Thema Gesundheit in seiner Vielfalt kämpfen und selbst viele Dinge ausprobieren, die vielleicht funktionieren, vielleicht aber auch nicht. Was Sie sicher damit erreichen ist Unlust, Demotivation und eine gewisse Überdrüssigkeit gegenüber diesem Thema. Sie können sich auch mit der bereits beschriebenen Augenwischerei zufriedengeben und im Mittelmaß untergehen, oder aber Sie arbeiten mit echten Profis zusammen, die Experten auf Ihrem Gebiet sind, die praxiserprobte Konzepte aufweisen können.

Nur durch die Zusammenarbeit mit den Besten der Besten wird man selbst besser. Es gilt von den Besten und deren Erfolg zu lernen und zu profitieren, damit meine ich hier nicht billig kopieren, sondern mit offenen Augen durch das Leben gehen und alles, was man für gut befindet, als eine Art Impuls aufzusaugen und gegebenenfalls weiterzuentwickeln oder in seinem Leben/Unternehmen an passender Stelle einzusetzen und anzuwenden.

Mir ist das Thema Gesundheit im Unternehmen und den damit verbundenen Anforderungen an das Management eine Herzensangelegenheit. Hierfür habe ich das Konzept GEBEN entwickelt (siehe Abb. 8.1) bei dem auch das Thema Gesundheit mit seiner Wichtigkeit zu einem festen Bestandteil der Unternehmenskultur gemacht wird.

In diesem Konzept geht es um einen ganzheitlichen Ansatz zum Thema Gesundheit, der die drei Säulen Körper, Geist und Seele in Einklang bringt. Im Buch *Chefsache Gesundheit II* wird das Konzept ausführlich beschrieben. Es werden Thesen zum Thema Gesundheit aufgestellt, die ich Ihnen belege. Es ist voll mit Input und ausführlichen Anleitungen, wie Sie das Thema Gesundheit auch in Ihrem Unternehmen erfolgreich nach dem GEBEN-Konzept implementieren können.

Zum Konzept selbst:

Ich belege Ihnen mit Hilfe einer Beispielrechnung, warum das Thema Gesundheit auch Ihr Erfolgsfaktor der Zukunft werden sollte und warum das die beste und sinnvollste Investition ist, die Sie als Unternehmer tätigen können.

Ich zeige Ihnen auf, welche erfolgserprobten und zu 100 Prozent umsetzungsfähigen Maßnahmen zur nachhaltigen Gesundheitsförderung bei uns und mittlerweile in vielen anderen erfolgreichen Unternehmen eingeführt wurden. Zu diesen gesundheitsfördernden Maßnahmen zählen unter anderem:

Abb. 8.1 Das GEBEN-Konzept der Fitmacher

- Progressive Muskelrelaxation nach Jacobsen, schnell entspannt
- Achtsamkeitsübungen zur Steigerung der Wahrnehmung und Konzentration
- Die bewusste Auszeit, den Kopf frei bekommen
- Tipps zur Ernährung, frei nach dem Motto: „Du bist, was du isst"
- Gemeinsames Training, zur Steigerung des Zusammengehörigkeitsgefühls und der Motivation

Zudem mache ich mit Ihnen einen Exkurs in den Profi-Sport und erläutere Ihnen, was wir als Unternehmer und Führungskräfte vom Sport lernen können, nicht nur zum Thema Gesundheit. Hier lernt man, dass nur das Team als Ganzes erfolgreich ist, einzelne Spitzenleistungen genügen nicht, jedes Zahnrad muss zuverlässig in das nächste greifen. Es gibt keinen herkömmlichen Chef, der alles bestimmt, es gibt einen Leader, der den Ton angibt und sein Team entsprechend seiner Stärken einzusetzen weiß. Hier gibt es Spezialisten mit mehr oder weniger festen Positionen, dieses stärkenorientierte Einsetzen und Entwickeln der Mitarbeiter führt auch im Unternehmen zum Erfolg und schlussendlich zu mehr Gesundheit, weil sie für den Mitarbeiter unter dem Strich weniger Stress bedeuten.

Den dritten Punkt, den ich mit Ihnen betrachten werde, ist die Gesundheitsförderung durch Freiräume, in denen sich die Mitarbeiter, wie das Wort schon sagt, frei bewegen können. Die drei Freiräume, die wir unseren Mitarbeitern gönnen, beziehen sich auf:

- Zeit – entscheide selbst wann und wo du arbeitest, das Ergebnis zählt
- Geld – verdiene, was du verdienst
- Spaß bei der Arbeit – der Produktivitätsbooster

Sie werden sehen, dass mit diesen pragmatischen Ansätzen die Gesundheit, und ich meine hier nicht nur die körperliche, sondern auch die geistige, in Ihrem Unternehmen stark profitieren wird. Sie werden nach kürzester Zeit eine positive Veränderung feststellen.

8.2 Gesundheit als USP – einen Schritt voraus

Ich bitte Sie: Klettern Sie als Unternehmer und Führungskraft einmal aus dem Fluss des Alltags und nehmen Sie sich bewusst die Zeit sich ans Flussufer zu setzen und über das Thema Gesundheit nachzudenken. Vielleicht erkennen Sie es auch als Erfolgsfaktor. Das Thema Gesundheit ist definitiv Chefsache – also handeln Sie auch. Frei nach dem Motto: „Erst GEBEN, dann nehmen".

Ich hoffe, dass ich Ihnen neue Impulse oder Anregungen geben konnte und freue mich auf Ihren nachhaltigen Erfolg, den Sie mit dem Thema Gesundheit, sofern sie seine Wichtigkeit erkannt haben, haben werden. Seien Sie hier Ihrer Konkurrenz mit diesem Unique Selling Proposition (USP = Alleinstellungsmerkmal) einen Schritt voraus und machen Sie Ihr Unternehmen und Ihre Mitarbeiter fit für die Märkte von morgen.

8.3 Über den Autor

Johannes Glatzle, Jahrgang 1982, ist Experte für Gesunde Führung und unterstützt Top-Unternehmen und Unternehmer vom Großkonzern bis Mittelständler und macht Sie fit für die Märkte von morgen.

Der studierte Betriebswirt und Master of Business Administration (MBA) gab und gibt in zahlreichen internationalen Projekten und renommierten Hochschulen sein innovatives Wissen und seine pragmatischen Denkansätze weiter.

Seine Erfahrungen hat Johannes Glatzle von der Pike auf bei den Besten erlernt, so hat er bereits früh die LEADER-Rolle übernommen und schnell Teams geleitet. Als Unternehmer profitiert er heute von diesen unterschiedlichen Blickrichtungen, die ihm damals mit auf den Weg gegeben wurden.

Schon früh war Johannes Glatzle klar, dass die klassische Führung ausgedient hat, sie funktioniert nicht mehr! Dies thematisiert Johannes Glatzle in seinen ausgezeichneten Vorträgen und bringt seine Ansätze mit Humor auf den Punkt genau weiter und lässt das Publikum an seinen Erfahrungen und Impulsen von der Bühne aus teilhaben.

Der werteorientierte Querdenker ist seiner Branche stets voraus. Als ehemaliger Spieler der ersten Baseball Bundesliga, weiß er, Erfolg kann man nur im Team haben, so versteht es Johannes Glatzle mit innovativen und unüblichen Führungsansätzen, aus einer wild zusammengewürfelten Gruppe ein motiviertes und erfolgreiches Team zu kreieren und ein Wir-Gefühl zu schaffen.

Als Autor hat Johannnes Glatzle unter anderem in Chefsache Gesundheit II mitgeschrieben und sein innovatives und umfassendes Konzept GEBEN für mehr Gesundheit im Unternehmen beschrieben.

Weitere Infos unter www.johannesglatzle.com.

Schaffung erfolgreicher Unternehmen

Führung zu Erfolg und Prävention von Unternehmenskrisen

Hanno Goffin

9.1 Die beste aller Welten

Grundlage des erfolgreichen Unternehmens ist ein attraktives Geschäftsmodell mit hervorragenden Alleinstellungsmerkmalen. Dies basiert auf einzigartigen Stärken, klarer Produktdifferenzierung und einer robusten Innovations-Strategie, die sich in nachhaltige Erfolge und Wachstum umsetzen lässt. Profitables Wachstum wird unterstützt durch erfolgreiches und effizientes Marketing. Diese Merkmale gestalten gleichzeitig eine gute Prävention von Unternehmenskrisen.

Im Idealszenario erlauben die Kosten der Produktion, Fixkosten, variable Kosten, Overhead und die sich ergebende Marge einen profitablen Verkauf. Die gesamte Supply Chain ist kostengünstig und arbeitet zuverlässig. Qualität und Kundenservice sind überdurchschnittlich im Markt. Cashflow und Finanzstruktur gestatten wichtige Investitionen und den Ausbau des Geschäfts. Führung, Management und Mitarbeiter arbeiten mit Begeisterung auf der Basis einer klaren Unternehmensvision, Geschäftsstrategie, operativen Taktik und klarer wirtschaftlicher Zielgrößen. Nachhaltige Werte und gesellschaftlicher Unternehmenszweck sind derart formuliert und implementiert, dass die Mitarbeiter diese mit Engagement als Sinn des Unternehmens und der eigenen Tätigkeit verfolgen.

In der realen Unternehmenswelt ist dieses Idealszenario jedoch selten anzutreffen. Wechselhafte Konjunkturzyklen, externe und interne Krisen entsprechen eher dem Alltag vieler Unternehmen. Der stete Wettbewerbs- und Preisdruck als Folge von Überkapazitäten und schneller Fortentwicklung gestalten die reale Welt des Unternehmens herausfordernd. Es ist jedoch beeindruckend zu beobachten, dass es

H. Goffin (✉)
Lindenbecker Weg 10, 40822 Mettmann, Deutschland
e-mail: hanno.goffin@freenet.de

systematische Werkzeuge gibt, die in konsequenter Anwendung den Erfolg der wenigen Spitzenunternehmen auf Basis empirischer Daten erklären. Diese sind jedoch vielen Unternehmen nicht bekannt. Diese Lücke schließt der Autor mit seinen Vorträgen und Projekten. In Projekten wird die konkrete Verantwortung der Einführung und Umsetzung übernommen.

9.1.1 Strategie und Umsetzung zu Erfolg

Grundlegend für den Erfolg sind eine detailliert ausgearbeitete Strategie und deren Umsetzung. Der Strategieentwicklungsprozess sollte frühere Annahmen und Bedingungen immer wieder überprüfen, neuen Bedingungen anpassen und Herausforderungen antizipieren. Klassische Strategietools begrenzen oft schon die heute dringend notwendige Sicht neuer Perspektiven. Neue Werkzeuge öffnen hier neue Chancen. Umfragen im Mittelstand zeigen, dass langfristige Ziele und eine lebendige Unternehmensvision den Mitarbeitern in vielen Unternehmen nur in rudimentärer Form bekannt oder gar nicht vorhanden sind. Diese Untersuchungen zeigen auch, dass es oft ein erhebliches, jedoch kaum wahrgenommenes Missverständnis zwischen der oberen und den mittleren bzw. unteren Führungsebenen gibt, welche Vision, Zukunftsperspektive und Werte tatsächlich verfolgt werden sollen. Die Strategie muss einfach und verständlich sein, um allen Mitarbeitern eine klare Linie in der eigenen Arbeit geben zu können. Ein genaues Strategiebriefing vermeidet unklare Handlungsweisen.

Eine Untersuchung unter 1600 Unternehmen des Mittelstands der Münchener Strategieberatung MSG und andere zeigte, dass die erfolgreichsten Unternehmen sich besonders in ihrer strategischen Konsequenz auszeichnen. Die klare Definition von Mission und Strategie mit Zielen der Marktführerschaft, Vertriebsstärke, langfristig ausgerichtetem Handeln, internationaler Orientierung sowie die kontinuierliche Entwicklung des eigenen Geschäftsmodells waren wichtige Kennzeichen erfolgreicher Unternehmen. Viele weitere, weltweit gewonnene Ergebnisse aus Vergleichen einer großen Zahl von Unternehmen zeigen auf Basis empirischer Fakten eindeutige Wege, welche Werkzeuge die besten Unternehmen einsetzen und welche die Grundlage zum Erfolg dieser Unternehmen sind. Dazu gehören auch eine Führung und Kultur der Begeisterung auf allen Ebenen des Unternehmens, Kommunikation der Fähigkeiten des Unternehmens in den Markt, eine wirkliche Differenzierung des Angebots jenseits üblicher, generischer „Standardbegriffe" und ein robustes Unternehmenssystem mit hervorragenden Prozessen. Die Korrelation der Entwicklung und Anwendung dieser Werkzeuge mit dem Erfolg ist beeindruckend. Da diese detaillierten Ergebnisse internationaler Untersuchungen den meisten Unternehmen nicht zur Verfügung stehen, hat der Autor es sich zu seiner Mission gemacht, diese Ergebnisse allen zugänglich zu machen.

Zur Entwicklung innovativer Angebote und einer kraftvollen Differenzierung gibt es zahlreiche Chancen, die in ihrer Fülle von Unternehmen sehr oft nicht genutzt werden. In der europäischen Innovationsinitiative der EU Kommission in Zusammenarbeit mit

A.T. Kearney unter dem Namen „IMP³rove" mit mittlerweile rund 4000 Unternehmen (<1000 Mitarbeiter) zeigt sich im Benchmarking, dass circa 70 % der Unternehmen nicht über eine tatsächlich ausgearbeitete Innovationsstrategie verfügen. Herausragende Innovation in Unternehmen wird im Rahmen neuer Geschäftsmodelle, interner und externer Prozesse der Wertschöpfung, der Form der Angebote an Kunden, der Generierung von Einkünften, der Nutzung der Produkte und Dienstleistung und schließlich auch der Produkte und Dienstleistung selbst entwickelt. Es besteht ein gewaltiges Potenzial der Innovationsentwicklung in Unternehmen und eine große Auswahl an Tools der Entwicklung der typischen Erfolgsmerkmale innovativer Unternehmen und entsprechend neuer Ideen.

Das Controlling-System soll eine eindeutige, transparente Antwort zu den entscheidenden Werttreibern und den wirtschaftlichen Zielgrößen geben. Eine detaillierte, tatsächlich aussagekräftige Kosten- und Wertreibertransparenz wird in vielen Unternehmen erst spät in Krisenzeiten entwickelt. Diese verschafft jedoch erst den wichtigen Einblick in die Details der wertschaffenden Prozesse des Unternehmens und muss die Basis wirtschaftlicher Entscheidungen sein. Eine wichtige Ursache des Entstehens von Unternehmenskrisen besteht darin, dass Unternehmen mangels entsprechender Controllinginstrumente keine genaue Analyse durchführen, in welchen Bereichen oder mit welchen Produkten tatsächlich Gewinn oder Verlust erzielt wird.

Jenseits des Controllings sind nicht-finanzielle Kennzahlen zu wichtigen Strategie- und Finanzzielen ein kaum ursachenorientiert angewandtes Tool des Erfolgs und der Krisenprävention. Damit diese Kennzahlen jedoch aussagekräftig sind, müssen direkte, dokumentierbare, kausale und logische Zusammenhänge zwischen Entwicklungen in den nicht finanziellen Kennzahlen und den Ergebniskennzahlen Gewinn und freier Cashflow abgebildet werden. In der Praxis zeigt sich, dass bekannte Standard-Konzepte zur Messung dieser nicht finanziellen Größen wie „Balanced Scorecard" häufig nicht ausreichen, um die tatsächlichen kausalen Beeinflussungen zwischen Geschäftsprozessen, nicht finanziellen Kennzahlen und Finanzergebnissen aufzuzeigen. Dies muss systematisch entwickelt werden.

Erfolgreiche Unternehmen zeichnen sich auch durch die Schnelligkeit und Effizienz ihrer Entscheidungssysteme aus. Eine systematische Untersuchung in 760 Unternehmen zeigt, dass die Unternehmen, die sich in der Schnelligkeit und Effizienz ihrer Entscheidungssysteme in den oberen 20 % befinden, eine um 6 % bessere Aktienrendite aufzeigen (Zook und Allen 2011). Es gibt weitere Untersuchungen, die dies gleichfalls belegen.

9.2 Unternehmenskrisen

Die Entwicklung einer Krise im Unternehmen läuft typischerweise über verschiedene Phasen, die in ihrem Krisencharakter immer dramatischer werden und gleichzeitig den Handlungsspielraum immer stärker einschränken. Die fünf typischen, betriebswirtschaftlichen Krisenphasen in Unternehmen entwickeln sich von der Strategiekrise

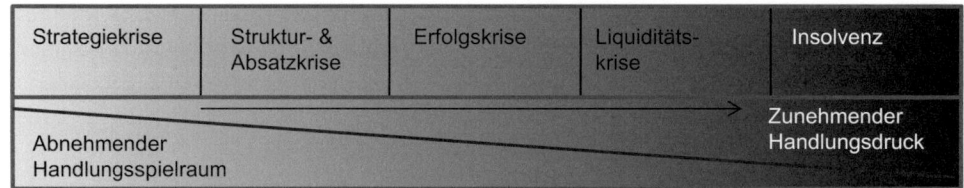

Abb. 9.1 Phasen einer fortschreitenden Krisenentwicklung

mit einem noch ordentlichen Betriebserfolg über eine Struktur- und Absatzkrise zur Erfolgskrise, der dann die Liquiditätskrise und Insolvenz folgen können (siehe Abb. 9.1). Dieser typische Krisenablauf in der Wirtschaft hat sich über die letzten Jahre deutlich beschleunigt.

Besonders wichtig bei größeren Unternehmen sind nach dem Institut für Krisenforschung, Kiel die operativen Misserfolgsursachen im Bereich Absatz (89 %), Produktion (46 %) und Personal (45 %). Wenn zu diesen Krisenursachen verschärfende Effekte durch Mangel an Eigenkapital (30 %) und Probleme im Planungs- und Kontrollsystem hinzukommen, entstehen insbesondere schwere Unternehmenskrisen bis hin zur Insolvenz. Mit Hilfe der vom Autor empfohlenen Auswahl der wichtigsten und angemessenen Maßnahmen des Krisenmanagements kann das Abrutschen in ein tieferliegendes Krisenszenarien vermieden werden und ein Unternehmen zum Erfolg zurückgeführt werden.

9.3 Über den Autor

Hanno Goffin hat über 25-jährige praktische Managementerfahrung bis in Positionen der Geschäftsleitung von Konzernunternehmen und großen Mittelständlern in sehr wettbewerbsintensiven Industrien. Die Laufbahn brachte ihn während zehnjähriger Auslandstätigkeiten beruflich in Firmen in vier verschiedenen Ländern. Er spricht fünf Sprachen, hält einen MBA einer der europäischen Elite-Business Schools und ist Diplom-Ingenieur der RWTH Aachen.

Seit über zehn Jahren beschäftigt er sich intensiv mit wissenschaftlich-empirischen Ergebnissen des Vergleichs tausender Unternehmen, um aufzuzeigen, was die erfolgreichsten Methoden der Unternehmensführung sind. Er hat es sich zu seiner persönlichen Mission gemacht, dieses vielfach empirisch belegte Wissen aus hunderten Untersuchungen zusammenzuführen und allen Unternehmen in Managementprojekten und Vorträgen zur Verfügung zu stellen.

Er ist zertifizierter Berater des Instituts für Betriebswirtschaft, Wirtschaftsförderung und -beratung (IBWF) und durch das Institut für Krisenforschung in Kiel zertifizierter Restrukturierungsmanager. Des Weiteren ist er seitens des Instituts für Unternehmenssanierung (IFUS) der Hochschule Heidelberg zertifizierter Berater für Unternehmenssanierung. Das IFUS ist das einzige in Deutschland mit dem Qualitätssiegel der weltweiten Turnaround Management Association (TMA) ausgestattete Institut.

Hanno Goffin ist im deutschen Rednerlexikon verzeichnet und von der in Deutschland führenden Redneragentur „Speakers Excellence" aufgenommen in den Kreis der Top-100-Unternehmer in Deutschland.

In Unternehmensprojekten wendet er neben seiner eigenen Erfahrung die empirisch belegten, klaren Regeln an, die nachweislich, eindeutige, erfolgreiche Ergebnisse hervorbringen. Er übernimmt hier auch die Verantwortung der konkreten Anwendung und Umsetzung.

Weitere Infos unter www.hannogoffin.com

Literatur

Zook, C., & Allen, J. (2011). The great responsible business model. *Harvard Business Review 11/2011*.https://hbr.org/2011/11/the-great-repeatable-business-model. Zugegriffen am 06.08.2015.

Führung 4.0

Jürgen W. Goldfuß

4.0? Das klingt irgendwie nach einem Software-Update.

Oder handelt es sich vielleicht wieder um eine neue Management-Theorie, nachdem alle Varianten von „Management by ..." beinahe ausgeschöpft sind?

Nein, 4.0 ist ein Begriff, der uns alle in Zukunft noch beschäftigen wird: genaugenommen „Industrie 4.0". Laut Wikipedia ist Industrie 4.0 ein Zukunftsprojekt im Bereich der High-Tech Strategie der deutschen Bundesregierung und der Industrie, mit dem in erster Linie die Informatisierung der Fertigungstechnik vorangetrieben werden soll. Das Ziel ist die „intelligente Fabrik" (Smart Factory), welche sich durch Wandlungsfähigkeit, Ressourcen-Effizienz, ergonomische Gestaltung sowie die Integration von Kunden und Geschäftspartnern in Geschäfts- und Wertschöpfungsprozesse auszeichnet. Technologische Grundlage sind cyber-physische Systeme und das „Internet der Dinge". Soweit Wikipedia (2015).

Was verbirgt sich nun aber konkret hinter Industrie 4.0? Und wenn es jetzt 4.0 gibt, gab es dann bereits Vorläufer, z. B. Industrie 1.0? Ja, die gab es tatsächlich.

Werfen wir kurz einen Blick in die Vergangenheit. Der Zeitraum der Industrie 1.0 war gekennzeichnet durch die Mechanisierung der Produktion mit Wasser und Dampfkraft. Dank der Erfindung der Dampfmaschine konnten Fabriken entstehen, konnten Produkte mit weniger Arbeitsaufwand hergestellt werden.

In der nächsten Phase, Industrie 2.0, begann die Fließbandfertigung mit hohen Stückzahlen. Der Preis für Henry Fords Modell T von 1914 konnte dank der Fließbandproduktion von 850 auf 370 Dollar gesenkt werden, das Automobil wurde zum Massenprodukt.

J.W. Goldfuß (✉)
MTD Marketing – Training – Dokumentation, Spaichingen, Deutschland
e-mail: info@goldfuss.com

Industrie 3.0, das waren Computer, Roboter und die Automatisierung der Fertigung. Durch den Einsatz von EDV ergaben sich bisher ungeahnte Möglichkeiten.

Und nun kommt Industrie 4.0, von vielen als der größte Change-Prozess (auf Deutsch: Veränderungsprozess) betrachtet. Was aber soll nun anders sein? Zum ersten Mal werden sich Maschinen miteinander „unterhalten". Durch den Austausch von Daten zwischen den verschiedenen Fertigungsstationen sind nun Losgrößen möglich, die vorher aus wirtschaftlichen Gründen undenkbar waren.

Sämtliche am Produktionsprozess beteiligten Komponenten sowie der Mensch werden nun miteinander vernetzt. Kommunikation und die damit verbundene Information werden zu wichtigen Produktionsfaktoren. Maschinen werden zwar nicht den Menschen ersetzen, aber andere Anforderungen an den Menschen stellen. Und hier beginnt die Aufgabe der Führungskräfte, dafür zu sorgen, dass die Mitarbeiter nicht nur über die erforderlichen Qualifikationen verfügen, sondern sich auch flexibel in die neue Arbeitswelt integrieren.

Gerade Unternehmen, die in der Vergangenheit besonders erfolgreich waren, haben bei einem Strukturbruch oder gravierenden Änderungen mehr zu verlieren als andere. Gerade etablierte Unternehmen neigen dazu, ihre bewährten Praktiken zu verteidigen, auf bewährte Strukturen und Abläufe zu setzen. Deshalb gehören sie oft zu den letzten, die reagieren – und das meist zu spät. Die Geschichte der Industrie ist voller Beispiele von Firmen, die stolz auf ihre Tradition verwiesen – und dann von flexiblen Neugründungen vom Markt verwiesen worden.

Der Satz von Prof. Bleicher wurde da manchem bekannten Unternehmen zum Verhängnis: „Wir arbeiten in Strukturen von gestern mit den Methoden von heute an Problemen von morgen vorwiegend mit Menschen, die die Strukturen von gestern gebaut haben und das morgen innerhalb der Organisation nicht mehr erleben werden" (Bleicher 2015).

Schnellere Abläufe verursachen auch schnellere Fehler, die wiederum schnellere Reaktionszeiten erfordern. Eingespielte Prozeduren müssen auf den Prüfstand und neu überdacht werden.

Nun werden Berufsskeptiker sich alle möglichen Negativ-Szenarien vorstellen können: Was bringt uns diese neue Welt, außer Unruhe und Verwirrung? Unruhe auf jeden Fall, denn so manche liebgewordene Gewohnheit wird wohl geopfert werden müssen.

Aber alles hat Vor- und Nachteile. Industrie 4.0 bringt auch eine Menge von Vorteilen für die Unternehmen. Maschinen, die mit Sensoren und Funkmodulen ausgerüstet sind, können Strom sparen und rechtzeitig warnen, wenn z. B. Pumpen oder Motoren zu versagen drohen. Die Maschine ruft sozusagen um Hilfe und gefährdete Teile können rechtzeitig ausgetauscht werden, bevor es zum Totalschaden kommt.

Lieferengpässe können überwunden werden, wenn Automobil-Fabrikanten ihre Produktionsdaten automatisch mit ihren Zulieferern austauschen, der Zulieferer wird somit rechtzeitig informiert über den Bedarf an neuen Teilen.

Was aber bedeutet diese „schöne neue Welt" für die Führungskräfte? Welche Mitarbeiter sind überhaupt in der Lage, die neuen Anforderungen zu erfüllen? Und sind sich Führungskräfte überhaupt schon der neuen Situation bewusst? Funktionieren die bisherigen Arbeitszeitmodelle eigentlich noch, wenn Maschinen häufiger als früher rund um die Uhr im Betrieb sein werden, wenn die Maschine um Hilfe ruft und ein Mitarbeiter umgehend zum Einsatz kommen muss? Verfügbarkeit rund um die Uhr? Hier sind andere Modelle als „nine to five" gefragt. Arbeitszeit 4.0 wird zum Thema.

Welcher „Typ" Mitarbeiter erfüllt eigentlich die zukünftigen Anforderungen der Unternehmen, welche Voraussetzungen sind zu erfüllen?

Bereits jetzt ist schon abzusehen:

Industrie 4.0 erfordert immer besser qualifizierte Mitarbeiter, die hochkomplexe Maschinen steuern und überwachen können.

Industrie 4.0 verstärkt den Bedarf an Schichtarbeit, denn die vernetzt miteinander agierenden Maschinen arbeiten rund um die Uhr.

Industrie 4.0 erfordert flexibleren Einsatz der Mitarbeiter, denn aufgrund kurzer Lieferfristen und immer individueller gefertigter Produkte (Losgröße eins) müssen die hochqualifizierten Mitarbeiter flexibel auf Arbeitszeit und Arbeitsort reagieren können.

Und jetzt ein Blick auf die Bedürfnisse und Vorstellungen der Mitarbeiter – für Führungskräfte ein entscheidender Punkt:

Eine neue Generation auf dem Arbeitsmarkt, die Generation Y, stellt andere Anforderungen. Das Y wird im Englischen wie „why" ausgesprochen, auf Deutsch „warum". Und genau diese Frage stellen sich die zur Generation Y Gehörenden. Während frühere Generationen den Fokus noch eher auf Gehalt und Karriere richteten, blicken die zwischen 1980 und 1995 Geborenen auf andere Aspekte des Berufslebens. Themen wie Kinderbetreuung, Weiterbildungsmöglichkeiten, Auszeiten – eine neue Palette von Anforderungen an den Arbeitgeber. Man ist nicht mehr bereit, Privatleben und Familie für Job, Status oder Prestige zu ruinieren.

Qualifizierte Mitarbeiter lassen sich nicht einfach fremd bestimmen. Knapper werdende, gut qualifizierte Mitarbeiter werden sich im Hinblick auf ihre Arbeitszeit diejenigen Arbeitgeber aussuchen, bei denen neben aller Flexibilität auch noch planbare Freizeit zur Verfügung steht.

Führungskräfte werden auch auf die individuellen Gewohnheiten der Mitarbeiter stärker eingehen müssen. So gibt es zum einen die Lerchen, die Frühaufsteher, und zum anderen die Eulen, die Nachtschwärmer. Die einen sind morgens besser drauf, die anderen kommen erst später in die Gänge. Die einen Mitarbeiter freuen sich über bezahlte Überstunden, die anderen ziehen eher Freizeitblöcke vor. Im Spannungsfeld zwischen Unternehmens- und Mitarbeiterinteressen ergeben sich hier für Führungskräfte interessante Aufgaben, die Kreativität und Phantasie erfordern.

Auch werden Abläufe und Regeln häufiger hinterfragt, Anweisungen nicht in blindem Gehorsam befolgt, Hierarchien nicht mehr unbedingt als sinnvoll betrachtet – kurz, der mündige Bürger tritt als mündiger Mitarbeiter auf. Für viele Personaler und Führungskräfte noch eine Horror-Vorstellung. Gerade in mittleren und größeren etablierten Unternehmen ein Traditionsbruch, der so manche Führungskraft an die Grenzen ihrer Toleranz führt.

Im Gegensatz zu den „bisherigen" Mitarbeitern erwartet die neue Generation auch mehr Rückmeldung über ihre Leistung und ihr Verhalten. Damit ist nicht nur positives

Lob gemeint, sondern auch die offene Information, was der Mitarbeiter anders oder besser machen könnte. Ein Dialog auf Augenhöhe sozusagen.

Die neue Generation erwartet auch eine andere Informations- und Kommunikationspolitik. In einer Zeit von Facebook, Twitter, WhatsApp und diversen anderen Internet-Infokanälen werden schnelle, präzise Informationen erwartet, vor allem über die Ziele des Unternehmens. Tipps zum richtigen Umgang mit den neuen Medien gibt es übrigens im Beitrag des Autors „Trotz Facebook, Mails und Twitter – sicher durchs Burnout-Gewitter" (*Chefsache Gesundheit*).

In einer Studie gaben lediglich 12 % der Mitarbeiter an, dass sie die Ziele der Führung kennen oder „ahnen". Das heißt 88 % wissen nicht, wo es lang geht. Wie würde ein Orchester wohl klingen, wenn nicht alle über das Endprodukt, das Musikstück, informiert wären? Die Verantwortung für eine solche Situation liegt eindeutig bei den Führungskräften, den Dirigenten. Hier gibt es in den meisten Unternehmen noch ein gewaltiges Verbesserungspotenzial. Mehr Informationen, mehr Transparenz, das erwarten mündige Mitarbeiter.

In dem Buch „Führen in Krisen- und Umbruchsituationen" des Autors (Goldfuß 2015) wird als Leitfaden für eine professionelle Kommunikation das TOK-Prinzip beschrieben.

TOK steht für Transparenz, Offenheit und Konsequenz.

Betrachten wir die drei Begriffe einmal näher.

Transparenz bedeutet, dass allen Beteiligten klar erläutert wird, um was es eigentlich geht, welche Ziele das Unternehmen verfolgt, welche Produkte für welche Einsatzbereiche hergestellt werden, welche Kunden mit welchen Lösungen bedient werden. Vor allem dann, wenn Änderungen im Unternehmen anstehen, wird der Informationsbedarf meistens unterschätzt. Solange die Zielrichtung nicht für jeden transparent, also klar und ersichtlich ist, werden immer wieder Zweifel an der Richtigkeit der eingeschlagenen Richtung auftauchen. Häufig werden bei Änderungen Ziele genannt, die bei den Beteiligten den Verdacht aufkommen lassen, dass es sich um reine „Beruhigungsziele" handelt, also vorgeschobene, aber nicht tatsächlich angestrebte Ziele. Dieser Verdacht entsteht dann, wenn den Mitarbeitern die Art und Weise der Zielerreichung nicht klar, nicht transparent erscheint. Dasselbe gilt, wenn die Ziele nicht widerspruchsfrei formuliert sind. Transparenz setzt voraus, dass alle Karten auf den Tisch gelegt werden und eventuelle Bedenken offen diskutiert werden.

Das Stichwort *Offenheit* bedeutet, dass allen Beteiligten offen gegenüber getreten wird, offen über alle Fragen diskutiert wird. Ansonsten bleibt immer der Verdacht zurück, dass es noch Dinge gibt, die zurückgehalten werden. Daraus ergibt sich Unsicherheit und Misstrauen. Oft vermuten Führungskräfte, dass die Mitarbeiter noch nicht in der Lage sind, die Fakten richtig zu beurteilen. Das heißt im Klartext, die Mitarbeiter wurden nicht auf eine für alle verständliche Art und Weise „aufgeklärt". Wer sich hier auf Zeitmangel beruft, der hat seine Verantwortung als Führungskraft noch nicht so richtig verstanden.

Der letzte Buchstabe von TOK, das K, steht für *Konsequenz*. In der Praxis stellt sich immer wieder heraus, dass zwar offen diskutiert wird, dass die Ziele jedem transparent erscheinen, dass alle sogar bereit sind in einer Richtung zu marschieren – und trotzdem passiert nichts. Eine Führungskraft, die nicht konsequent den eingeschlagenen Weg verfolgt und sich von der vereinbarten Zielrichtung abbringen lässt, hat ihre Aufgabe verfehlt. Das bedeutet nicht, dass keine Änderungen auf einem eingeschlagenen Weg mehr möglich sind. Wenn sich Handlungen oder Richtungen als falsch herausstellen, dann muss konsequent „nachgebessert" werden und neue Ziele oder Teilziele festgelegt werden – die dann allerdings konsequent verfolgt werden müssen.

Konsequent vorzugehen fällt vielen Führungskräften dann schwer, wenn neue und ungeplante Fakten und Parameter auftauchen. Wenn Mitarbeiter nun mit eigenen neuen Bedenken und Ängsten auf die Führungskraft einstürmen, dann hat so mancher Chef das Bedürfnis, den Ängsten oder gar dem Druck seiner Mitarbeiter nachzugeben. Konsequent vorgehen zu können setzt also voraus, im Vorfeld für Transparenz in der Betrachtung und für Offenheit in der Kommunikation zu sorgen.

Die Mitarbeiter der Generation Y beurteilen die Qualität einer Führungskraft übrigens kritischer als die vorhergehende Generation der „Befehlsempfänger". Informationen über unfähige Chefs verbreiten sich heute nicht nur innerhalb des Unternehmens, sie finden auch ihren Weg über das Betriebsgelände hinaus. Wikileaks lässt grüßen.

Nun mag so manche Führungskraft denken, das alles betrifft mich nicht, schließlich arbeite ich nicht in der Industrie. Bei uns gibt es keine Maschinen, die miteinander reden. Wir haben keinen Produktionsbetrieb, der rund um die Uhr aktiv ist. Das mag alles stimmen, aber auch in Ihrem Umfeld ändern sich die Parameter. Wir Kunden werden immer anspruchsvoller, erwarten schnelleren Service, kürzere Lieferzeiten, kompetente Ansprechpartner. Egal ob Sie im Gastronomiebereich, im Gesundheitsbereich, im Beratungsgeschäft ihr Geld verdienen, auch Sie können dem Wandel nicht entgehen. Auch Sie werden mit der Generation Y konfrontiert und auch Ihre Mitarbeiter verfügen über Kommunikationsmittel zum Austausch mit drinnen und draußen.

Führung 4.0 ist also nicht auf einen Wirtschaftsbereich beschränkt, das Thema betrifft alle Branchen.

10.1 Über den Autor

Im Wesentlichen sind es drei Bereiche, mit denen sich **Jürgen W. Goldfuß** beschäftigt.

Der erste Bereich sind offene Seminare, Referate und Vortragsveranstaltungen im Auftrag verschiedener Veranstalter sowie firmeninterne Seminare:

- Endlich Chef – was nun?
- Nie Chef gelernt – und wie man trotzdem führt
- What happens next – und wie man mit den Änderungen umgeht
- Wie man Projekt-Teams auch in schwierigen Situationen zum Erfolg führt
- Mehr Umsatz – aber wie?
- Reklamationsverhandlungen mit Lieferanten

Der zweite Bereich ist die Beratung von Unternehmen und Einzelpersonen zu Themen, die in seinen Büchern behandelt werden. Dabei geht es um Fragen zu Führung, Karriere, Service und Marketing:

- Der „Plan B–Tag", Karriereberatung für Führungskräfte
- „Der ChefTreff bei Goldfuß – Die Tankstelle für Führungskräfte"

Der dritte Bereich sind „Schreibarbeiten". Dazu gehören das Verfassen von Büchern sowie Beiträge für verschiedene Zeitschriften und Magazine. Mittlerweile sind über 500 Artikel erschienen, u. a.:

- im Handelsblatt: „Die 5 Weisen"
- in der Schwäbischen Zeitung: „Der Ratgeber"
- im Nussbaum-Verlag: „Zum Nachdenken"
- sowie mittlerweile 13 Bücher (einige sind auch auf Koreanisch erschienen)

Goldfuß gründete das Unternehmen 1989 nach einer interessanten beruflichen Laufbahn als Projektleiter, Schulungsleiter, Leiter der Verkaufsförderung, Produktmanager und Marketingleiter.

Der Schwerpunkt der Tätigkeit lag anfangs in der Beratung von kleinen Unternehmen zum Thema Marketing. Parallel dazu entwickelten sich aus Beratungsprojekten und der Zusammenarbeit als Leadtrainer mit einem großen amerikanischen Seminarveranstalter eine Reihe von praxisorientierten Seminaren für Mitarbeiter und Führungskräfte. Alle seine Bücher sind ohne Unterstützung durch „Ghostwriter" entstanden. Sie enthalten seine eigenen Ideen, kombiniert mit seinem persönlichen Stil.

Aus seiner Vita:

- internationale Berufserfahrung in den Bereichen Training, Marketing und Projektmanagement.
- Seminardurchführungen in Moskau, Hongkong, USA und ganz Europa
- Projektleiter in Brüssel und Paris

Durch unterschiedliche Funktionen in der Wirtschaft konnte er einen reichen Erfahrungsschatz ansammeln. Hinzu kommt die Erfahrung als Selbstständiger, der einen etwas anderen Blickwinkel zum Thema Wirtschaft erhält als ein angestellter Berater oder

Trainer. Durch die Kombination Berater/Trainer/Referent ergeben sich interessante Synergieeffekte, von denen seine Kunden und Leser immer wieder profitieren. Und nebenbei tritt er noch mit einer Kabarettnummer auf: Ein Konzert für ein Publikum und eine Geige.

Literatur

Bleicher, K. (2015). *Die Gesellschaft für Integriertes Management.* http://www.gimsg.ch/. Zugegriffen am 29.07.2015.

Goldfuß, J. W. (2015). *Führen in Krisen- und Umbruchsituationen.* Wiesbaden: Springer-Gabler.

Wikipedia (Hrsg.). (2015). *Industrie 4.0.* https://de.wikipedia.org/wiki/Industrie_4.0. Zugegriffen am 29.07.2015.

Poser versus Performer

11

Suzanne Grieger-Langer

Das englische „Performance" ist mittlerweile eingedeutscht und bezeichnet im beruflichen Kontext die Arbeitsleistung des Einzelnen, die Erfüllung der Anforderungen und Ausübung der Rolle. Und? Erfüllen auch alle Mitarbeiter die Anforderungen?

11.1 Performance-Triangle

Wir alle hoffen, dass Performer nicht nur die Speerspitze bilden, sondern als Elite auch an der Spitze der Gesellschaft stehen. Wir alle vermuten begründet und zu Recht, dass dieses optimale Szenario wohl nicht die Realität widerspiegelt. Wir alle sollten uns das englische Sprichwort vor Augen halten: „Nach oben kommen nur der Rahm und der Abschaum!"

Im Performance-Dreieck (vgl. Abb. 11.1) zeigt es sich so, dass die Performer immer an der Spitze des Dreiecks stehen. Allerdings steht nicht fest, ob die Performer überwiegen und damit die Spitze des Performance-Dreiecks nach oben und in den monetären, emotionalen und menschlichen Profit führt. Oder aber, der Performer ist in der Unterzahl, diverse Poser stützen sich auf seine Arbeitsschultern und die Spitze weist in den Untergang – die Pleite ist durchaus auch in allen Facetten zu verstehen: emotional, motivatorisch und monetär. Betrachten wir die Positionen im Performance-Dreieck, weisen wir die Performance persönlichen Einstellungen und Charakteren zu und schon wird deutlich, wie Manager mit wem was warum zu machen hat, um es zum Guten zu wenden.

S. Grieger-Langer (✉)
Halligstrasse 33, Bielefeld 33729, Deutschland
e-mail: info@grieger-langer.de

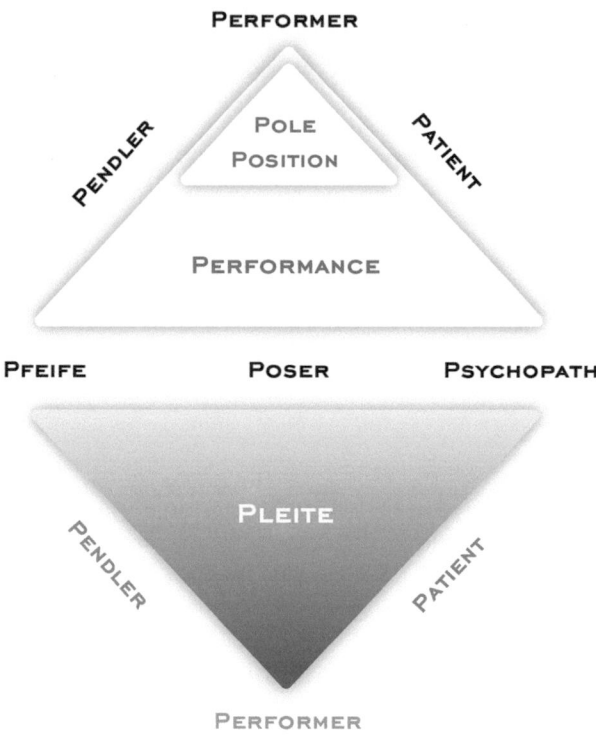

Abb. 11.1 Performance-Dreieck

11.2 Akteure im Performance Triangle

- *Performer:*
  Ja, den wollen wir alle – und seien wir ehrlich, wir wollen auch selbst immer Performer sein.
- *Pfeife:*
  Außen hui, innen pfui!
  Die Pfeife ist ein Leistungssimulant: Von Beruf Sohn oder Tochter, sieht sie sich kurz vor Kanzler, bekommt aber keine PS auf die Straße.
- *Psychopath:*
  Oh, oh, hier wird's kriminell.
  1 % der Weltbevölkerung sind Psychopathen. Das klingt nicht nach viel, doch sind sie vor Ort, sind sie für 99 % der Schäden verantwortlich.
- *Poser:*
  Der Dampfplauderer und Schaumschläger.
  Poser sind von ihrer Natur aus Pfeifen – unter den Händen von Psychopathen wandeln sich diese Geltungssüchtigen Unsympathler zu echten Vollpfosten.

– *Pendler:*
Bambi statt Biest.
Der Mangel an Selbstbewusstsein und Durchsetzungskraft, lässt ihn vor den moralisierenden Pfeifen einknicken und deutlich unter seinem Potenzial navigieren. Ein Verlust für alle.
– *Patient:*
Leistung ist Potenzial minus Störung.
Bei den Narzissten ist die Leistung groß, doch stören sie die Stimmung gewaltig mit ihrer Störung. Kommt noch ein Psychopath hinzu, der die Störung für sich auszunutzen weiß, ist alles verloren.

11.3 Was ist das Problem mit den Pfeifen?

Pfeifen meiden den Schmerz, und dazu gehört auch die Anstrengung. Ist ihr Selbstbild in Gefahr, spielen sie nicht fair.

Dank psychologischer Motivationsparolen hebt die Pfeife vollends ab. Pfeifen müssen auf den Boden der Tatsachen zurückgeholt werden. Wenn sie Ergebnisse bringen sollen, dann braucht es enge Führung und absolute Klarheit in der Positionierung und im Feedback.

11.4 Was ist das Problem mit den Psychopathen?

Psychopathen meiden die Langeweile. Da sie keinen Schmerz und keine Grenzen kennen, sind sie eine Gefahr für ihre Umgebung.

Da Psychopathen rundum therapie- und führungsresistent sind, kann in ihrem Falle – einzig in ihrem Falle – Integration keine Lösung sein. Egal wie, werden Sie den Psychopathen los. Er wird immer nur noch mehr Schaden anrichten. Mit ihm verhält es sich wie mit dem Krebs – er wuchert unkontrolliert. Und sobald Sie Schmerz fühlen, ist es erfahrungsgemäß längst zu spät. Es ist Zeit, alle Register zu ziehen, um sich zu befreien.

11.5 Was ist das Problem mit den Patienten?

Patienten fürchten das Mittelmaß wie der Teufel das Weihwasser. Darum sind sie immer auf der Flucht vor der Beliebigkeit. Damit sind sie kopflos und leichte Beute für Manipulateure.

Patienten wollen und können – unter Führung. Bei ihnen ist es wichtig, selbst über viel Selbstbewusstsein und Gelassenheit zu verfügen, um sich nicht von ihren Ängsten beeindrucken zu lassen. Die enge und erfolgreiche Führung erfolgt über zwei Führarme: Die eine Hand schützt die Patienten wohlwollend vor den Psychopathen, die andere Hand wacht kritisch darüber, dass sie nicht über die Stränge schlagen. Dann wird alles gut.

11.6 Was ist das Problem mit den Posern?

Poser fürchten nichts so sehr wie den Abstieg. Je mehr sie von ihren Fähigkeiten abheben, desto größer wird diese Angst. Sie sind Getriebene – wie die Patienten. Getrieben von ihren Ängsten versteigen sie sich in Größenfantasien, von denen sogar ein Narzisst noch etwas lernen könnte.

Poser brauchen noch mehr Realitätskontakt als Pfeifen. Da sie nicht lernen wollen und ihnen die Wahrheit nicht gefällt, brauchen sie weit mehr Negativerfahrungen und kontrollierten Bodenkontakt als alle anderen. Poser müssen kontrolliert vor die Wand fahren, sonst begreifen sie es nicht. Vor die Wand fahren meint, dass sie scheitern müssen. Bitte kompensieren Sie ihre Fehlleistungen nicht. Und kontrolliert meint, dass es wichtig ist, dass der Poser sein Gesicht dabei nicht verliert. Wundern Sie sich nicht, wenn der Poser nur langsam lernt.

11.7 Was ist das Problem mit den Pendlern?

Pendler verfügen über wenig Selbstbewusstsein und fürchten die Beschämung, falls sie etwas falsch machen.

Pendler brauchen wohlwollenden Schutz, damit sie sich entfalten können. Es gilt, diese zarten Naturen vor Pfeifen wie Psychopathen zu schützen und ihnen den Rücken zu stärken. Dann kommt deren Leistung mit Leichtigkeit.

11.8 Was ist das Problem mit den Performern?

Performer fürchten nichts mehr als die Stagnation. Damit sind sie immer in Bewegung: Veränderung ist ihr Naturzustand. Das macht sie fast schon zum natürlichen Feind der Pfeifen.

Performer brauchen Freiheit, sich zu entfalten. Schaffe die nötigen Ressourcen herbei und alles läuft mit einem Performer von selbst. Aber laut Steve Jobs heißt es auch: „Erste Liga Spieler wollen nicht mit zweite Liga Spielern spielen!" Prüfen Sie, in welcher Liga Ihre Performer spielen wollen und wählen Sie Ihre Mannschaft gut. Einen Performer, der in einer höheren Liga spielen will, aber nicht darf, wird auf Dauer die Motivation verlieren.[1]

Bisweilen haben Performer das Gefühl auf verlorenem Posten zu kämpfen. Das muss nicht sein.

---

[1] free Download: PerformanceCheck unter http://suzannegriegerlanger.com/performance/

- Zuerst einmal gibt es mehr Bundesgenossen als Feinde.
  Pendler und Patienten sind eindeutig Performer. Allerdings wird ihr Potenzial von Hemmungen (Pendler) und Störungen (Patienten) eingeschränkt. Werden aber diese Einschränkungen durch Weitsicht und versierte Überzeugungskraft egalisiert, ist die Bahn frei für Bündnisse.
- Und zum Zweiten kann man in einer freien Welt frei wählen.
  Performer sind auf diesem Planeten das höchste Handelsgut. Wer das für sich verstanden hat, wird sein Spielfeld sorgfältig wählen.

11.9 Über die Autorin

Profiler Suzanne Grieger-Langer fordert den Status quo der Schmuseführung heraus, indem sie Performer von Pfeifen und Psychopathen befreit. Sie sind bei ihr nicht richtig, wenn Ihnen Mittelmaß genügt, sie sind bei ihr goldrichtig, wenn Sie die Top-Liga entscheidend mitgestalten wollen.

Claim: Persönlichkeit. Macht. Sinn

Nutzen des Beitrags für den Leser: Profiler Suzanne Grieger-Langer (Instruktor für Survivability = Überlebensfähigkeit im Hoch-Risiko-Bereich) überträgt die 007-Axiome für Agenten in die Welt der Wirtschaft.

Professionalität: Profiler Suzanne Grieger-Langer – Diplom-Pädagogin, Psychologin, Psychotherapeutin – Bestseller-Autorin, Herausgeberin, Lehrbeauftragte – erfolgreiche Unternehmerin seit 1993.

Sie ist die Frontfrau der Grieger-Langer-Gruppe mit einem Mitarbeiternetzwerk, das sich mit 150 Experten um den Globus spannt. Spezialisiert auf Führung, entwickelt die Gruppe weltweit Personen zu Persönlichkeiten. Ihr Profiling ist der Schlüssel zu 7 Milliarden Menschen. Mit ihrem Betrugsschutz stärken sie die Gesellschaft. Ihr USP ist die Berechnung von Charakterprofilen auf dem Niveau des psychogenetischen Codes.

Wenn nicht sie, wer dann, kann Ihnen helfen, durch die Untiefen der Menschheit zu steuern?

Ohne Worte

Der Körper spricht, wenn er schweigt

Michael Hannig

Was ist das? Jemand betritt den Raum und sie spüren sofort, dass etwas anders ist als sonst? Sie fragen sofort spontan das Gegenüber, ob etwas vorgefallen ist.

Was ist das? Sie werden angelächelt und sie lächeln zurück, auch, wenn sie möglicherweise überhaupt keinen Grund zum Lachen haben?

Was ist das? Sie haben gute Laune und betreten einen Raum, in dem schlechte Laune herrscht. Sie sagen sich dann, „ich verlasse wohl jetzt besser den Raum, sonst bekomme ich auch schlechte Laune."

All das passiert, obwohl kein Wort gesprochen wurde.

Was ist das? Sie schauen auf ein Bild mit lauter lustigen Menschen, dann kann ihr Gesicht kaum eine lächelnde Reaktion verhindern. Sie schauen auf ein Bild mit traurigen Menschen. Ihr Gesicht wird eine traurige Reaktion zeigen.

Es handelt sich um die Leistungen der Spiegelneuronen.

Spiegelneuronen sind ein Resonanzsystem im Gehirn, das Gefühle und Stimmungen anderer Menschen beim Empfänger zum Erklingen bringen. Das Einmalige an den Nervenzellen ist, dass sie bereits Signale aussenden, wenn jemand nur die Handlung beobachtet. Die Spiegelneuronen im Gehirn sind spezielle Nervenzellen, die den Menschen zu einem mitfühlenden Wesen machen.

All diese Aktionen und Reaktionen gehören zur Körpersprache. Der größte Teil sämtlicher Informationen zwischen Menschen findet über die Körpersprache statt.

Sie sind genervt und sagen kein Wort. Wie erkennen der Partner, Freund oder andere Menschen, dass es so ist?

M. Hannig (✉)
Arndtstr. 9, Veitshöchheim 97209, Deutschland
e-mail: info@hannig-michael.de

Wenn sie verliebt sind oder sich freuen – Planen sie dann ihren Gesichtsausdruck? Nein es sind spontane Aktionen Ihres Körpers. Selbst Menschen, die sich meist unter Kontrolle haben, zeigen Reaktionen.

Wenn Jemand einen Raum betritt – warum entscheiden Sie in den ersten Sekunden, ob der Mensch eine Chance hat, oder nicht? Wie ist die Begrüßung, der Handschlag, der Blick? Das reicht aus, damit sie wissen, ob ein Gespräch zustande kommt oder nicht. Interessant ist, dass bisher kaum ein Wort gesprochen worden und schon Sympathie vorhanden ist oder nicht.

Wir alle lernen sprechen und können bewusst Sprachen sprechen. Wir erlernen schon seit der Geburt Körpersprache. Wir sind auch bestens in der Lage sie zu nutzen. Vieles wissen wir und können intuitiv diese Sprache interpretieren. Wir können sie nutzen wie eine Sprache. Wir können mit ihr sprechen, obwohl wir schweigen.

Mit dieser Sprache erreichen sie mehr als mit Worten.

Ein Wort erreicht durch unterschiedliche Körpersprache unterschiedliche Wirkungen.

Stellen Sie sich vor, wie es Ihnen geht, wenn Sie verliebt sind, Spaß haben, lustig sind.

Stellen Sie sich vor wie es Ihnen geht, wenn sie überfordert, verärgert sind und Stress haben.

Nun stellen Sie sich vor wie es Ihnen geht, wenn Sie müde sind, sich konzentrieren, zuhören.

Im ersten Fall sind die Augen groß, schauen geradeaus und haben einen Glanz. Die Augenbrauen werden leicht oder stark nach oben bewegt. Der Mundwinkel zeigt ein Lächeln.

Im zweiten Fall ist es genau das Gegenteil. Die Augen schauen nach unten, die Stirn ist nach unten in Falten gelegt. Die Mundwinkel sind verspannt und zeigen nach unten.

Im dritten Fall ist es differenziert. Müdigkeit sehen sie an den Pupillen, das Gesicht verliert seine natürliche Spannung, die Augenbewegungen werden langsamer. In der Automobilindustrie gibt es die Müdigkeitswarner, die genau diese Signale erkennen. Beim Konzentrieren gibt es den Blick ins endlose, das Stirnrunzeln, den Mundwinkel bewegen. Um nur ein paar zu nennen.

Bei einem Vortrag kommt es auf das Thema an. Ihre Stimme ändert sich je nach Ihrer Körperhaltung. Wenn Ihnen das Thema nicht liegt und Sie den Vortrag nicht gerne halten möchten, dann sind Ihre Schultern leicht nach vorne gezogen, dadurch ist Ihr Blick eher nach unten geneigt und der Blickkontakt zu den Zuhörern ist etwas eingeschränkt. Das hat zur Folge, dass Ihre Stimme weniger kraftvoll ist. Sie müssen sich besonders anstrengen. Möglicherweise ist der Vortrag weniger mit Leben erfüllt und sorgt dafür, dass weniger Zuhörer Ihren Worten folgen.

Bei einem Vortrag zu einem Thema, das sie selbst begeistert, ist es vollkommen anders. Sie haben eine Körperspannung. Dadurch stehen sie gerade der Blick ist nach vorne gerichtet. Sie schauen ins Publikum, reden klar, deutlich und haben konzentrierte Zuhörer.

Die Körpersprache unterstützt Ihre Worte in ihrer Wirkung. Es kann durchaus sein, dass ein hochinteressantes Thema den erwünschten Erfolg verfehlt. Es könnte an ihrer

Stimme und Körpersprache und nicht an den Worten liegen. Der Körper und die Stimme machen 92 % der Information aus. Die Worte 8 %.

Wenn Sie jemanden haben, der für Sie Reden schreibt, dann sollte er wirklich zu Ihnen passen. Ich glaube, ich würde im Bundestag schwer Konzentration finden. Die meisten Politiker lesen ihre Reden ab. Was ist die Wirkung, wenn die Begeisterung fehlt? Wie will ich dann überzeugen und mitreißen? Freie Reden gibt es dort kaum. Die Unterschiede in der Wirkung ist wohl klar. Viele Politiker halten sich zudem an dem Rednerpult fest. Sind die Redner von ihren eigenen Worten überzeugt?

Die Körpersprache ist wichtiger Bestandteil in allen Lebensbereichen, privat und geschäftlich. Im geschäftlichen Bereich kann sie bei Mitarbeitergesprächen, Teamsitzungen, im Verkauf, bei Kundengesprächen zu erheblich besseren Erfolgen führen. Von unterschiedlichen Meinungen bis zur angespannten Gehaltsverhandlung ist die richtige Körpersprache ein wichtiges Element für den Erfolg.

Auch im privaten Bereich kann die Körpersprache zur Spannung und zur Entspannung beitragen. Wenn jeder wüsste, wie es geht, würde es jeder machen.

Bei der Begrüßung kommt es darauf an, wie das Gegenüber auf Sie zu geht. Im weiteren Verlauf auf den Handschlag, den Blick, das Lächeln, die Körperhaltung, den Stand. Passen die Elemente harmonisch zusammen? Passt es, hat der Besucher eine Chance. Haben Sie Bedenken, gehen Sie auf Distanz und schauen weiter. Ist der Zweifel zu groß, kann der andere eigentlich sofort wieder gehen. Denn aus diesen Merkmalen bilden Sie sich in Sekunden eine Meinung und der Daumen geht nach oben oder unten, stimmt's? Manchmal bekommt das Gegenüber noch eine zweite Chance, wenn Sie sich nicht sicher sind.

Wie wäre es für Sie, wenn Sie wüssten, wie es funktioniert?

Was hat das mit Chefsache Gesundheit zu tun?

Mit den bisherigen Zeilen wollte ich Sie für die Körpersprache sensibilisieren.

Wie Sie sich denken können, verändert sich die Körpersprache bei Stress. Das Interessante ist, dass der Körper lange bevor Worte zu hören sind, spricht. Sie können schon sehr früh die ersten Signale der Unzufriedenheit, auch von Belastung und Überforderung erkennen. Diese Körpersprache früh zu erkennen, ermöglicht es Ihnen, Kollegen, Freunde, Partner rechtzeitig bei Veränderungen begleiten zu können. Dadurch wären Sie in der Lage, Belastungen in einem erträglicheren Rahmen zu halten. Sie können dadurch Burnout verhindern. Das soll nicht heißen, dass Sie dadurch Stress und Überforderung verhindern können. Wenn Sie sich im Bereich der Körpersprache trainieren, können Sie früher erkennen, früher etwas tun, um die Auswirkungen zu verringern.

Die Veränderungen der Körpersprache finden langsam statt. Auch hier können Sie die Begrüßung als Indikator verwenden. Je mehr sich die Begrüßung dauerhaft verändert, desto größer ist die Wahrscheinlichkeit, dass die Person Probleme hat. Wird ein sonst Redseliger über eine längere Zeit immer ruhiger, wird der Blick immer angespannter, verlieren die Augen ihren Glanz, wird der Rücken immer runder, hängen die Schultern immer mehr nach vorne, wird der Gang immer schleppender. Dann ist Zeit zum Handeln. Manchmal ist es genau umgekehrt. Die Merkmale verstärken sich immer mehr. Dieses Verhalten wird gezeigt, damit die vorhandenen Überforderungen nicht auffallen. Genau dadurch fallen sie auf. Diese Menschen bäumen sich auf. Sie werden oft vehement eine Überlastung verneinen. Wenn dann der Zusammenbruch kommt, kommt er besonders stark und kann zu einem sehr langen Heilungsprozess führen.

Es sind die kleine Körpersignale z. B. des Genervtseins. Häufen sich diese Anzeichen und werden auffälliger, dann deutet es möglicherweise auf ein Problem hin. Es kann sich in Kürze wieder legen. Wenn die Signale intensiver werden, ist Handlung ratsam, um Schlimmeres zu verhindern. Wenn Vorgesetzte sich intensiver mit Körpersprache beschäftigen würden, könnten sie Probleme früher erkennen und handeln. Ein angenehmer Nebeneffekt ist, dass der Mitarbeiter eine besondere Art der Wertschätzung entgegengebracht bekommt. Diese Wertschätzung ist einer der größten Motivatoren von Mitarbeitern. Wertschätzung erhöht die Produktivität in einem Unternehmen. Die Schlussfolgerung überlasse ich Ihnen.

12.1 Über den Autor

Herr Hannig ist Coach und Trainer für Persönlichkeitsentwicklung, Kommunikation und Menschenführung. Der Begleiter und Dozent legt den Schwerpunkt seiner Arbeit auf die Körpersprache. Seit fast 15 Jahren begleitet er Gruppen und Einzelpersonen, im beruflichen und privaten Bereich, bei Veränderungen. Er unterstützt Menschen bei der Suche nach den persönlichen, verborgenen Exzellenzen und macht Unsichtbares sichtbar. Diese Veränderungen führen zu mehr Zufriedenheit, Gelassenheit, Kraft und Energie. Der Schlüssel bei der Kommunikation ist die Körpersprache. Das macht die Faszination aus, mit der er sich dem Thema widmet. Nach einer Ausbildung zum Stressregulierungs- und Burnoutpräventionstrainer interessieren ihn die Veränderungen der Körpersprache durch Überlastung und Stress.

Seine humorvolle und lebendige Art lässt seine Begeisterung für diese Thema spüren. Er hat eine besondere Art, Wissen anschaulich und einprägend zu übermitteln.

Mehr unter www.michaelhannig.net.

Das Experiment – Synapsen unter Strom

13

E. Chiara Hartmann

Authentizität ist einer der Schlüssel des Erfolges und Ihre Synapsen unter Strom zu setzen findet genau jetzt statt. Denn das Experiment beginnt mit Ihren Gedanken. Ihr Handeln kreiert Geschichten.

Als Eventmanagerin, die sich mit Werte- und Botschaftenvermittlung beschäftigt, stelle ich bei meinen persönlichen Interviews mit Führungspersönlichkeiten die unterschiedlichsten Fragen. Es ist immer spannend, die Antwort auf folgende Fragen zu hören: „Was bewegt Menschen? Wie bewege ich Menschen? Wofür bewege ich Menschen, Dinge und Situationen?"

Da ich mich mit der Biostruktur von Mann und Frau auseinandersetze, habe ich mir darüber Gedanken gemacht. Was unterscheidet Mann und Frau so sehr, dass im Business diese Fragen und Diskussionen immer wieder aufkommen und wie können Sie als Mann einer Frau auf Augenhöhe begegnen?

Wenn Mann Mann ist, kann Frau Frau sein? Dies gilt selbstverständlich auch umgekehrt.

Frauen sind kompliziert – Männer aber auch. Männer sind machtorientiert – Frauen aber auch. Was ist jetzt die Wahrheit oder die Wirklichkeit?

Eine Frau hinterfragt und rechtfertigt sich und Situationen. Ein Mann fragt nach Antworten, um eine Lösung für das Ergebnis darzustellen. Die Rechtfertigung ist ein Merkmal, das typisch Frau ist, statt ihrem Problem und ihrem Anliegen Nachdruck zu verleihen, was der Mann tun würde.

Stärken Sie Ihre Wahrnehmung, indem Sie sensitiver Ihre Umgebung beobachten und darauf achten, was Menschen in ihrem Alltag bewegt.

E.C. Hartmann (✉)
Secrets of Chiara, Eventmanufaktur, Ahornweg 7, Wimsheim 71299, Deutschland
e-mail: info@secrets-of-chiara.de

Ein Mann, der bescheiden ist, wirkt weniger als Mann in der Gesellschaft. Eine Frau, die sich behauptet, ist anstrengend. Frauen suchen die Veränderung, Männer arrangieren sich mit vorhandenen Situationen. Zeigen Lösungen innerhalb dieser Strukturen.

Und es gibt so viele spannende Unterschiede, die aufzeigen, wie Frauen und Männer ticken und mehr darüber erfahren Sie in dem Buch *Chefsache Männer*. Aus meinem Kapitel „Das Experiment – Synapsen unter Strom" erzähle ich Ihnen diese interessante Geschichte. Lassen Sie uns in den Dialog gehen.

13.1 Ziel – Plan – Liste

Meine Herren,

jede Frau besitzt sie. Jede Frau lebt nach ihr. Jeder Mann kann sie in seinem Leben nicht gebrauchen. Was denken Sie, wovon ich hier rede, meine Herren?

Es ist die Liste. Sie bestimmt das Denken und Handeln einer Frau, egal ob im Business- oder Privatleben. Wir stellen uns hier nicht die Frage, warum das so ist, sondern versuchen zu hinterfragen, warum Sie als Mann diese Liste nicht führen. Männer haben im Gegensatz zu Frauen ihren Plan oder eine Agenda. Ein Plan ist klar eingeteilt, hat einen Anfang und ein Ende, dazwischen kaum Abweichungen. Der Plan wird strukturiert aufgesetzt und danach gearbeitet, um sein Ziel ohne viel Ablenkung zu erreichen. Für das nächste Ziel wird ein neuer Plan erstellt. Die Kontrolle ist es, was einen Plan so wertvoll macht und dem Mann seine Stärke verleiht.

Frauen haben ihre Liste. Diese wird nicht kontrolliert, im Gegenteil, sie wird schnell abgearbeitet und des Weiteren im Minutentakt täglich erweitert. Als wenn das nicht genug wäre, was das Gehirn verarbeiten muss. Nein, durch das Organisationtalent einer Frau, schreibt diese weitere Co-Listen in ihrem Kopf. Es liegt an der Vernetzung ihrer Verzweigungen im Gehirn. Es ist einfach ihre Natur und die Zeit sich dahingehend zu ändern wurde ihr im Business nicht gegeben.

Und ob diese Korrektur des Denkens sein muss, ist zu hinterfragen. Für Frauen heißt es immer nur – sich anpassen. Frauen sind erfolgreich, wenn sie weibliche Männer darstellen. Das ist doch ver-rückt – ja, das Wortspiel gefällt mir. Etwas in eine andere Richtung zu rücken, um den veränderten Prozess zu erkennen, ist eine spannende Herausforderung für die Menschheit. Wollen wir das? In einer verrückten Welt leben? Oder eine Antwort auf die Frage finden, warum die Frauenquote eine solche Präsenz im 21. Jahrhundert erreicht hat?

Dabei klingt die Vision, wenn „Mann Mann ist, kann Frau Frau sein" oder umgekehrt sehr verlockend. Wir müssen unseren Horizont erweitern, offen sein für unsere Einstellung, nichts kopieren oder reproduzieren. Warum muss eine Frau Zahlen, Daten, Fakten liefern? Obwohl es nicht ihrem realen Wesen entspricht, tut sie es, weil sie damit erfolgreich werden kann. Warum soll sie sich an Verhaltensregeln, Business-Etikette und Machtcodes, welche von Männern diktiert worden sind, anpassen? Wer hat die Business-Bücher geschrieben? Wer stand auf der Bühne, um Vorträge zu halten? Die Männer und das ist längst Vergangenheit.

Aber dieses Bild ist in der alten DNA von vielen Unternehmen noch geblieben. Es ist die Zeit, welche für das neue Frauenbild fehlte, um sichtbar zu machen, was Frauen im Business verändern und erhalten können. Gemeinsam mit dem Mann ist eine Frau ein unschlagbares Team. Denn wir sind alles Menschen, die sich begegnen. Gegensätze ergänzen sich und spielen sich Bälle zu.

Wenn wir auf andere Kontinente schauen, die uns als Vorbild dienen können, sehen wir, dass es funktioniert, die Frau als vollwertige Führungskraft im Unternehmen zu etablieren. Wahrscheinlich ist das Thema „Schwangerschaft" eine wichtige Grundlage für Diskussionen, aber würde man der Frau Möglichkeiten offenbaren, trotz der Schwangerschaft weiterhin für das Unternehmen tätig sein zu können, wäre dieser Meinungsaustausch nicht vorhanden.

Viele Geschäftsmodelle wirken bereits und die Zukunft orientiert sich danach. Vergessen Sie das Altertum und blicken Sie in die neue Zeit. Denn diese hat jetzt begonnen und Sie – bewegen sich mittendrin. Machen Sie sich die Mühe zu recherchieren, zu kombinieren und dann wieder aufzulösen, um diese Information zu bekommen? Wenn Sie einen Plan haben, der Sie zum Ziel führt, dann kann ich mir vorstellen, dass Ihnen das wichtig ist. Eine Frau sieht das anders. Sie sammelt Wissen wie Schuhe, ist detailverliebt und neigt zur Perfektion. Deswegen haben Sie oft einen Vorteil, meine Herren.

Warum steigt ein Mann schneller die Karriereleiter hinauf? Leider bleibt die Businessfrau oftmals in ihren Strukturen verhaftet, weil sie denkt, sie braucht immer noch mehr Wissen, um die Sache perfekt zum Abschluss zu bringen. Das ist der Moment, bei dem der Mann die Chance nutzt, die Frau zu überholen und sich an die Spitze zu setzen. Sich von der Perfektion zu lösen, fällt einer Frau sehr schwer, ist aber Voraussetzung, für den aktiven Prozess des Wandels. Eine Frau wird für Sie erfolgreich arbeiten, wenn sie für ihre Leistung von Ihnen anerkannt wird.

Ein Mysterium ist allerdings, dass viele Frauen schlichtweg vergessen, diese Anerkennung zu fordern. Sie will, dass Sie in ihr diese Berufung erkennen. Wenn Sie die Besonderheit einer Frau loben, wird sie Ihnen Wertschätzung zurückgeben und Türen in ihrem Netzwerk öffnen, die für Sie als Mann nur schwer erreichbar sind. Somit werden Sie in Ihrem Vorankommen effizienter und effektiver. Strategie und Kombinationsvermögen, gepaart mit ausdauernder Disziplin, werden von Frauen eingesetzt. Ihr Ziel ist es, Schritt für Schritt und manchmal mit kleinen Umwegen, nicht festgefahren zu bleiben. Eine Lady, meine Herren, erwartet von Ihnen, dass Sie um diese Dinge wissen. Seien Sie ein Gentleman und gehen Sie das nächste Mal einen Schritt auf sie zu, statt sie als Bedrohung zu sehen, dann wird sie zu Ihrem gleichberechtigten Geschäftspartner und Ihr Ansehen als Mann bleibt bestehen. Das uniformierte Bild fordert Veränderung, damit Entwicklung stattfindet.

Wenn es alleine durch das Überdenken dieser Wortkombinationen Ihre Synapsen zappeln lässt, was bedeutet dies für das klare Verständnis und der wahren Erkenntnis dahingehend?

Bewegung ist der Schlüssel, um vorwärts zu kommen. Stillstand bedeutet Rückschritt, heißt es? Die spannenden Unterschiede zwischen Frau und Mann, sind die Knotenpunkte zu erkennen, wie sich das Netzwerk beider verbinden, um erfolgreich zu sein.

Meine Herren, unterschätzen Sie nie eine Frau, denn wenn sie einen Schritt zurück macht, könnte es sein, dass sie nur den richtigen Anlauf holt, um Sie zu überholen und das Experiment beginnt gerade in diesem Augenblick, wenn Sie es nicht erwarten.

13.2 Über die Autorin

E. Chiara Hartmann ist seit über 20 Jahren Eventmanagerin und Vertriebsprofi mit Herz und Verstand. Durch innovative Ideen, die Kreative, für nationale und internationale Unternehmen der unterschiedlichsten Branchen. Konzeptionerin mit analytischem Gespür für das Wesentliche.

Ihre Karriere startete sie als Assistentin der Geschäftsführung im Marketing und Vertrieb. Gehörte zu den Top 3 der Vertriebskräfte in der Kommunikationsbranche in Deutschland und performte für renommierte Event– und Incentive-Agenturen u. a. für die Formel 1 weltweit.

Im Jahre 2003 gründete sie die EventManufaktur Secrets of Chiara. Mit dem einzigartigen Eventstil WordArt Entertainment, einem professionellen Team und individuellen Inszenierungen, der realen und virtuellen Welten, hat sie sich als Unikat in der Branche platziert.

Die Botschaften und Wertesysteme der Institutionen werden, mit speziellen Eventpartnern, auf die Bühne gebracht. Authentizität, Bewegung von Menschen/Emotionen und Neurowissenschaften sind ihre Schwerpunkte.

Als Profilerin wird sie eingesetzt, um das Potential und die Ressourcen der Führungskräfte und Mitarbeiter festzustellen, erfolgsmindernde Faktoren aufzulösen, zu motivieren, um zielführende Entwicklung zu generieren.

Authentizität & Verhaltensflexibilität ist ihr Spezialgebiet.

Zu ihrem Team gehören nationale und internationale Toptrainer/Coaches und Speaker, welche sie als Inhaberin der Agentur B2B Speaker erfolgreich an Unternehmen vermittelt. Diese Firmen werden von ihr weiterhin, als Beraterin, effektiv unterstützt.

Mehr unter www.secrets-of-chiara.de und www.die-profilerin.de und www.b2b-speaker.de.

Love it – leave it – change it

Gesundheit im Kontext von Führung und Eigenverantwortung

Antje Heimsoeth

Gesundheit ist kein Zustand, sondern ein Lern- und Veränderungsprozess. Er dauert lebenslang, wird individuell erlebt und ist beeinflussbar. Ihre innere Einstellung, eine gesundheitsfördernde Denkweise, mentales Stressmanagement und die Stärkung der persönlichen Ressourcen tragen zur Prävention und Gesunderhaltung erheblich bei. Ihr Führungsverhalten und Ihr Führungsstil beeinflussen zudem das Befinden Ihrer Mitarbeiter. Deshalb ist Ihre Haltung als Führungskraft ein entscheidender Hebel im betrieblichen Miteinander. Gesundheit fängt mit gesunder Führung an.

14.1 Die Macht der Gedanken

Unsere Gedanken, Überzeugungen, Ansichten, Glaubens- und Denkmuster, unser innerer Dialog mit uns selbst, das Festhalten oder Loslassen negativ empfundener Erlebnisse bilden das Fundament dafür, ob wir gesund, widerstandsfähig und mental stark sind. Oder ob wir eher zu Stresssymptomen, Depressivität, Reizbarkeit, Burnout und ähnlichem neigen. Unsere Gedanken bestimmen unser Handeln und unser Tun. Unser Handeln und unser Tun bestimmen unser Verhalten. Unser Verhalten gestaltet unser Leben und unsere Umwelt.

Worüber denken Sie die meiste Zeit nach? Unterstützen Ihre Gedanken und inneren Dialoge Sie oder behindern sie Sie? Kein Mensch bleibt verschont von negativen und destruktiven Gedanken (z. B. Ärger, Frust, Unmut, Überheblichkeit, Resignation, Ungeduld, harte Selbstkritik, Klagen). Doch der negative Effekt dieser Gedanken tritt erst ein, wenn Sie ihnen permanent Beachtung und Energie schenken. Je mehr Sie sich auf das

---

A. Heimsoeth (✉)
Wendelsteinstr. 9b, Rosenheim 83026, Deutschland
e-mail: info@sportnlpacademy.de

konzentrieren, was nicht gut läuft, desto schlimmer wird es in der Regel. Sie fühlen sich schlecht. Und das kann in einen Teufelskreis führen. Gedanken können nicht ausgeschaltet oder verdrängt werden. Aber Sie können Ihr Denken bewusst steuern. Übernehmen Sie die Führungsrolle in Ihrem Kopf: Sie können eine passive Haltung und negative Einstellung aufgeben – und diese durch positive Einstellungen, Bilder und förderliche Denkmuster ersetzen.

14.2 Das Unterbewusstsein bewusst programmieren

Unser Unterbewusstsein speichert wie die Festplatte eines Computers Gedanken, Wünsche, Worte, Bilder und Ziele ab. Es akzeptiert jede Information, die es erhält. Unser Verstand filtert, und zwar auf Basis vorhandener Lebenserfahrungen. Wenn Ihr Verstand etwas für wahr hält – auch wenn es falsch ist –, wird Ihr Unterbewusstsein es übernehmen und die entsprechenden Resultate veranlassen. Sie können alte, negative Programme auf dieser biologischen Festplatte überschreiben. Unser Gehirn ist ein Leben lang lernfähig. Je öfter Sie einen bestimmten Gedanken denken, desto mehr festigen sich die entsprechenden neuronalen Verknüpfungen im Gehirn. Das bedeutet, wenn Sie einen negativen Gedanken bewusst in einen positiven umformulieren und ihn oft wiederholen, verändern Sie Ihre Denkmuster. Neue Schaltkreise im Gehirn können sich festigen und frühere ersetzen. Damit ändern sich auch Ihre darauf aufbauenden Bewältigungsreaktionen, gesündere Verhaltensweisen etablieren sich.

14.3 Das mentale Immunsystem

Erfolgreiche Menschen führen konstruktive, anspornende und handlungsorientierte Selbstgespräche. Unsere Gedanken und unsere Leistungsfähigkeit hängen eng zusammen. Sogenannte Affirmationen (von lat. firmare = festigen, verankern) sind autosuggestive Sätze mit positiven, aufbauenden Worten, die einen erwünschten Zustand zum Ausdruck bringen. Die Sätze in der Gegenwartsform und rhythmisch formulieren, immer mit „Ich" beginnen und nicht mehr als ca. zehn Worte umfassen. Affirmationen streben einen ausschließlich positiven Effekt an. Deshalb gilt es, die Inhalte positiv und realistisch zu formulieren. Wiederholen Sie solche Bekräftigungen oft genug, laut oder innerlich, dann haben sie die Macht, negative Gedanken und Überzeugungen zu verändern. Sie entwickeln ein mentales „Immunsystem".

14.4 Die „gesunde" Führung

Wann haben Sie zuletzt Erfolge eines Mitarbeiters in einem Einzelgespräch hervorgehoben? Wann hatten Sie anerkennende Worte übrig für einen Mitarbeiter, der gute Arbeit geleistet hat? Jedem Menschen tut es gut, wenn er gelobt wird. Wohlbefinden und Motivation steigen, das Risiko für Depressionen oder Herz-Kreislauf-Erkrankungen sinkt.

Jeder Mensch ist dann am besten, wenn er seine Stärken zur Geltung bringen kann. Das bedeutet zweierlei für Sie als Führungskraft: Werden Sie sich Ihrer eigenen Stärken bewusst, dann gehen Sie auch mental gestärkt an Herausforderungen heran. Und passen Sie die Aufgaben Ihrer Mitarbeiter an deren Stärken an, dann dürfen Sie Höchstleistungen erwarten.

14.5 Die inneren Bilder

Zentrales Element des mentalen Trainings ist das Training der Vorstellungskraft, also die Vorstellung von Bewegungen, Wettkampftagen, Gesprächen oder Zielen, und das mit allen Sinnen, d. h. Sehen, Hören, Fühlen, Riechen und Schmecken. Imaginationen wirken auf unseren Körper und unser Immunsystem, lösen Emotionen und Körperreaktionen aus. Mit inneren Bildern können wir uns in einen entspannenden Ruhezustand versetzen (Ruhebild), angestrebte Ziele oder vergangene Erfolge visualisieren. Das stimuliert unser Unterbewusstsein und weckt Emotionen, die uns zusätzlich motivieren oder stabilisieren können.

14.6 Tipp: Der Gedankenstopp

Diese Technik hilft, unerwünschte, immer wiederkehrende, negative Gedanken zu stoppen. Sie setzt das Erkennen der negativen Gedankenspirale voraus. Sobald negatives Denken aufkommt, visualisieren Sie ein Stoppschild wie im Straßenverkehr, schauen es an und sagen (leise oder laut) „Stopp!", „Halt!" oder „Aus!". Sie können das Wort auch mehrmals hintereinander sagen und zusätzlich mit einer Hand auf den Oberschenkel klopfen. Atmen Sie dabei ruhig und tief in den Bauch. Wenn es Sie unterstützt, können Sie sich beim Ein- und Ausatmen vorstellen, wie sich dieser Gedanke in Luft auflöst.

Nach dem Stopp-Signal richten Sie Ihre Gedanken entweder auf etwas, das Ihnen gut tut oder auf die anstehende Aufgabe. Konzentrieren Sie sich auf die Aufgabe. Dies unterstützen Sie mit positiv formulierten und unterstützenden Gedanken, z. B. der Erinnerung an etwas Entspannendes (Visualisierung Bergwiese, See, Strand). Das hilft, um nicht wieder in das alte belastende, negative Denkmuster zu verfallen.

Lassen Sie die Stopp-Technik zur Gewohnheit werden, das dauert erfahrungsgemäß etwas. Setzen Sie den Gedankenstopp in stressfreien Situationen ein, damit Sie diesen dann auch an Tagen schlechter Befindlichkeit wirkungsvoll einsetzen können. Wenn Sie sich unter Stress befinden, neigen Sie dazu, gewohnte Verhaltensweisen oder Stereotypen durchzuführen – ob diese nun der Situation angemessen sind oder nicht. Das bedeutet: Verhaltensweisen, die kaum trainiert sind, sind unter Stress nicht abrufbar.

14.7 Über die Autorin

Antje Heimsoeth, Jahrgang 1964, ist Dipl. Ing. (FH). Als Gründerin und Geschäftsführerin des Instituts für Business- und Sport Coaching, SportNLPAcademy® und „Leadership Academy" trainiert Antje Heimsoeth Führungskräfte, Vorstände und Unternehmer. Antje Heimsoeth gehört wohl zu den bekanntesten Mental Coaches und Vortragsrednern im deutschsprachigen Raum. Ihre internationale Erfahrung mit internationalen Konzernen und traditionsreichen Mittelständlern wie Adidas, BMW Group, Axis Communications GmbH, AIDA, Lufthansa Technik AG, Tecan Trading AG, Volksbanken, Sparkasse Vogtland, HypoVereinsbank UniCredit, msg services ag, CarGarantie, Otto Group, ABC Breast Care GmbH sowie internationalen Spitzensportlern, Profi-Teams und Bundestrainern machen sie zu einer begehrten Keynote-Rednerin mit mentalem Olympiafaktor: Go for Gold! Die ausgebildete Ingenieurin – sie studierte Geodäsie –, ehemalige Leistungssportlerin, Unternehmerin, Bestseller-Autorin und Hochschullehrbeauftragte ist internationale Expertin für Mentale Stärke, Motivation & Selbstführung.

Als anerkanntes professionelles Mitglied in der German Speakers Association (GSA) gehört sie zu Premium Speakers Schweiz und Top 100 Excellent Speaker. Sie wurde als „Vortragsrednerin des Jahres 2014" ausgezeichnet und ist als Vorbildunternehmerin 2015 nominiert. Sie begeistert durch starke Überzeugungskraft, hohe Anschaulichkeit, einfache und sofort umsetzbare mentale Tipps und Ideen und gelebtes Wissen auf der Bühne.

Ihren Expertenstatus unterstreicht Sie durch Ausbildungen als DVNLP-Lehrtrainerin (DVNLP), Coach, DVNLP, zert. LernCoach (nlpaed), ECA Sport Coach (Master Competence), Life Kinetik® Trainerin, zert. MentalCoach, Sportmentaltrainerin (HAG), wingwave®-Coach, zert. Business Coach, Gesundheitstrainerin, zert. Work Health Balance-Coach für systemische Kurzzeit-Konzepte, zert. Entspannungspädagogin.

Erst lesen, dann hören – oder umgekehrt: Antje Heimsoeth veröffentlicht regelmäßig Beiträge zum Thema Mentale Stärke, Selbstwert, Selbstvertrauen, Motivation, Gesund führen, Führung, Kommunikation und Mentale Gesundheit in Fach- und Publikumsmedien wie z. B. F.A.Z., Focus Experten Kolumne, Bild.de, Trainingsworld, Brigitte,

Women's Health, Highpotential, Markt und Mittelstand, GABAL, Managerin, AktivSteuern, Personal im Fokus, unternehmerWISSEN, HotelMOSAIK, Wissen + Karriere und Wirtschaftswoche. Mit ihrer Expertise geht sie auch auf Sendung beim Radiosender Sport1, BR und ManagementRadio sowie beim Fernsehsender Sky, Hamburg1 und RFO.

Weitere Informationen unter www.business-mentaltrainer.eu und www.antje-heimsoeth.com.

Wahre Führungs*kraft*

So wird Ihr Team zur echten Erfolgsmannschaft

Brigitte Herrmann

Niemand wird als Führungskraft geboren. Oder doch? Bereits als Theo K. im zarten Alter von sieben Jahren gefragt wurde „Was willst Du denn mal werden, wenn Du groß bist", antwortete er, ohne lange zu überlegen und mit fester Stimme „Wenn ich groß bin, werde ich Chef". Gesagt, getan. Mit vierzehn Jahren engagiert er sich in Kinderfreizeiten, mit sechzehn leitet er seine erste Jugendgruppe und heute ist Theo K. 45 Jahre alt und hat auch beruflich seinen Kindheitstraum verwirklicht. Als Konzern-Bereichsleiter hat er die Verantwortung für 1.500 Mitarbeiter und gilt bei seiner Mannschaft als guter Chef, der auch für „die da unten" – die Mitarbeiter an der Basis – immer ein offenes Ohr hat. Seine intrinsisch geprägte Freude am Führen und Gestalten hat Theo K. zu dem gemacht, was er heute ist. Dennoch hat er im Rahmen seiner eigenen Karriere eines nie vergessen: dass es bei Führung nicht um Macht, sondern um Menschen geht.

Seine Abteilungsleiter, Teamleiter und Mitarbeiter wissen, dass Theo K. stets auf ihrer Seite ist, auch wenn er sie immer mal wieder an neue Grenzen bringt. Das allerdings aus gutem Grund. Sein Führungsstil basiert schließlich auf seiner inneren Überzeugung, dass Menschen in einem unterstützenden Umfeld nur an Herausforderungen wachsen, ihr Potenzial entfalten und für den gemeinsamen Erfolg jeder Einzelne daher sowohl gefordert als auch gefördert werden sollte.

Ein Paradebeispiel in puncto Leadership? Was die innere Haltung zur Aufgabe und Verantwortung betrifft sicherlich. Denn nicht selten sind beim Erklimmen der Karriereleiter andere intrinsische Motive im Spiel, die in diametralem Gegensatz zu guter Führung stehen. Impulse wie Machtstreben, Statusdenken und der Drang zum Wettkampf sind zwar für den eigenen Aufstieg durchaus nützlich – mit echter Führungskompetenz haben sie aber nichts zu tun. Und dann gibt es noch jene Führungskräfte, die für die klassische

B. Herrmann (✉)
Inspirocon, Lessingstr. 7, Wörth am Rhein 76744, Deutschland
e-mail: herrmann@inspirocon.de

Leiterkarriere im Grunde nicht prädestiniert sind, weil sie an Personalführung kein echtes Interesse haben. Häufig sind das Experten, die rein für ihr Fachgebiet „leben" und in einer horizontalen Fachkarriere sehr viel erfolgreicher und wahrscheinlich auch glücklicher wären. Steigen sie trotzdem in eine Führungsposition auf, stehen sie vor einer echten Herausforderung.

„Mitarbeiter kommen wegen der Firma und gehen wegen des Chefs", lautet eine launige Weisheit, mit der Führungskräfte insgesamt gern zur Zielschreibe der Kritik oder gar zum Universal-Schuldigen erklärt werden. Doch das ist viel zu kurz gedacht. Denn die kompetenten Fachspezialisten von einst stehen als Führungskraft nicht nur vor komplexen Herausforderungen, auf die sie meist nicht vorbereitet wurden, sondern auch im täglichen Spannungsfeld zwischen Unternehmenserwartungen und Mitarbeiterbedürfnissen. Doch das muss nicht so bleiben.

Denn so wie die Arbeitswelt sich angesichts von demografischer Entwicklung, Generationenwechsel und zunehmender Individualisierung derzeit in einem atemberaubenden Wandel befindet, gilt es die eigene Verantwortung und den persönlichen Führungsstil im Sinne von „New Work" ohnehin neu zu definieren. Sprich: Auch die Rolle als Führungskraft befindet sich in einem Wandel. Schließlich steigt in einer Arbeitswelt, die von ständiger Veränderung, Flexibilisierung und zunehmender Unsicherheit geprägt ist, die Wichtigkeit echter Führungs*kraft* umso mehr. Daraus entstehen auch neue Chancen und die Mühe lohnt sich! Konkret geht es um die eigene innere Haltung und die Wirkung auf andere. Denn ähnlich wie Eltern, die ihre Sprösslinge nach bestem Wissen und Gewissen unterstützen, deren Selbständigkeit fördern, die jederzeit als wohlwollende und durchaus auch kritische Sparringspartner zur Seite stehen und auf Augenhöhe kommunizieren, profitieren auch Führungskräfte von einer vergleichbaren inneren Haltung, weil nur diese das wahre Potenzial der Mitarbeiter freisetzt. Wenn sich dann gleichermaßen auch ein klares Bewusstsein über die eigene Wirkung etabliert, kann eine Führungskraft zum echten Vorbild werden.

Wie wirkliche Führungs*kraft* sich im wahrsten Sinne des Wortes auszahlt, das belegen entsprechende Studien. Laut einer Umfrage der Talent-Management-Beratung Development Dimensions International (DDI 2012) würden über 50 % der Befragten bis zu 60 % produktiver arbeiten, wäre ihr derzeitiger Chef so gut wie der Beste ihrer bisherigen Laufbahn. Und fast alle Befragten, die erklärten, momentan für die beste Führungskraft ihrer Karriere zu arbeiten, sind zu ständigen Bestleistungen bereit. Und warum: weil sie sich durch ihre Führungskraft unterstützt fühlen, produktiver zu arbeiten.

Wie und wodurch Menschen ihr tatsächliches Potenzial entfalten, ist längst durch die Erkenntnisse der modernen Hirnforschung belegt. Professor Dr. Gerald Hüther hat den prägenden Satz formuliert „Begeisterung ist Dünger fürs Gehirn" und gemäß dieser Erkenntnis gelingt nicht nur Lernen, sprich persönliche Weiterentwicklung, leichter, sondern auch Leistungsfähigkeit und Leistungsfreude erhalten durch Begeisterung einen echten Aufschwung (Hüther 2011). Echte Begeisterung wiederum entsteht nicht durch kollektives „Bespaßen" der Mitarbeiter in Form von Motivationsseminaren oder Incentives, sondern vielmehr dadurch, dass ein Mensch seine individuellen Stärken und

Talente einbringen und entwickeln und im Rahmen seiner Interessen arbeiten kann. Gelingt dies, erledigt ein Mitarbeiter seine Aufgaben mit mehr Leidenschaft, empfindet Spaß und Sinn in seinem Tun, entwickelt sich weiter und wird dabei noch erfolgreicher. Das ist Potenzialmanagement in seiner besten Form. Klar ist, dass sich in diesem positiven Gesamtzustand auch der Einzelne deutlich motivierter und engagierter für übergeordnete Abteilungs- oder Unternehmensziele einsetzt. Damit echte Führungs*kraft* entsteht, sind jedoch noch ein paar weitere Zutaten nötig.

Theo K. zum Beispiel entfaltet seine wahre Führungs*kraft*, weil er es neben einem stärkenbasierten Personaleinsatz schafft, durch seine innere Haltung das Vertrauen und die Verbundenheit seiner Mitarbeiter zu gewinnen. Kurz, weil er auf Augenhöhe führt. Wie? Indem er beispielsweise durch das Übertragen von Verantwortung und zusätzliches Einbinden der Beteiligten in Entscheidungen das Verantwortungsbewusstsein des Einzelnen steigert. Und weil er im Rahmen seiner Möglichkeiten flexible Arbeitsgestaltung und den Abbau teaminterner Hierarchien fördert und somit auch Spielraum für Wachstum und innovative Ideen öffnet.

Wenn jeder Einzelne im Team das macht, was er am besten kann und am liebsten tut und die Führungskraft dieses enorme Potenzial richtig moderiert, sind dem Erfolg fast keine Grenzen gesetzt. Und wer sich nun die Frage stellt, wie das alles gelingen soll, erinnert sich einfach mal an die Momente, Situationen und Rahmenbedingungen, in denen er sich selbst am besten entwickelt hat und sein volles Potenzial entfalten konnte.

Zugegeben: Die Doppelrolle von Führungskräften als Vertrauens- und Respektsperson bzw. als Forderer und Förderer ist nicht selten auch ein Balanceakt. Wer aber diese Gratwanderung meistert und seinen Mitarbeitern auf Augenhöhe begegnen kann, die Selbstorganisation fördert und durch „unterstützte Überforderung" neue Herausforderungen für persönliches Wachstum bietet, wird mit einem höchst loyalen und motivierten Team belohnt. Zu diesem Schluss kommt auch die aktuelle Studie „2020 Outlook Survey" der Beratungsfirma Universum, für die 2000 Interviews mit Firmenchefs und Geschäftsführern, Personalstellenleitern, Arbeitgeber-Markenmanagern und Vertriebsleitern aus 18 Ländern geführt wurden (Universum Global 2015). Das wichtigste Ergebnis der Umfrage: Führungskräfte müssen für Ihre Angestellten als Vorbild taugen und zielorientiert sein.

Apropos Vorbild. Ob ein Team die Führungskraft als echtes Vorbild sieht oder sich gemäß dem Motto „ist die Katze erst aus dem Haus..." verhält, hängt zum großen Teil auch von der persönlichen Wirkung ab. Schließlich entscheidet nicht nur messbare Leistung über Erfolg oder Nichterfolg, sondern auch Image und Reputation. Deshalb brauchen Führungskräfte ein klares Bewusstsein darüber, wie sie durch Verhalten, Kommunikation und Auftreten auf andere wirken und was sie damit auslösen. Dabei gilt es immer auch zu bedenken: Man kann einfach nicht nicht wirken.

Wahre Führungs*kraft* gewinnt auch im Rahmen von Employer Branding und ganz konkret im Recruiting immer mehr an Bedeutung. Denn durch Demografie- und Generationen-Wandel verändert sich auch die Rollenverteilung und aus dem Arbeitgebermarkt wird ein Arbeitnehmermarkt. Bewerber haben deshalb zunehmend genauere

Vorstellungen, wie sie und vor allem, mit wem sie arbeiten wollen. Das bedeutet im Klartext: ein Interessent wird im Rahmen des Bewerbungsprozesses die Unternehmensvertreter und seinen zukünftigen direkten Vorgesetzten sehr genau unter die Lupe nehmen. Somit wendet sich das Blatt gewissermaßen und nur wenn die Führungskraft den Bewerber durch Persönlichkeit und ein gutes Führungskonzept überzeugt, wird dieser sich für den Arbeitgeber entscheiden.

Fazit: Echte Führungs*kraft* bedeutet, dass Führung auf Augenhöhe, durch Vertrauen, Freiraum, individuelles und gezieltes Fördern stattfindet. Wenn sowohl der unternehmerische Erfolg als auch die persönliche Karriere als Gemeinschaftswerk verstanden werden und somit aus Wertschätzung auch Wertschöpfung entsteht.

15.1 Praxis-Tipps für wahre Führungs*kraft*:

1. Ermitteln Sie die Stärken und Interessen Ihrer Mitarbeiter und versuchen Sie, Aufgabenbereiche und Projekte so zu gestalten, dass jeder Einzelne sein volles Potenzial entfalten kann. Bieten Sie zudem gezielte Herausforderungen.
2. Begegnen Sie Ihren Mitarbeitern auf Augenhöhe und nutzen Sie die „Weisheit der Vielen", sprich das geballte Know-how Ihres Teams, indem Sie aktiv die Meinung, Einschätzung und ganz besonders eigene Ideen Ihrer Mitarbeiter einholen.
3. Werden Sie sich Ihrer persönlichen Wirkung auf andere bewusst. Machen Sie regelmäßig einen kleinen Image-Check und justieren Sie bei Bedarf, um noch erfolgreicher zu werden.

Ich wünsche Ihnen von Herzen wahre Führungs*kraft* und viel Erfolg!

15.2 Über die Autorin

Brigitte Herrmann ist Beraterin, Business Coach und Autorin. Als Kooperationspartner renommierter Personalberatungen besetzte sie 15 Jahre Spezialisten- und Führungskräfte-Positionen – im Topmanagement bis zum Vorstand. Als Branchen-Generalistin und mit einer Erfahrung aus mehr als 7.000 Interviews gehört sie zu den Profis in der Profil- und Potenzialanalyse. Zuvor war Brigitte Herrmann mehrere Jahre im Marketing/Vertrieb eines internationalen DAX-Unternehmens. Sie ist Inhaberin des Beratungsunternehmens ‚INSPIROCON. Potenzialmanagement im Business'.

Bereits in *Chefsache Prävention I* sensibilisierte Brigitte Herrmann mit ihrem Artikel „Du kannst nicht nicht wirken" den Leser dafür, wie wichtig und erfolgsentscheidend ein klares Bewusstsein über die „eigene Wirkung" im Business ist. In *Chefsache Männer* gibt sie unter der bezeichnenden Headline „Souveränität ist sexy – Das Geheimnis wahrer Führungs-Kraft" wertvolle Impulse für Führungskräfte, sich mit der eigenen Rolle ehrlich auseinanderzusetzen und anhand der „7 Schritte zum Führungserfolg" einen positiven stärkenbasierten Führungsstil zu etablieren.

Brigitte Herrmann ist Vortragsrednerin und verpackt ihr fachliches Wissen aus Headhunting, Recruiting und Potenzialmanagement in zukunftsorientierte Vortragsthemen. Als Rednerin gehört sie zu den 100 Top Excellence Speakern in Deutschland.

Weitere Infos unter www.inspirocon.de und www.brigitte-herrmann.de.

Literatur

Development Dimensions International (DDI). (2012). *Lessons for leaders from the people who matter*. http://www.ddiworld.com/DDIWorld/media/trend-research/lessonsforleadersfromthepeoplewhomatter_mis_ddi.pdf?ext=.pdf. Zugegriffen am 22.04.2015.

Hüther, G. (2011). *Was wir sind und was wir sein könnten*. Frankfurt/M: S. Fischer.

Universum Global. (2015). *2020 outlook survey*. http://www2.universumglobal.com/webmail/13732/244224054/92b67e96e125d9ca794567a12846bce2. Zugegriffen am 30.07.2015.

16 Journalistin und Coach

Zwei Rollen ergänzen sich

Gudrun Holtz

Als Coach und Trainerin für Kommunikation gebe ich mit bestem Wissen und Gewissen mein Know-how über Kommunikationsregeln, Kommunikationsstrategien und das Auftreten und Wirkung durch Stimme und Körperhaltung weiter. Meine Auftraggeber werden sich während eines Seminars darüber klar, wie sie mit Worten, Stimme und Körperhaltung kommunizieren. Sie erhalten ein Handwerk, um ihre gewünschten Ziele zu erreichen, ihre Konflikte zu lösen oder Potentiale transparent zu machen.

Als Film- und Fernsehautorin sowie Hörfunkjournalistin für öffentlich-rechtliche Sendeanstalten begegnete ich in den vergangenen 13 Jahren sehr unterschiedlichen Menschen. Sie waren und sind Wissenschaftler, also Experten eigener Themen, prominent, jung, alt, arm, reich, lebten in ungesicherten Verhältnissen, waren optimistisch oder sind politisch tätig, wie die parlamentarische Staatssekretärin Manuela Schwesig. Sie alle standen oder stehen vor einer Herausforderung – sowohl im positiven als auch im negativen Sinn – sind oft Experten zu speziellen Themen, bestenfalls ihrer eigenen Geschichte. Alle haben sie ihren ganz persönlichen Hintergrund. In Interviews habe ich durch meine Fragen diese Menschen darin unterstützt, ihre eigenen Antworten zu finden. Als Coach bewege ich mich seit mehreren Jahren in unterschiedlichen Kontexten, habe es mit wechselnden Gruppen und Inhalten zu tun: Theaterprojekte mit SchülerInnen, interkulturelle Kommunikationstrainings mit LehrerInnen, Gruppenführungskompetenz für KünstlerInnen, ExistenzgründerInnen und Kommunikationsseminare mit Führungskräften. Bei all der Vielfalt besteht das Kerngeschäft meiner Tätigkeit im Wesentlichen darin, Individuen und Gruppen in ihren Entwicklungs- und Veränderungsabsichten zu unterstützen und gesetzte Ziele zu erreichen – als Lernhelfer, Trainer und Coach! Neben einem tief verwurzelten Interesse an Menschen und Systemen gelingt es mir besonders

G. Holtz (✉)
Mauritiussteinweg. 11, Köln 50676, Deutschland
e-mail: info@gudrunholtz.de

schnell, den Kern einer Fragestellung oder eines „Problems" zu erkennen und zu spiegeln. Dabei lasse ich niemals die Verschiedenartigkeit von Menschen und ihr Frau- bzw. Mann-Sein außer Acht. Dieses bildet neben meiner sicheren Intuition die Grundlage für meine Arbeit als Coach.

Coaching ist für mich Begleitung, Förderung und Unterstützung des Coachees. Coaching ist eine Prozessarbeit zur Entwicklung und Umsetzung persönlicher und beruflicher Ziele. Bei der Zusammenarbeit zwischen Coachee und Coach werden Möglichkeiten erforscht, um stärkende Ressourcen zu erkennen und zu aktivieren. Der Coach fördert den Coachee, damit dieser in seine Kraft kommt und seine besten Qualitäten, Fähigkeiten und Potentiale ausleben kann.

Mein Angebot umfasst Karriereplanung und- Entwicklung, Gesundheits- Prävention, Konflikttrainings, Teamarbeit, Gendertraining und Stimmtraining.

16.1 Gender-Fähigkeit

Meine Gender-Kompetenz hilft weiter: Gender-Kompetenz gilt als eine Schlüsselqualifikation für die betriebsbezogene sowie politische Gleichstellung der Geschlechter. Männer können gut einparken und Frauen gut zuhören – das klappt heute nicht mehr. Die Einstellungen und das Verhalten von Frauen und Männern sind mit sozialen Festlegungen im privaten, beruflichen und betrieblichen Alltag verbunden. Dementsprechend existiert eine Vielfalt von Lebensentwürfen und Lebenslagen (gender diversity). Geschlechterrollen werden tagtäglich sozial und kulturell konstruiert und (re)produziert (doing gender). Auch Organisationen sind durch Geschlechterrollen(bilder) und die damit verbundenen gesellschaftlichen Zuschreibungen und Geschlechterverhältnisse geprägt und bilden entsprechende tief verankerte und zum Teil auch benachteiligende Strukturen aus. Gender-Kompetenz ist das Wissen und die Fähigkeit, diese zu erkennen und so damit umzugehen, dass benachteiligende Strukturen verändert und allen Geschlechtern neue und vielfältige Entwicklungsmöglichkeiten eröffnet werden. Diese Thematik sehr vielschichtig, komplex, kompliziert und zudem auch noch in einem ständigen Wandel.

Alleine in den letzten vier bis fünf Jahren hat sich sehr viel verändert.

Anforderungen an Gender-Kompetenz:

– Reflexionsfähigkeit, bezogen auf die eigenen Geschlechter(-rollen)identitäten
– Reflexionsfähigkeit, bezogen auf gesellschaftliche Geschlechterrollen(−bilder) (Gender als soziale Kategorie)
– Wissen über das Entstehen von Geschlechterrollen(-bildern) und deren Differenzierungen – personale Gender-Kompetenz

16.2 Kommunikationskonflikte

Für einen gelungenen beruflichen Alltag kommt es besonders darauf an, wie die Gesprächspartner miteinander kommunizieren. Bereits ein leicht kritischer Tonfall oder eine unterwürfige Geste können Kommunikationsprobleme auslösen. Es entstehen dann schnell Missverständnisse oder gar gravierende Konflikte und das ist unnötig. Viele vermeintliche Kommunikationsprobleme beruhen zudem oftmals auf unbewussten, persönlichen Sichtweisen, und diese lassen sich mit einem Coaching näher beleuchten. Dabei spielen auch Stimme, Körperhaltung, Gestik und Mimik eine entscheidende Rolle. In allen Fragestellungen betrachte ich auch den Genderaspekt. Weil Führungskräfte in Sandwichpositionen Bindeglieder zwischen strategischem Topmanagement und operativem Kern sind, müssen sie verschiedene Rollen einnehmen, die zu widersprüchlichen Anforderungen und somit zu Konflikten führen können. Sie erhalten von Vorgesetzten Anweisungen, die sie umzusetzen haben – und gleichzeitig führen sie Mitarbeiter, die sie motivieren und denen sie die Unternehmensziele verständlich machen müssen. Führungskräfte im mittleren Management sind vor allem Informationsvermittler – im Prinzip eine verantwortungsvolle Rolle, denn sie sind die Wissensträger im Unternehmen und haben vielleicht sogar den umfassendsten Blick

16.3 Stimme

Um als Führungskraft positive Mitarbeitergespräche zu führen, kann man sich vorbereiten, z. B. anhand der sechs goldenen Regeln für eine lebendige Rhetorik:

– Die richtige Sprechweise: Wird allzu monoton gesprochen, ermüdet das den Gesprächspartner und hinterlässt den Eindruck, die Führungskraft sei an dem gemeinsamen Gespräch nicht interessiert. Wichtig ist, in Intervallen zu sprechen, d. h. nach wichtigen Informationen (z. B. Zahlen, Fakten) kurze rhetorische Pausen einzulegen.
– Die richtige Satzlänge: Zu lange Sätze sollten vermieden werden. Allgemein gilt: nicht mehr als fünf bis sieben Sätze, dann sollten Rückfragen kommen. Jeder Gesprächspartner ist nur begrenzt in der Lage, dem anderen ungeteilte Aufmerksamkeit zu schenken. Um Informationen aufzunehmen, stehen nur das Ohr sowie Gestik und Mimik zur Verfügung.
– Die richtige Lebhaftigkeit: Die richtige Lebhaftigkeit sollte die Führungskraft dem des Gesprächspartners anpassen. Trifft ein Schnellsprecher auf einen Langsamsprecher, ist er oft genervt und bekommt das Gefühl, der andere engagiere sich nicht richtig. Dabei ist der Langsamsprecher lediglich vom Redefluss des anderen überflutet. Generell gilt: Langsamsprecher verarbeiten Informationen entsprechend langsam. Ihr reduziertes Sprechtempo ist keine Frage mangelnder Intelligenz, sondern der Verarbeitung.

- Die entsprechende Lautstärke: Viele Menschen reden laut aus Angst davor, nicht gehört zu werden. Doch nichts ist unangenehmer, als wenn der Gesprächsteilnehmer ohrenbetäubend laut spricht. Versteht der Gesprächspartner sein Gegenüber einmal nicht, wird er dies schon deutlich machen.
- Die richtige Menge an Fremdwörtern: Die meisten Menschen denken, dass sie Kompetenz ausstrahlen, wenn sie viele Fremdwörter verwenden. Doch nicht jeder versteht komplizierte Fachbegriffe. Hier gilt die Regel: Einfach sprechen ist besser! Der Zuhörer wird sonst nicht nur abschalten, sondern sich auch unterlegen fühlen.
- Die richtige Stimmung: Wichtig ist es auch, dass die Führungskraft bei einem Mitarbeitergespräch auf die persönliche Stimmung und Ausstrahlung achtet.

Ich möchte mit meinem Angebot Menschen ansprechen, die beruflich und/oder privat viel sprechen müssen und sich dabei auf ihre Stimme und ihre authentische Körpersprache zu 100 Prozent verlassen müssen. Gerade in schwierigen Situationen vermittelt eine souveräne Stimme dem Gesprächspartner Sicherheit, denn der Redner wirkt gelassen, überzeugend und professionell.

Die Qualität der Sprechweise ist das Ergebnis der Artikulation und der Leistungsfähigkeit der Stimme. Die besten rhetorischen Tricks nutzen wenig, wenn im entscheidenden Moment die Stimme versagt. Auch eine zu hohe, zu schrille, zu monotone oder zu leise Stimme kommt beim Zuhörer nicht gut an. Um das Potenzial erfolgreicher Kommunikation voll auszuschöpfen, sollte der Stimme mehr Aufmerksamkeit geschenkt werden. Stimme, Stimmung und Person sind untrennbar miteinander verwoben. Schon bei einer kurzen Äußerung am Telefon ist an der Stimmlage, dem Stimmklang und dem Sprechtempo erkennbar, ob jemand ängstlich, unsicher, überlastet oder fröhlich ist. Die Stimme ist immer auch Ausdruck der eigenen Persönlichkeit. Sprechen und Stimme stehen immer in Wechselwirkung zueinander. Ohne Stimme ist Sprechen unmöglich, und gutes Sprechen entlastet die Stimme.

- Die Körperhaltung: Nur die richtige Haltung unterstützt dabei, über einen längeren Zeitraum zu sprechen. Das ist sowohl im Sitzen als auch im Stehen wichtig. Eine entspannte Körperhaltung ist die Basis für Stimme und Sprechen.
- Die Atmung: Die Atmung ist der „Motor" der Stimme.
- Die Stimmgebung (Phonation): Die Stimmlippen, die im Innern des Kehlkopfes liegen, sind ca. 1,2 bis 2,5 cm lang und dienen in erster Linie dem Schutz der Luftröhre beim Schlucken. Trifft nun die Ausatemluft auf die Stimmbänder, geraten diese in Schwingung und erzeugen einen Ton.
- Die Artikulation: Beim Sprechen werden nicht nur Klänge erzeugt, sondern der Klang wird in Sprache umgewandelt, d. h., wir produzieren Laute, die zu Wörtern und Sätzen werden. Um verstanden zu werden, muss deutlich, aber locker artikuliert werden. Dazu nutzen wir Lippen, Zähne und Zunge.

Neben einer guten Stimme ist auch die Körpersprache ein wesentlicher Bestandteil in der Kommunikation und ein wesentlicher Bestandteil bei der Entstehung und Entfaltung der persönlichen Wirkung. Auch hier ist jeder Mensch einzigartig.

- Mimik: Lernen wir einen neuen Menschen kennen, so schauen wir diesem meistens zunächst ins Gesicht. Ein freundliches Lächeln gilt weltweit in allen Kulturen als positives Signal, und so schließen wir schnell von einem freundlichen Lächeln auf einen freundlichen Menschen.
- Gestik: Der Einsatz unserer Hände und Arme übermittelt viele Informationen.
- Körperhaltung: Die Haltung wird von unserer Umgebung schon von Weitem wahrgenommen. Eine aufrechte Haltung wirkt daher selbstbewusst, souverän und offen.
- Gang: Der Gang eines jeden Menschen ist individuell und relativ schwierig zu verändern. Da auch der Gang so wie die Körperhaltung schon aus großer Distanz zu erkennen ist, sollte man sich beim Gehen um eine positive innere Einstellung bemühen, da sich diese fast automatisch auf die äußere Haltung und den Gang überträgt.

Die richtige Haltung im Sitzen und im Stehen! Körpersprache gezielt einsetzen – überzeugend auftreten und wirken! Was erwartet Sie in meinen Seminaren? Für jedes Seminar und jeden Workshop legen die Teilnehmer mit mir zusammen in einem Vorgespräch individuelle Schwerpunkte fest.

Mögliche Inhalte:

- Telefontraining – die Stimme am Telefon!
- Lampenfieber – wie gehe ich damit um?
- Moderation mit/ohne Mikrofon – Publikum und Interviewpartner immer im Auge!
- Vortrag und Präsentation – was muss ich beachten?

16.4 Mediencoaching

Ich berate Personen beim Umgang mit Pressevertretern aus Print, Funk und Fernsehen. Menschen, die vor die Kamera treten, wissen selten genau, was auf sie zukommt. Sie fühlen sich in der ungewohnten Situation oft unzureichend vorbereitet und unsicher: Wie groß ist das Team? Was macht wer, warum und wie? Wo möchte ich sitzen oder möchte ich vielleicht lieber stehen? Ein Vorgespräch mit dem/der Reporter/in? – Was will er/sie, was will ich? Wer oder was unterstützt mich? Hier geht es um einen Spiegel eventuell verzerrter Vorstellungen und das praktische Einüben medialer Interaktionen: Sicherheiten ausbauen, Flexibilität trainieren, Unsicherheiten reduzieren. Ziel ist ein souveräner Umgang mit Personen aus der Medienbranche. Mit dem Ergebnis sollen sich alle Beteiligten identifizieren können.

16.4.1 Mögliche Settings meines Coachings/ Mögliche Schwerpunktthemen

Egal, ob es sich um einen kurzen Workshop von 2 bis 3 Stunden handelt, ein ganztägiges Seminar oder um mehrere Tage Intensivtraining, zunächst gebe ich eine kurze theoretische Einführung in das jeweilige Thema. Danach folgt dann ein ausführlicher praktischer Teil. Damit ich mit jedem Teilnehmer auch individuell trainieren kann, ist die Teilnehmerzahl pro Veranstaltung auf maximal 15 begrenzt, denn nur so ist eine für beide Seiten qualitativ zufriedenstellende Arbeit gewährleistet.

Mögliche Settings meines Coachings:

- Work-Life-Balance ins Gleichgewicht bringen wollen
- Sozialkompetenz ausbauen wollen
- Persönlichkeitsentwicklung
- die Unterstützung und einen neutralen Blick von außen benötigen oder
- einen Coach als Impulsgeber suchen
- die Stimme stärken wollen, den stimmlichen Auftritt verbessern möchten
- Gender-Beratung
- Gender-Training
- Gender-Fähigkeit
- Kommunikationskonflikte
- Stimme
- Telefontraining – die Stimme am Telefon
- Lampenfieber – wie gehe ich damit um?
- Vortrag und Präsentation – was muss ich beachten?

16.5 Über die Autorin

Gudrun Holtz' Ausgangspunkt ist immer die individuelle Bedarfslage sowie die individuelle Unternehmenskultur und Persönlichkeit ihres Coachees: Sie entwirft mit

16 Journalistin und Coach

Ihnen gemeinsam exakt auf Sie und Ihre Bedürfnisse abgestimmte Konzepte, Angebote und einen nachhaltigen Alltagstransfer. Gudrun Holtz studierte Kulturwissenschaft, Kunst- sowie Erziehungswissenschaft (M.A.). Sie hat einen Abschluss als NLP-Practioner und befindet sich aktuell in einer Coach-Ausbildung (ICI Berlin). Hat Fortbildungen im Bereich Gender Trainings u. a. in der Heinrich Böll Stiftung besucht. Sie produziert als Autorin und Journalistin für unterschiedliche öffentlich-rechtliche Rundfunkanstalten sowohl Hörfunk als auch Fernsehen und das u. a. für die Fernsehwissenschaftssendungen 3Sat nano und Quarks & Co. Marketingaktivitäten und die gewissenhafte Umsetzung einer einheitlichen Corporate Identity im Rahmen der Unternehmenskommunikation gehören ebenso zu ihrem Tagesgeschäft wie der routinierte Umgang mit unterschiedlichen Content-Management-Systemen. Diverse Lehrtätigkeiten in unterschiedlichen Theater- und Bildungsprojekten bestimmen ihr Schaffen. Aufgrund ihrer langjähriger journalistischen Produktionen sowie durch zahlreiche Bühnenauftritte als Sängerin weiß sie Worte und Stimme wirksam einzusetzen. Sie hat das ausreichende Wissen, wenn es um Kommunikation geht, bisher war sie u. a. unterstützend sowie inspirierend tätig.

17 Vom Wagnis geistiger Flexibilität

Yvonne Natascha Heum

Jeder Mensch und jedes Unternehmen verspürt und weiß an einem bestimmten Punkt, dass es einer Veränderung bedarf, wenn es erfolgreich weitergehen soll. Das Wissen darum ist das eine, die Umsetzung jedoch etwas völlig anderes. In der Literatur lässt sich vieles zum Thema Persönlichkeitsoptimierung im Sinne eines „höher, schneller, weiter" lesen und die Beiträge zum Thema Change-Prozesse in Unternehmen gehen in eine ganz ähnliche Richtung: Mehr Effizienz, höhere Gewinne, bessere Platzierung am Markt.

Dennoch fallen uns Veränderungen offensichtlich unendlich schwer und werden so häufig von Fehlschlägen und enttäuschenden Ergebnissen flankiert. Woran liegt das? Was braucht es, damit Veränderung leichter fällt?

In diesem Beitrag möchte ich den Menschen und die Kommunikation in den Fokus stellen, denn sie spielt die führende Rolle, wenn es um Veränderung geht.

Erfahren Sie als Führungskraft Spannendes über:

- Angst als Antreiber und Handbremse im Veränderungskontext
- Trennung von Absicht und Verhalten
- Unterschiedliche Sichten auf die Welt
- Meine Beiträge in *Chefsache Männer* und *Chefsache Gesundheit II*

Y.N. Heum (✉)
Institut relset, Weiherstr. 7, 40219 Düsseldorf, Deutschland
e-mail: info@reset-kommunikation.de

17.1 Der Gaul ist tot – Angst als Antreiber und Handbremse im Veränderungskontext

Sicherlich kennen Sie das Sprichwort „love it, change it, or leave it" aus unzähligen Veränderungsprozessen. Grundsätzlich ist da schon eine Menge dran. Im Alltag habe ich allerdings die Erfahrung gemacht, dass viele Menschen in einer Dauerschleife zwischen „change it" und „leave it" verharren. Jeden Tag aufs Neue proben sie die alten „Theateraufführungen", ob in Teamkonflikten im Unternehmen oder in Paarkonflikten zuhause. Die Themen sind stets die gleichen, gleichwohl die Auslöser variieren. Weswegen erzähle ich Ihnen das? Ganz einfach: Wenn der Gaul tot ist, steigen Sie endlich ab, das gebietet schon der Tierschutz, auch wenn es den in dieser Situation schon nicht mehr braucht. Mehr desselben ist einfach nicht zieldienlich.

Was brauchen Sie also, damit Veränderungen endlich umsetzbar werden? Ja, ich weiß, die Rahmenbedingungen sind grad wirklich ungünstig, aber sie werden sich bestimmt bald ändern und dann geht es los. Ändern sie sich wirklich? Nein, denn das System um Sie herum wird sich nicht ändern. Nur *Sie* haben die Möglichkeit, anders zu agieren. Worauf warten Sie noch? Ach, Sie haben Angst? Sie befürchten, es könnte die falsche Entscheidung, der falsche Zeitpunkt sein, Sie könnten in Ungnade fallen? Dann beginnen Sie, Ihre Angst mit neuen Augen zu betrachten und utilisieren Sie diese.

17.1.1 Angst als Fähigkeit

Wofür sind Ängste eigentlich zuständig? Sie machen uns aufmerksam, warnen uns, rütteln uns wach. Eine Art inneres Alarm-System, das nicht nur vor vielen hunderttausend Jahren Sinn machte, als der Säbelzahntiger hinter einem Busch lauerte und unser Erbgut dezimieren wollte, sondern auch noch heute, wenn es darum geht, in kritischen Situationen genau hinzuschauen und etwas mit unserer Erfahrung einzuschätzen. Schwierig wird es immer dann, wenn Ängste so übermächtig werden, dass sie unsere Handlungsspielräume einschränken, uns zur Ohnmacht verdammen. Dann ergeht es uns wie dem Reh, das starr auf der Fahrbahn steht und den Herannahenden entgegen starrt, ohne sich vom Fleck bewegen zu können.

Wenn Sie so denken, wird die Angst Sie möglicherweise ewig davon abhalten, in die Eigenverantwortung zu kommen und zu handeln. Sind sie ein Individuum mit Bedürfnissen und Zielen? Dann handeln Sie! Scheren Sie aus aus der Schafsherde, wo alle gemeinsam im Chor blöken. Bedenken Sie, dass Angst als Emotion zwar etwas absolut Menschliches und dennoch zutiefst Irrationales ist. Nutzen Sie also Ihre Angst als wertvollen Wegweiser.

17.1.2 In die Bewegung kommen

Im Coaching sage ich meinen Klienten: „Da, wo die Angst ist, geht es lang!" Das bedeutet, dass das Entwickeln einer Lösung „in der Bewegung" sinnvoll ist, beginnend mit ersten, vielleicht noch kleinen Schritten. Bedarfsorientiert lässt sich das Vorgehen dann nachsteuern und justieren. Dabei ist es natürlich wichtig, das Szenario *sachlich* zu interpretieren und einzuschätzen. Sofern der Fall im Vorfeld ordentlich betrachtet und nicht zu Tode analysiert wurde, kommt man dann auch in ein lösungsorientiertes Handeln.

Letztendlich gilt: Das, was Sie schließlich tun, ist das, was relevant ist. Für Ihr Leben, für Ihren Erfolg, für Ihre Leidenschaft. „Manche leben so vorsichtig, dass sie wie neu sterben", sagte Oscar Wild. Ich finde, zum Leben gehört es auch, mal etwas zu wagen, genauso wie sich zu irren. Neben dem Bewusstmachen und Utilisieren Ihrer Angst, ist Flexibilität im Denken und Handeln sehr nützlich für Veränderungen.

17.2 Flexibilität im Denken und Handeln

Probieren Sie bitte mal, die Perspektive zu verändern. Schauen Sie zunächst genau auf das, was Sie erreichen möchten (Ziel) und legen Sie dann den Fokus auf Ihr tatsächliches aktives Verhalten, mit dem Sie Ihr Ziel zu erreichen versuchen. Treten Sie dann einen Schritt zurück und nehmen Sie Ziel und Verhalten gleichzeitig ins Visier: Ist Ihr Verhalten zieldienlich? Oder fällt es eher in die Kategorie „Beschäftigungstherapie"? Das ist oftmals das, was ich in Unternehmen zu sehen bekomme, wenn es um Veränderung geht. Der Auftrag (Ziel) und der eingeschlagene Weg zur Zielerreichung klaffen elementar auseinander, so dass die Zielerreichung mehr als fragwürdig erscheint.

17.2.1 Die positive Absicht hinter dem Verhalten

Jedem Verhalten liegt eine positive Absicht zugrunde – davon geht man im psychologisch-therapeutischen Kontext aus. Ist das wirklich so? Letztendlich ja, denn jeder Mensch versucht im Rahmen seiner Möglichkeiten und mit dem ihm zur Verfügung stehenden Mitteln, eine Lösung, d. h. eine Verbesserung seiner Situation, herbeizuführen. Das bedeutet einerseits, dass das resultierende Verhalten hoch individuell ist und vom persönlichen Umgang mit Herausforderungen und den dahinter stehenden Lebenserfahrungen abhängt. Ein anderer Mensch mit derselben Absicht kann also ein ganz anderes Verhalten zeigen. Andererseits muss das Verhalten nicht zum Ziel führen, denn es ist das zweckdienliche Verhalten im aktuellen und individuellen Kontext, nicht notwendig das optimal auf das zu erreichende Ziel abgestimmte Verhalten.

Überprüfen Sie also Ihr Verhalten und justieren Sie es nach, um eingeschlagene Wege nicht zu einer Sackgasse werden zu lassen. Berücksichtigen Sie dabei unbedingt die positive Absicht, die dahinter steht. Dazu können Sie sich fragen:

– Wieso war es Ihnen ein Anliegen, genau in der Art und Weise vorzugehen, wie Sie es getan haben?
– Welche Aspekte waren zieldienlich, welche nicht?
– Wofür ist es gut, Ihr Ziel zu erreichen? Was haben Sie und was hat Ihr Unternehmen davon?
– Was wurde bis jetzt noch nicht berücksichtigt?

17.2.2 Andere verstehen: Die Landkarte ist nicht das Gebiet

Kennen Sie das? Aussagen Ihres Gesprächspartners ärgern oder kränken Sie und Sie versuchen aufzuklären, müssen dabei allerdings feststellen, dass Ihr Gegenüber Ihnen nicht ansatzweise folgen kann. Da gibt es zwei Möglichkeiten: Ihr Erklärungsversuch war nicht klar und verständlich formuliert oder Ihr Gesprächspartner ist in einer derart eigenen *Welt* zuhause, dass er Ihnen gar nicht folgen *kann*.

Vielleicht haben Sie schon einmal den Satz gehört: „Die Landkarte ist nicht das Gebiet."

Doch was ist die Landkarte und was ist das Gebiet? Im Laufe unseres Lebens haben wir vieles gelernt, zunächst durch Abschauen und Imitieren, dann mehr und mehr durch eigene Erfahrung und aktive Vermittlung (Unterricht). All diese Erfahrungen, die wir mit uns selbst, anderen und der Welt machen, prägen unsere „Sicht auf die Welt". Wir sagen für uns: So ist *die Welt*. Eigentlich muss es aber heißen: So ist *meine Welt*. Denn andere Menschen haben andere Erfahrungen gemacht als wir und haben dementsprechend auch eine andere Sicht auf die Welt: So ist *ihre Welt*. Unsere Sicht auf die Welt ist unsere „Landkarte", nach der wir die Welt verstehen.

Realität ist also immer etwas zutiefst subjektiv Empfundenes. Es gibt nicht die eine, die wahre Wahrheit. Es ist die Beschreibung eines Moments aus der ganz persönlichen Sicht der betroffenen Person – und die kann (und darf) von der Sicht einer anderen Person auf den gleichen Moment signifikant abweichen. Daher kommt die Aussage, dass die Landkarte nicht das Gebiet ist.

Die Landkarte entsteht in unserem Kopf und ist eine subjektive Beschreibung des Gebiets, basierend auf subjektiver Wahrnehmung. Hingegen ist das Gebiet, das, was um uns herum passiert und von uns wahrgenommen werden kann. Wenn jemand starr in seiner persönlichen Wahrnehmung, seiner Realität verhaftet ist, also ausschließlich von seiner eigenen Landkarte ausgeht, und nicht die Möglichkeit zulässt, dass es andere Landkarten bei anderen Menschen gibt, dann sind Konflikte vorprogrammiert.

17.2.3 Flexibilität durch innere Freiheit

Flexibilität erhalten Sie dadurch, dass Sie generell davon ausgehen, dass Ihr Gegenüber mit einer anderen „Landkarte" im Kopf unterwegs ist als Sie. Dann sind Sie dafür sensibilisiert, Unterschiede zwischen den Landkarten zu erkennen und damit konstruktiv umzugehen.

Die innere Freiheit, andere Ansichten und Meinungen *nicht* als persönlichen Affront gegen die eigene Person zu werten, erleichtert vieles ungemein. Betrachten Sie diese stattdessen als Ideen- und Perspektiv-Geber. Versuchen Sie, raus aus der Bewertung „Das geht ja gar nicht!" und rein in die Haltung „Das ist ja eine spannende Interpretation der Situation" zu gehen. Stellen Sie sich folgende Frage, wenn Sie Aussagen hören, die Ihrer Meinung unsinnig sind: Was müsste ich über mich selbst und die Welt denken, um eine solche Aussage zu treffen?

Machen Sie sich auf die Suche nach den Beweggründen für die Haltung Ihres Gesprächspartners. Erfahren Sie mehr über dessen Motivation und seine inneren Antreiber. Hinterfragen Sie seine Sicht auf die Welt, um so die Möglichkeit zu bekommen, zielorientiert Einfluss auf den Kommunikationsprozess zu nehmen. Damit werden Sie als geschickter Kommunikator wahrgenommen, was wiederum günstig für das Verfolgen Ihrer Ziele und das Gelingen von Veränderungen ist.

17.3 Chefsache Gesundheit II und Chefsache Männer

Um andere bewegen zu können, muss man sich zuerst selbst in den Zustand der Beweglichkeit bringen. Dafür braucht es vor allen Dingen Glaubwürdigkeit und innere Kohärenz. Die drei Kohärenzfaktoren, die als Basis der Salutogenese (Antonovsky 1997) gelten, sorgen für eine langfristige psychische und physische Gesundheit, Leistungsfähigkeit und Zufriedenheit. Damit entsteht Handlungsfähigkeit für herausfordernde Situationen und Veränderungen. Es sind die Faktoren der *Verstehbarkeit*, der *Handhabbarkeit* bzw. *Bewältigbarkeit* und das Erleben von *Bedeutsamkeit* bzw. *Sinnhaftigkeit*. Genau diese drei Aspekte gilt es im Besonderen in die Kommunikation einfließen zu lassen. So entstehen Klarheit und Verständnis für die entsprechenden Anliegen.

Erfahren Sie in *Chefsache Gesundheit II* Praktisches zu den Themen Selbstführung und Gesundheit, insbesondere wie sich Ihre Selbstbehandlung und Ihr Kommunikationsstil aktiv auf Ihre Gesundheit und Führungskompetenz auswirken.

In meinem Beitrag „Charisma und die Macht der Worte" in *Chefsache Männer* beleuchte ich unterhaltsam Macher-Qualitäten und Vorzüge von maskulinen Charismatikern und gebe Tipps für die, die es werden wollen.

Grundsätzlich ist zu bedenken: Der Mensch ist ein Gewohnheitstier und steht Veränderungen eher skeptisch gegenüber. Sie bedeuten immer Neues sowie meist auch, sich von Altem und bis dato durchaus Bewährtem zu trennen. Das kann Unsicherheit verursachen und ruft nur zu gern den „inneren Schweinehund" als Saboteur auf den Plan.

Lassen Sie sich von meinen Beiträgen inspirieren, lassen Sie sich verführen, die Bereitschaft zu entwickeln, bei sich selbst zu beginnen und Veränderung als einen aufregenden und bereichernden persönlichen Prozess zu erleben.

17.4 Über die Autorin

Yvonne Natascha Heum ist eine der führenden Expertinnen für nachhaltige Persönlichkeitsveränderung. Als Coach und Kommunikationstrainerin begeistert sie seit vielen Jahren mit ihrer unverfälschten, leicht provokanten Art und ihrer umfassenden Praxiserfahrung. „Endlich nennt mal jemand das Kind beim Namen" ist ein Satz, den sie immer wieder hört. Klartext zu reden, Dinge auf den Punkt zu bringen, ist eine ihrer großen Stärken. Genau diese Transparenz braucht es, um nachhaltige Veränderungen bei Menschen und in Unternehmen möglich zu machen, damit der „alte Schlendrian" nicht schon bald wieder einkehrt. Dabei geht sie mit hohem analytischem Geschick an die zu lösenden Situationen heran. Sie bindet die beteiligten Personen mit feinem emotionalem Gespür in den Lösungsprozess ein. Denn nur so können eine wertschätzende Verhaltenskultur und ein veränderter Kommunikationsstil etabliert werden.

Ihr gelingt es mit großer Souveränität, „quer" zu denken, eingetretene Pfade zu verlassen und sich mit großem Geschick alternativen und visionären Gedanken zuzuwenden. Das Ergebnis: Kein kleines Strohfeuer der Veränderung, sondern ein Feuerwerk echten Umdenkens.

Sie zeigt auf, dass man mit Mittelmaß und Angepasstheit im Coaching nichts reißen kann. Sie traut sich an die „heiligen Kühe" heran, stellt gerne mal in Frage, provoziert, wo es für nachhaltige Veränderung unerlässlich ist. All dies mit warmherziger Zugewandtheit und einem ganzheitlichen Menschen- und Unternehmensbild. Denn schließlich geht es darum, Menschen zu begeistern und zu ermutigen, ihre Potenziale (wieder) zu entdecken und an diese zu glauben. Mit dem Keynote-Speaker Dr. Dieter Lederer verbindet sie seit Jahren die Arbeit an gemeinsamen Projekten mit dem Schwerpunkt Veränderung.

In Ihrem Institut in Düsseldorf bietet sie als Lehrtrainerin eine fundierte und unterhaltsame NLP-Ausbildung in kleinen Gruppen an.

In der Reihe Chefsache sind folgende Beiträge von ihr erschienen:

„Selbstführung und Gesundheit" in Chefsache Gesundheit II und „Charisma und die Macht der Worte" in Chefsache Männer.

Finden und buchen Sie Frau Heum unter www.yvonne-natascha-heum.de.

Literatur

Antonovsky, A. (1997). *Salutogenese. Zur Entmystifizierung der Gesundheit*. Deutsche Herausgabe von Alexa Franke. Tübingen: dgvt-Verlag.

Führung und Gesundheit

18

Axel Olaf Kern und Michael G. Ludwig

Operative Hektik überdeckt geistige Windstille. Und dies bedeutet, dass „outside the box thinking" gefragt ist. Zuerst ist ein verändertes Verständnis erforderlich, wonach zukünftig im „war for talents" eine Stelle nicht mehr einfach besetzt wird. Eine Stelle, ein Arbeitsplatz muss von einem Unternehmen so gestaltet sein, dass sich die Stelle an einen Interessenten verkaufen lässt. Und hierzu zählt ganz wesentlich, dass Gesundheit und damit die Arbeitskraft und Leistungsfähigkeit sowie Leistungsbereitschaft und Identifikation der Menschen im Unternehmen unerlässlich sind für den Unternehmenserfolg.

An allem Anfang steht deshalb die profunde Analyse der Situation im Unternehmen über Ursachen von Krankheit und andere Einflussfaktoren auf das Produktionsergebnis, bevor Maßnahmen ergriffen und Budgets beschlossen werden. Hierbei sind gerade auch die vielfältigen Einflüsse auf Gesundheit zu berücksichtigen, die der Mitarbeiter aus dessen privater Lebenssphäre mit in das Unternehmen bringt. Nicht alle gesundheitlichen Probleme von Mitarbeitern können im Sinne des Verursachungsgedankens alleine dem Arbeitgeber zugeschrieben werden. Zudem resultieren viele gesundheitlich relevanten Problem aus sozialen Ursachen, die sowohl aus dem Unternehmen heraus als auch privat verursacht sein können. Die unterstellte (artifizielle) Trennung von beruflich und privat ist weder aus der Perspektive der Unternehmensleitung noch aus dem Blickwinkel der Mitarbeitervertretung haltbar. Dennoch kommt dem Gesundheitszustand der Mitarbeiter, wozu gerade auch die subjektive Kategorie des Gesundheitsempfindens zählt, die wesentliche Bedeutung zu als Frühindikator für nicht optimal gestaltete Unternehmensabläufe sowie mangelhafte Führungs- und Teamprozesse.

A.O. Kern (✉) · M.G. Ludwig
Hochschule Ravensburg-Weingarten, Fakultät Soziale Arbeit, Gesundheit und Pflege, Leibnizstr. 10, Geb. A, Weingarten 88250, Deutschland
e-mail: axel.kern@hs-weingarten.de

© Springer Fachmedien Wiesbaden 2016
P. Buchenau (Hrsg.), *Chefsache: Best of 2014 / 2015*,
DOI 10.1007/978-3-658-08709-8_18

Somit ist Gesundheitsmanagement unbedingte Führungsaufgabe und zeichnet sich durch eine konsequent mitarbeiterorientierte Unternehmenskultur aus, die natürlich Arbeitsschutz und Arbeitsmedizin ebenso wie betriebliche Prävention sowie betriebliche Gesundheitsförderung als Grundlagen umfasst. Führungsstil und Unternehmenskultur sind jedoch die Faktoren, welche das „wellbeing" der Mitarbeiter befördern. Nicht ohne Grund gibt es in US-amerikanischen Unternehmen die Position des Chief Wellness Officer (CWO). Dieser schaltet allerdings nicht die Sauna ein oder bereitet das Heubad. Vielmehr ist der CWO Koordinator, um die produktive, gesundheitliche und soziale Situation in allen Unternehmensteilen zu analysieren und Maßnahmen zu identifizieren, die das „wellbeing" der Mitarbeiter verbessern. Hierzu zählt insbesondere, die Führungskompetenz der Mitarbeiter mit Leitungsaufgaben ebenso zu überprüfen, wie auch festzustellen, wie bereit und fähig die Mitarbeiter sind, sich ergebnisorientiert im Sinne des Unternehmenserfolgs einzusetzen. Qualifizierte Führung ist mindestens Prävention von innerer Emigration und Kündigung. Dies bedeutet, das Commitment zum Unternehmen auf allen Ebenen zu untersuchen und die Rahmenbedingungen so zu gestalten, dass sich alle „committen" können.

Im Rahmen von Change-Prozessen werden dann systematisch Führungskräfte in die Lage versetzt, sich so im Zusammenwirken mit ihren Mitarbeitern zu verhalten, dass eine unternehmensförderliche Gesamtkultur entsteht. Fördern und fordern auf allen Ebenen und in allen Betriebsteilen. Zugleich wird auch darauf hingewirkt, dass die Mitarbeiter eine unternehmensförderliche Haltung einnehmen. Dies erfordert, einen ressourcenorientierten Führungsstil auf allen Managementebenen zu praktizieren. Eine stringente Ausgestaltung der Anreiz- und Belohnungssysteme ist dann so verankert, dass neben kurzfristigen Maßnahmen auch langfristige Ziele erreicht werden. Allerdings ist stets zu berücksichtigen, dass alle Maßnahmen des betrieblichen Gesundheitsmanagements dem positiven Gewinnziel und dem sachlichen Unternehmensziel untergeordnet sind. Dies erfordert, dass alle Maßnahmen strikt evaluiert werden.

Aus der Perspektive des Erhalts von Wissen und Erfahrung im Unternehmen sind auch IT-seitige Veränderungen für die Mitarbeiter zu gestalten, damit betriebsspezifisches Wissen nicht durch Krankheit temporär oder dauerhaft und langfristig dem Unternehmen verloren geht.

Gesundheitsmanagement ist nicht alleine auf den Erhalt oder die Verbesserung der Gesundheit der Belegschaft ausgerichtet, vielmehr hat betriebliches Gesundheitsmanagement einen Außenbezug und dient dem langfristigen Überleben des Unternehmens in Bezug auf den Arbeitsmarkt aber auch auf den Absatzmarkt, da die Kunden ihre Kaufentscheidungen zukünftig auch an der Qualität fairer und gesunder Arbeitsbedingungen orientieren werden. Auch andere Stakeholder werden ihre Entscheidungen an diesen Kriterien ausrichten. So kommt einer gesunden Belegschaft eine bedeutende Rolle auch im nationalen und internationalen Wettbewerb zu. So wird bei sinkender Beschäftigtenzahl zukünftig nicht Arbeit durch Kapital ersetzt werden. Arbeit wird durch Kapital ergänzt werden. Dies fügt betriebliches Gesundheitsmanagement in das Framework des Employer Branding ein, wonach das Zusammenwirken von

Organisation und Mensch passgenauer und bedürfnisgerechter erfolgt. Gesunde Unternehmenskultur und daraus resultierende Mitarbeiterzufriedenheit und Mitarbeiterbindung wirkt sich in einer „digitalen" Welt auch auf die Mitarbeitergewinnung maßgeblich aus. Die Wettbewerbsfähigkeit eines von der Kultur des Gesundheitsmanagements geprägten Unternehmens wird in quality-competitive markets so deutlich verbessert und erhöht sein. So werden die Unternehmensleitung und insbesondere auch die Unternehmenseigner im Sinne des Principal-Agent-Ansatzes, das Anreiz- und Zielsystem für Manager durch die Dimension „Erhalt und Verbesserung des Gesundheitsstatus der Beschäftigten" erweitern.

Der wichtigste Grund für Unternehmen, betriebliche Prävention und Gesundheitsförderungsmaßnahmen zu ergreifen, besteht zum einen in den kurzfristig realisierbaren Erfolgen, den Krankenstand der Mitarbeiter zu verringern und Fehlzeiten insgesamt und dadurch Kosten für Lohnfortzahlung zu reduzieren. Bei Fachkräfte- und Nachwuchsmangel ist es ebenso bedeutsam, die Fluktuation zu verringern. Im Sinne wirkungsvollen Employer Brandings wirkt sich betriebliches Gesundheitsmanagement durch gestiegene Arbeitszufriedenheit auch auf gesteigerte Produktqualität und Produktivität aus. Mitarbeiter sind motivierter durch ein höheres Maß an Partizipation. So werden Zusammenhänge und Ursachen von gesundheitlichen Problemen in Betriebsabläufen erkannt, gemeinsam von den Mitarbeitern analysiert und Lösungsstrategien entwickelt und umgesetzt. Insbesondere dadurch verbesserte Kommunikation im Betrieb wirkt sich ergebnisverbessernd aus. Da alle hierarchischen Ebenen am Prozess beteiligt sind, ergeben sich auch Verbesserungen der Corporate Identity und des Unternehmensimages, da das Gemeinschaftsgefühl erhöht wird und eine größere Identifikation mit dem Unternehmen entsteht.

18.1 Über den Autor

Professor Dr. Axel Olaf Kern hat seit über 20 Jahren theoretische und praktische Erfahrung in der Beratung im Sozial- und Gesundheitswesen. Er war stellv. Geschäftsführer des Instituts für Gesundheits-System-Forschung – WHO-Collaborating Center – in Kiel. Seit 11 Jahren hat er die Professur für Gesundheitsökonomie und

Sozialmanagement an der Hochschule Weingarten inne. 2014 gründete er das Steinbeiß-Transferzentrum Gesundheits- und Sozial-System-Forschung, damit es mehr Unternehmen möglich wird, eine profunde Analyse ihrer Situation voranzustellen und tailormade sinnvolle Maßnahmen zu entwickeln. Dabei spielt sein Analysetool „four-by-eleven" zum Betrieblichen Gesundheitsmanagement eine wesentliche Rolle. Auf der Basis empirischer Ergebnisse im Vergleich von Unternehmen wird herausgearbeitet, worin die erfolgreichste Methode gesundheits- und potentialorientierter Unternehmensführung entsprechend der Maxime „Wertschätzung und Wertschöpfung" besteht.

Seine Laufbahn brachte ihn ferner in eine Vielzahl internationaler Projekte, die hinsichtlich soziokultureller Einflüsse auf die Unternehmensführung prägend sind auch für die Analysearbeit. Insbesondere auch im Rahmen seiner Gastprofessur im Jahr 2012 an der University of Nebraska Omaha und dem Methodist College sammelte er wertvolle und prägende Erfahrungen in Bezug auf die verschiedenen Einflüsse für Führungs- und Unternehmenskultur. Er ist überzeugt und sieht es als seine persönliche Aufgabe, dass nach dem Kiss-Prinzip (keep it short and simple) mit einer sauberen Analyse und empirischen Erkenntnissen ökonomisch relevante Lösungsschritte in Unternehmen umsetzbar sind. Verantwortung sowie tiefer Respekt den Führungsverantwortlichen gegenüber sind Verpflichtung für konsequent realisierbare Ergebnisse.

Dr. Michael G. Ludwig ist Berater, Therapeut, Coach und Autor. Als Experte für Fragen persönlicher Entwicklung lernte der promovierte Psychologe in knapp 10.000 Gutachten im Bereich psychischer Leistungsfähigkeit worauf wesentliche Entwicklungsschritte und Veränderung beruhen. In seiner nunmehr 11-jährigen Praxistätigkeit begleitete und führte er in über 10.000 Beratungs- und Therapiesitzungen Menschen in ihrer persönlichen Entwicklung in die Fähigkeit zu Selbststeuerung und persönlichem Erfolg.

Wesentliche Determinanten für Leistungsfähigkeit und persönlichen Erfolg hat er dabei nicht nur im Bereich objektiver Fähigkeiten erkannt, sondern jenseits dieser gelernten oder durch Erfahrung vermittelten Dimension existiert als wesentliche Performanzvoraussetzung die „Eignung", also die körperlich-psychische Bedingung für das Zeigen von Fähigkeiten. Ist diese nicht gegeben, gelingt auch keine befriedigende

Performanz. Während aber körperliche Probleme erkennbar sind, bleiben psychische Probleme und Leistungshemmnisse meist verborgen. Diese zu entdecken und zu beheben ist wesentliches Ziel seiner Arbeit, die er in der Betreuung verschiedener Unternehmen, aber auch durch Vorträge im In- und Ausland und durch verschiedene Veröffentlichungen, auch eines Standardwerkes, ausübt. Der perfekt dreisprachige ausgebildete Psychotherapeut war unter anderem langjährig im Vorstand der Psychologenkammer Südtirols tätig.

Unternehmenserfolg ist im Wesentlichen dann gegeben, wenn sowohl Führungskräfte als auch Mitarbeiter in die Lage versetzt werden, erfolgreich zu agieren. Das ist vor allem eine psychologische Dimension, an der es sich zu arbeiten lohnt. Deshalb ist auch betriebliches Gesundheitsmanagement für Betriebe von enormer Bedeutung. Mit seinem Team bietet er diesen Service in Seminaren, Workshops, Vorträgen, Einzel- und Gruppenarbeit im In- und Ausland an.

Preisprobleme gibt es nicht!

Die 3 wichtigsten Strategien, um Preiskämpfen in weitem Bogen auszuweichen

Roman Kmenta

Wenn Sie heute eine Zeitung aufschlagen, bekommen Sie leicht den Eindruck, dass der Preis, oder genauer gesagt, der Rabatt, das einzig verfügbare Marketing-Instrument ist. Minus 20 % hier, minus 50 % dort und je nach Branche auch schon mal 70 oder 80 % Rabatt. Gleichzeitig jammern viele Unternehmer und Unternehmen über genau diese Situation: Mitbewerber, die schleudern, Kunden, die zu Schnäppchenjägern mutiert sind und sinkende Gewinne. Das führt so weit, dass in manchen Branchen, wie z. B. der Autobranche, gar nicht mehr nach dem Preis, sondern nur mehr nach dem Rabatt gefragt wird. Und laufend rabattieren sich Unternehmen zu Tode.

In Bezug auf meinen Beitrag im Buch *Chefsache Prävention II*, ist es die wichtigste Aufgabe einer Führungskraft sicher zu stellen, dass das Unternehmen auch morgen, übermorgen und nächstes Jahr noch existiert. Und das ist nur der Fall, wenn die Firma nicht nur (steigende) Umsätze, sondern vor allem anständige Gewinne verzeichnet.

19.1 Selber schuld

Dabei sind wir selber schuld. Natürlich haben sich die Unternehmen die Suppe, die sie jetzt wohl oder übel auslöffeln müssen, selbst eingebrockt. Wenn die Gehirne der Konsumenten über Jahre hinweg mit „Geiz ist geil"-Slogans weichgespült werden (ich weiß schon, das ist der Slogan eines Unternehmens gewesen, doch eine Unzahl anderer schlägt in dieselbe Kerbe), darf sich niemand wundern, dass wir Generationen von Schnäppchenjägern herangezogen haben.

R. Kmenta (✉)
Forstnergasse 1, 2540 Bad Vöslau, Österreich
e-mail: roman.kmenta@convince.at

19.2 Auslöser für Rabattitis

Doch warum machen Unternehmer etwas, von dem sie wissen, dass es ihnen später auf den Kopf fallen kann? Gegenfrage: Warum rauchen so viele, obwohl sie wissen, dass es ungesund ist?
Die wesentlichsten Auslöser für Rabattitis sind folgende:

- *Falscher Fokus*: Wenn z. B. bei Autoimporteuren ständig über die Zulassungszahlen gesprochen wird und diese Kennzahl die wichtigste am Monatsende ist, darf man sich nicht wundern, wenn durch massiven Einsatz von Rabatten oder Zuschüssen die Neuwagen-Zulassungen am Monats- oder Quartalsende künstlich gepusht, aber mittelfristig Gewinne vernichtet werden.
- *Kurzsichtigkeit*: Preisaktion bringen oft einen kurzfristigen Zugewinn (und sei es auch nur im Umsatz), aber einen längerfristigen Nachteil. Der Kater kommt immer erst am Morgen nach der Party.
- *Gruppendruck:* Viele Unternehmen argumentieren damit, dass „alle anderen auch Rabatte geben und sie wohl oder übel mitziehen müssen". Das ist allerdings nur ein Ausdruck der allgemein verbreiteten Ideenlosigkeit.
- *Ideenlosigkeit*: Preise senken ist einfach. Rabatte geben kann jeder Lehrling im ersten Lehrjahr. Für alles andere braucht es Ideen und Kreativität.

19.3 Kunden kaufen lieber teuer

Dabei kaufen Kunden viel lieber teuer, oder, um genau zu sein, sie kaufen viel lieber hochwertige Produkte als billigen Ramsch. Und es stimmt, manchmal können sie sich einfach nicht mehr leisten. Aber viel öfter würden Kunden schon mehr Geld ausgeben, wenn es die Unternehmen bzw. Verkäufer schaffen würden, ihnen den hohen Wert ihres Angebotes zu vermitteln. Oder was denken Sie warum es keine noch so teuren Autos gibt, die letztlich nicht ihre Käufer finden?

Denn bei genauerer Betrachtung gibt es nichts, was zu teuer, aber sehr vieles, was zu wenig wert ist. Und der Kunde kauft, wenn der Wert höher als der Preis ist und kauft eben nicht, wenn der Preis den Wert übersteigt. Punkt. So einfach ist das. So gesehen gibt es keine Probleme mit dem Preis. Jedes Preisproblem ist im Grunde ein Mangel an Wert.

1. **Wege fernab von Preisschlachten**

   Natürlich kann man als Unternehmen oder Verkäufer mit dem Preisdruck am Markt so umgehen, dass man sich in die Schlacht stürzt, bis an die Zähne mit Rabatten bewaffnet und mit Verhandlungsstrategien aufmagaziniert. Und wenn man geschickt und fleißig ist und eine dicke Haut hat, wird man auch den ein oder anderen Kampf gewinnen. Zwar mit Wunden, aber die heilen. Doch die Narben bleiben.

Der wesentlich elegantere und profitablere Weg allerdings ist der, der nicht einmal in die Nähe von Schlachtfeldern führt, auf denen erbittert um Preise gekämpft wird. Und für diesen Weg gibt es drei Strategien, die – vor allem kombiniert eigesetzt – sehr profitabel sind.

1. Erhöhen Sie Werte statt Preise zu senken

Die meisten Unternehmen sind ganz und gar auf den Preis als Erfolgsfaktor fokussiert. Wenn es nun darum geht das Geschäft zu beleben, ist es aus diesem Fokus heraus auch erklärbar, dass hauptsächlich Ideen produziert werden, die etwas mit Preisaktionen zu tun haben.

Was aber wäre, wenn man stattdessen intensiv darüber nachdenken würde, wie man den Wert für den Kunden steigern kann, ohne den Preis anzutasten. Vielleicht kommt ja sogar ein höherer Preis heraus … wenn der Wert passt!

2. Sagen Sie öfter Nein statt Ja

Zu viele Jas führen Unternehmen oft direkt in Preisschlachten hinein. Ja zu den falschen Kunden. Ja zu einem Marktsegment, das preislich bereits heiß umkämpft ist. Ja zu Sonderkonditionen für Kunden, die man dann ewig halten muss. Es scheint menschlich zu sein lieber Ja als Nein zu sagen (und sich dann darüber zu ärgern). Das Nein ist der bisweilen (emotional) schwierigere, aber oft der wesentlich profitablere Weg.

3. Werden Sie Spieleerfinder statt Zombie

Firmen durchlaufen fünf Evolutionsstufen vom Zombie, über den Preisspieler, den Optimierer, den Regelbrecher und – manchmal – bis hin zum Gamechanger (mehr zu diesem Konzept finden Sie im Buch *Chefsache Prävention II*). Durchlaufen stimmt allerdings nur bedingt, da viele auch auf der ersten oder zweiten Stufe stehenbleiben. Zombies sperren eine Firma auf und das war es. Keine weiteren Aktivitäten. Dienst nach Vorschrift. Business as usual. Echte Zombies versuchen sich nicht einmal am Lieblingsspielzeug der Preisspieler, dem „Rabatte geben".

Gamechanger hingegen befinden sich am anderen Ende der Skala. Die brechen nicht einmal mehr Regeln, sondern erfinden gleich ein neues Spiel mit den passenden Regeln zu ihren Gunsten. Red Bull war so einer zu Beginn. Der USP der Gamechanger ist oft ganz einfach der: Man ist einzigartig, weil man schlicht der Einzige ist. Und damit unvergleichlich. Und wenn man nicht verglichen werden kann, rückt der Preis in den Hintergrund.

Die Entscheidung, im Preisspiel mit zu spielen und sich in die Schlacht zu stürzen, kann natürlich nach wie vor getroffen werden. Wenn Sie das tun, sollten Sie sicherstellen, dass Ihre Kostenstruktur das auch trägt, denn der Kampf wird erbittert geführt. Die Gamechanger erobern unterdessen neue Gebiete bisweilen ohne viel Widerstand im Sturm und mit anbetungswürdigen Deckungsbeiträgen.

19.4 Über den Autor

Vertriebsexperte und Psychomathematiker® *Roman Kmenta* ist als Keynote Speaker, Unternehmer und Autor seit mehr als 30 Jahren international in Verkauf, Marketing und Führung erfolgreich tätig. Als Unternehmer hat er in mehreren europäischen Ländern Startups ins Laufen gebracht. Als Verkäufer und Marketingexperte hat er in bisher sieben Ländern und dreizehn Branchen unzählige Projekte selbst betrieben bzw. unterstützt. Als Experte hat er in den letzten beiden Jahrzehnten mit über 100 der Top-Unternehmen in Deutschland, der Schweiz und Österreich wie z. B. KIA Motors, Weber Stephens, Samsung oder Amgen gearbeitet. Als Autor verfasste er „Der Stretchfaktor" (Signum, 2007), den Verkaufsbuch-Bestseller „Die letzten Geheimnisse im Verkauf" (Signum, 2. Aufl. 2010) und betreibt einen wöchentlichen Blog mit mehr als 10.000 Lesern pro Monat. Als Keynote Speaker begeistert er Verkäufer, Führungskräfte und Unternehmer.

Weitere Infos unter www.romankmenta.com.

Verhalten, Sprachen, Erfolg – Lernen im Alltag

Josua Kohberg

Lernen ist ein allgegenwärtiges Thema unseres Lebens. In dem Fachartikel „Nachhaltige Prävention beginnt im Kopf" ging es vorrangig um die Frage, wie sich das Thema Burnout-Prävention nachhaltig umsetzen lässt. Und vor allem – wie können wir nachhaltig lernen? Nachhaltigkeit ist ein Kontext, der heute fast als Modewort erscheinen mag. Was genau ist nachhaltig? Als Lernstratege würde ich sagen – alles, was wir in Form eines automatischen Verhaltensmusters in unserem Leben umsetzen. Wer abnehmen möchte und eine Woche lang die Hollywood-Crash-Diät macht, hat sicher keine nachhaltige Veränderung in seinem Leben vorgenommen. Das weiß jedes Kind – und doch machen Millionen Menschen genau den gleichen Unsinn. Jahr für Jahr, immer wieder. Wer dagegen nach 12 Monaten Verhaltenstraining jeden Morgen ganz automatisch aufsteht und seinen Tag mit Sport beginnt, genießt eine nachhaltige Änderung seines Lebensstils. Spannend dabei – abnehmen ist hierbei vollkommen zweitrangig, da es sowieso und von ganz alleine geschieht.

Nachhaltig setzen wir also nur das um, was wir aus Gewohnheit tun. Wer aus Gewohnheit auf seine Gesundheit achtet, tut das nachhaltig. Wer auf seine Gesundheit achtet, weil ihn die Schmerzen zum Arzt treiben, steht ganz am Anfang. Er wird einen längeren Weg vor sich haben, bis er dann nachhaltig eine Veränderung in seinem Leben integriert hat. Nachhaltig ist klar – nachhaltig ist der einzige Weg, eine wirkliche Veränderung im Leben zu erzielen. Nachhaltig bedeutet – wir müssen etwas immer und immer und immer wieder TUN. Und das wird nur dann passieren, wenn wir das TUN als Gewohnheit in unserem Leben installiert haben.

Ein weiteres Beispiel gefällig? Wenn wir über das Erlernen einer Sprache nachdenken, ist die Muttersprache das perfekte Beispiel. Diese Sprache haben wir nachhaltig erlernt.

J. Kohberg (✉)
kosys Group, Cortendorfer Str. 37, 96450 Coburg, Deutschland
e-mail: info@kosys.de

Wir sind in der Lage, diese Sprache im Alltag, in jeder Situation und sogar im Schlaf einzusetzen, ohne dass wir bewusst Energie aufwenden müssen. Tatsächlich verschlägt es uns in unserer Muttersprache nur selten die Sprache. Warum? Weil unbewusst verankert. Und da sind wir schon mitten im Thema. Wir sind genau da gelandet, wo wir uns quälen, wo es mühsam wird und meist keine Ergebnisse zu erkennen sind. Haben Sie während Ihrer Schulzeit auch Englisch-, Russisch- oder Französisch-Unterricht genossen? Können Sie noch erinnern, wie nachhaltig dieser Unterricht war? Ich frage einmal anders herum – wie fließend beherrschen Sie die Sprache, für die Sie zwischen fünf und zehn Jahren Ihres Lebens aufgewendet haben?

Erschreckend ist – die meisten Schüler werden die „erlernten Sprachen" niemals fließend einsetzen können. Und wenn einer dieser Schüler dann irgendwann fließend in einer dieser Sprachen spricht, liegt es nicht am Schulunterricht, sondern ganz einfach daran, dass dieser Schüler für mehrere Monate in dem betreffenden Land lebt.

Und ganz ehrlich – wenn ein Unternehmen ähnliche Ergebnisse erzielen würde wie unsere Bildungssysteme, würde niemand mehr etwas mit so einem Unternehmen zu tun haben wollen. Keiner würde diese Produkte kaufen, ein solches Unternehmen würde innerhalb kürzester Zeit Pleite gehen oder müsste massiv umstrukturiert werden. Und das aus gutem Grund.

Schauen wir in diesem Zusammenhang ein weiteres Wort an – Prävention. Beliebt und seit dem Aufkommen der Burnout-Geschädigten in aller Munde. Doch was genau ist denn nun Prävention? Als Lernstratege führe ich hier die Definition der Pädagogik ins Feld. Auf Wikipedia ist folgendes nachzulesen: „Prävention bezeichnet methodische, vorbeugende Maßnahmen und Frühförderungen ... ein Programm aus gebündelten Teilaufgaben ... Maßnahmen, welche Störungen der Leistungsentwicklung verhindern oder mindern sollen ..." (Wikipedia 2015).

Beim Lernen ist das einfach nachvollziehbar. Wenn ich einen Schüler zehn Jahre durch ein System quäle, ohne dass ein passendes Ergebnis erreicht wird, schreit das nach Veränderung – genannt Prävention. Wenn das bei 97 % aller Schüler auftritt, müsste das gesamte System präventiv verändert werden. Denn die Störung der Leistungsentwicklung wird heute glaubhaft dem einzelnen über den Tisch gedrückt. Seit Jahren wird mir von tausenden unserer Kunden glaubhaft versichert, sie seien einfach nicht talentiert, eine neue Sprache zu lernen. Wirklich faszinierend – niemand kommt auf die Idee, das System zu hinterfragen.

Schauen wir noch einmal in den Bereich Verhaltensmuster und nennen wir das ganze Thema an dieser Stelle einfach einmal Gesundheit. Auch hier ist der Nutzen Prävention eine Maßnahme, welche Störungen *verhindern* oder mindern soll. Idealerweise *verhindern*, so zumindest der Wunsch bei vielen von uns. Wer will schon freiwillig in den Krankenstand? Wer will schon freiwillig Schmerzen oder Einschränkungen erleiden? Wer will schon freiwillig von der Leistungsspitze zurückfallen?

Und doch erleben das erschreckend viele Menschen. Eine Studie der Techniker Krankenkasse hat die aktuellen Zustände vor kurzem mit Zahlen unterlegt (2013). Acht von zehn Deutschen empfinden ihr Leben als stressig, jeder Dritte steht unter Dauerdruck.

Bereits jeder Fünfte leidet unter gesundheitlichen Stressfolgen – von Schlafstörungen bis zum Herzinfarkt, wie die Studie der TK ergab. Fast identische Zahlen werden in Österreich, Schweiz und anderen europäischen Ländern präsentiert.

Hier reden wir also nicht mehr von Prävention. Denn Prävention würde ja bedeuten, vorbeugend aktiv zu werden. Das Problem hierbei – wir Menschen sind Meister im Ignorieren von aktuellen Zuständen. Wir wissen, dass wir mit unserem Job völlig daneben liegen. Und Monat für Monat reden wir uns ein, dass wir ja das Geld benötigen. Wir wissen, dass wir 20 Kilo abnehmen müssen. Und jeden Abend verschieben wir den Vorsatz auf den nächsten Tag, nächste Woche, nächsten Monat, nächsten Sommer.

Und genau da fängt es an, interessant zu werden. Wer zur wirklichen Leistungsspitze gehört, hat irgendwann seine Ignoranz beendet. Ich möchte das mal vorsichtig ausdrücken – er hat die Verantwortung für die Person übernommen, die ihm wirklich nahe steht – für sich selbst. Und das hat natürlich etwas mit lernen zu tun, es hat aber auch sehr viel mit der mentalen Haltung eines Menschen zu tun. Was denken wir über uns, über das was wir tun? Was denken wir über das, was wir lernen möchten?

An dieser Stelle ein einfaches Beispiel – wieder aus dem Bereich des Sprachenlernens. Was würde es wirklich, wirklich, wirklich bedeuten, wenn wir zwei oder drei weitere Sprachen fließend sprechen könnten? Was ist das große Bild dahinter? Was „treibt" uns an zu lernen? Wenn die Motivation – stimmt, werden wir „dranbleiben", wenn nicht, schläft die ganze Aktion innerhalb weniger Wochen oder Tage wieder ein. So einfach ist das.

Jetzt mögen Sie einwerfen – ich war schon oft motiviert und trotzdem hat es nicht geklappt. Ja, das ist natürlich vollkommen richtig. Wenn Sie motiviert sind, Formel 1 Weltmeister zu werden, ist das ja das eine. Doch wenn Ihnen als technische Basis nur ein 20 Jahre alter VW Käfer zur Verfügung steht, wird die Motivation sterben. Auch das ist klar. Und damit landen wir beim Thema Strategie. Wenn Sie eine Strategie anwenden, die nicht zur Motivation führt, ist das ein Grund zum Scheitern. Sie können noch so motiviert sein, mit dem klassischen Weg der Erwachsenenbildung werden Sie Monate, meist sogar Jahre brauchen, um eine Sprache im Ansatz zu verstehen. Von Sprechen ist da noch gar nicht die Rede. Lassen Sie es mich so ausdrücken – wenn Sie einen kleinen Hebel am falschen Ende ansetzen, ist das frustrierend. Wenn Sie einen großen Hebel am richtigen Ende ansetzen, ist das Ergebnis „umwerfend" und zwar im wahrsten Sinne des Wortes. Wenn Sie im Burnout stecken, können Sie mit dem richtigen Hebel in kurzer Zeit neue Strukturen anlegen, die Herausforderung also an der Wurzel lösen. Wenn Sie eine Sprache lernen möchten, sind Sie mit dem richtigen Hebel in der Lage, innerhalb von acht Wochen eine solide Basis in dieser Sprache zu erreichen. Lernlust statt Lernfrust. Alles sehr einfach – und zwar deswegen, weil der Hebel der richtige ist. Und dieser Hebel heißt unbewusste Kompetenz. Sobald Sie etwas aus Gewohnheit, ganz automatisch tun, kostet es sie nur wenig Energie. Sie sind schnell, sie tun es automatisch – um es mit einfachen Worten auszudrücken: „Wenn es läuft, dann läuft's".

Und ja, ich bin ehrlich zu Ihnen. Eine unbewusste Kompetenz aufzubauen, ist natürlich auch mit einem gewissen Aufwand verbunden. Doch die klassischen Aktivitäten – ob Sie nun ein neues Verhaltensmuster, eine neue Sprache oder Schillers Glocke lernen möchten – sind natürlich auch mit Aufwand verbunden. Doch diese klassischen Ansätze führen eben *nicht* zu einer unbewussten Kompetenz, damit zu keiner Umsetzung und sind somit im schlechtesten Fall nicht eine Minute Ihrer Zeit wert. Das – doch sehr offene – Geheimnis des Lernens lautet: „Nicht nur wissen, sondern gewusst wie!". Um Gelerntes in die Umsetzung zu bringen, bauen Sie Ihre unbewusste Kompetenz auf. Der Schlüssel zu Erfolg, zu Freude und Glück. Der Schlüssel zu Gesundheit, Liebe und – zu sich selbst!

20.1 Über den Autor

Josua Kohberg –Europas führender Lernstratege – ist mit seinem Unternehmen kosys seit 1997 Weltmarktführer im Bereich „Hören über die Haut®". Seine Lernsysteme werden von tausenden, begeisterten Kunden für die unbewusste Aufnahme von Lern- und Trainingsinhalten eingesetzt. Das Erlernen einer Sprache in nur acht Wochen ist genauso möglich wie ein tiefgreifendes und nachhaltiges Coaching im Profi- und Amateursport, unterstützende therapeutische Maßnahmen und vieles mehr. Jeder Bereich unseres Lebens kann – mit der passenden Entscheidung und einer unbewusst integrierten Motivation – nachhaltig an unsere Wünsche angepasst werden.

Josua Kohberg ist aufgrund seiner Passion auch als motivierender Redner bei Mitarbeiter- und Kundenveranstaltungen, Kick-Offs, Kongressen, Events oder Tagungen sehr begehrt. Er zeigt in seinen Vorträgen einfach und direkt, wie Wissen, Verhaltensmuster und Zielorientierung gelernt und sofort praktisch umgesetzt werden.

Niveauvolles Edutainment, tiefgreifende Erkenntnisse und sehr viel Spaß erwarten Sie in seinen Vorträgen. Denn hier trifft Neurowissenschaft auf Humor. Seine mitreißenden Auftritte begeistern genauso wie seine vielfältigen, direkten und sofort umsetzbaren Impulse.

Er ist zutiefst davon überzeugt, dass Menschen sich nur dann verändern, wenn sie sich auch verändern *wollen*. Und Unternehmen werden immer dann besser, wenn deren Mitarbeiter besser werden. Genau deshalb steht der *Mensch* immer im Mittelpunkt der Forschungen von Josua Kohberg.

Er macht sich stark für mehr Glück, mehr Erfolg, mehr Reichtum und Gesundheit im Leben seiner Kunden und Zuhörer.

Weitere Informationen zur Person Josua Kohberg finden Sie unter www.josuakohberg.com. Alle Infos zu seinem Unternehmen gibt es auf www.kosys.de.

Literatur

Techniker Krankenkasse (Hrsg.). (2013). *Bleib locker, Deutschland!* http://www.tk.de/tk/themen/kampagne-stress/studienband-und-ergebnisse/609538. Zugegriffen am 24.08.2015.

Wikipedia (Hrsg.). (2015). *Prävention.* https://de.wikipedia.org/wiki/Prävention. Zugegriffen am 24.08.2015.

Ab heute jedes Jahr gesünder

21

Michael von Kunhardt

Können Sie sich vorstellen, ab heute jedes Jahr gesünder zu werden? Haben Sie sich mit diesem Gedanken schon einmal aktiv auseinandergesetzt? Wie wäre es, wenn es tatsächlich möglich wäre, älter und gleichzeitig gesünder zu werden?

Aus der herkömmlichen Sicht klingt dieser Gedanke zunächst paradox. Und genau das macht es so spannend. Es ist an der Zeit, das Heft des Handelns in die Hand zu nehmen – und zwar immer! Die Zeit dafür ist nahezu immer richtig, jeden Tag, egal auf welchem gesundheitlichen Niveau wir uns befinden und wie alt wir sind. Zu Ende gedacht heißt es, dass wir dann schließlich sogar gesund sterben. Warum eigentlich nicht? Wir sterben dann also nicht, weil wir krank sind, sondern, weil die Zeit einfach abgelaufen ist und Platz für andere gemacht wird.

Wir kommen gesund auf die Welt und verabschieden uns gesund – ein herrlicher Kreisschluss, oder?

Apropos „gesund". Ab wann sind wir gesund, ab wann sind wir krank? Es gibt zu dieser Überlegung eine Vielzahl an Definitionen – medizinische, philosophische, sozialwissenschaftliche und entwicklungspsychologische Einschätzungen, um nur einige zu nennen. Und wer entscheidet, welche Definition die richtige ist? Niemand! Um eine Orientierung für diese Zeilen zu geben, nehmen wir hier einfach mal die Definition der Weltgesundheitsorganisation zur Hilfe. „Gesundheit ist ein Zustand des vollständigen körperlichen, geistigen und sozialen Wohlergehens und nicht nur das Fehlen von Krankheit oder Gebrechen." Da frage ich mich sofort, ab wann weiß ich, dass ich mich in diesem Optimum befinde? Und hier kommt die subjektiv-relative Betrachtung ins Spiel. In Bezug auf die Definition der WHO bin ich subjektiv gesehen heute leider doch nicht gesund. Ich habe mir nämlich gestern einen kleinen Kratzer in der Haut zugezogen.

M. von Kunhardt (✉)
Schloßstr. 4, 65594 Dehrn, Deutschland
e-mail: michael@vonkunhardt.de

Es gibt wahrscheinlich kein Optimum, es gibt nur einen Näherungswert, in der Mathematik „Limes" genannt, hinsichtlich eines idealen Gesundheitszustandes.

Meine Empfehlung an dieser Stelle:

Entschließen Sie sich bewusst, ab heute jedes Jahr gesünder zu werden.

Ich habe genau das vor 15 Jahren, als ich 35 wurde, getan und werde seitdem jedes Jahr gesünder. Das heißt nicht, dass ich damals schwerwiegend krank war, überhaupt nicht sogar – ich werde einfach nur für mich spürbar gesünder – der eben erwähnte kleine Kratzer ist dabei mit eingepreist.

In dem Buch *Chefsache Prävention I* beschreibe ich in dem Kapitel „Wartungsvertrag für mich selbst" eine verantwortliche Haltung, die uns darin unterstützt und stärkt, gesünder durch das Leben zu schreiten. Ich bin absolut überzeugt und habe es selbst festgestellt, dass wir durch einen unbedingten Entschluss den Hebel von einer zumeist fatalistischen Opferhaltung hin zu einer starken, selbststeuernden Handlungsposition umlegen können. Das gilt für die allermeisten von uns. Wenn wir nicht Extremsituationen wie unverschuldeten Unfällen oder Gen-Defekten ausgesetzt sind, haben wir eine enorme Macht, sicherlich die meiste Zeit unseres Lebens, im Wesentlichen und unter Berücksichtigung der vorstehenden Definitionsdiskussion im weiteren Sinne „gesund" zu leben.

Letztlich geht es doch um den Anspruch, den wir selbst an uns haben. Und den definieren wir natürlich auch selbst. Wenn Sie älteren Menschen die Frage stellen was das Wichtigste im Leben ist, dann erhalten Sie sehr oft die Antwort: „Gesundheit".

Weil wir jedoch nicht in einem Gesundheits-, sondern in einem Krankheitssystem leben, in dem 98–99 % des Budgets in die Behandlung von Krankheiten und nur 1–2 % in die Prävention, also Gesunderhaltung fließen, haben die meisten Menschen in unserer Bevölkerung aufgrund eben dieser gesellschaftlichen Prägung hinsichtlich der Gesundheit eher eine reaktive Haltung. Wir leben im Wesentlichen so wie immer und dann sind wir natürlich immer wieder auch mal krank, weil wir aus dem Lot geraten. Aus dem Lot geraten wir meistens durch persönliches Fehlverhalten, wenn wir ungünstige Entscheidungen treffen. In Bezug auf die Gesundheit bedeutet dies wiederum, dass unser persönlicher Lebensmix irgendwie nicht passt. Man könnte auch sagen, dass wir uns schlecht managen, weil wir uns entgegen der natürlich vorgesehenen Verhaltensweisen zu wenig bewegen, zu wenig um unsere körperliche und geistige Elastizität kümmern, schlecht ernähren, uns vorsätzlich und somit zumindest grob fahrlässig durch eigene Entscheidung aktiv Schadstoffe z. B. durch Rauchen und Alkohol einverleiben, uns zu wenig um Stressprophylaxe bzw. Stressabbau kümmern, viel zu wenig lachen, zu wenig spielen und so weiter.

Da in unserer Gesellschaft jedoch hinsichtlich unserer Gesundheit die Verantwortung für ein „Im-Lot-Sein" systemmotiviert tendenziell an andere abgegeben wird, bekommen wir immer wieder die Quittung, bedienen durch geistige und körperliche Bequemlich- und Fahrlässigkeit dieses kurative System und sorgen durch unser schlechtes persönliches

Gesundheitsmanagement dafür, dass der große Flickapparat weiterhin viel Geld verdient und natürlich die Krankenkassenbeiträge weiter steigen werden. Dabei haben wir so viele Möglichkeiten, wirklich gesund zu leben. Die meisten Tiere bekommen das, ohne jemals eine Bildungseinrichtung besucht zu haben, auf natürliche Weise und instinktiv einfach so hin – es sei denn sie kommen in Kontakt mit dem Menschen. Dann ändert es sich, nicht immer aber oft, aufgrund von Überfütterung und anderem Unfug. Aber das ist noch ein weiteres Thema.

Blicken wir abschließend nochmals zur Verantwortung unserer eigenen Gesundheit. Der stärkste gesundheitliche Regulator, den wir zur Verfügung haben, ist die Bewegung. In diesem Zusammenhang formulierte Prof. Richard Rost vom Institut für Herzkreislaufforschung in Köln schon im letzten Jahrtausend diese Aussage: „Es stellt sich die Frage warum wir der Krankheit mehr Aufmerksamkeit schenken als der Gesundheit. Wer sich nicht bewegt ist schon ein bisschen tot".

Ab heute jedes Jahr gesünder – unser Leben selbst ist es wert, immer wieder dahin zu streben, dieses mit einem positiven Anspruch aktiv, verantwortungsvoll und wertschätzend zu leben.

21.1 Über den Autor

Michael von Kunhardt ist ein hochqualifizierter, gefragter Redner und Trainer für Business, Profisport und Prävention. Er verbindet und lebt seit Jahrzehnten Business, Sport und Gesundheit auf einzigartige Art und Weise. Der Bank- und Diplom-Kaufmann (Goethe-Universität Frankfurt) wurde 1984 als 19-jähriger Bundesligaspieler mit seinem Team zum ersten Mal Deutscher Meister im Hockey und erzielte das Siegtor im Finale. Nach 15 Jahren Bundesliga und acht Operationen entschied er bewusst, die Verantwortung für seine Gesundheit selbst zu übernehmen.

Neben Betriebswirtschaft studierte er noch Soziologie und Sport. Ausbildungen zum A-Lizenz-Trainer des Deutschen Olympischen Sportbundes, Sportmentaltrainer, NLP und Gesundheitstrainer folgten. Er veranstaltete exklusive Aktivierungs-Incentives, über die z. B. Focus, Handelsblatt, Wirtschaftswoche und das ZDF berichteten. Seit 2003 ist er Dozent an der Fachschule für Wirtschaft in Weilburg. 2012 wurde er mit der Deutschen

Ü-45-Hockey-Nationalmannschaft Vizeweltmeister. Von Kunhardt gewann als Mentaltrainer mit dem deutschen Juniorinnen-Hockeynationalteam bei der Europameisterschaft in Belgien 2014 die Silbermedaille.

In seinen begeisternden Vorträgen und Seminaren vermittelt von Kunhardt leidenschaftlich, wie er es geschafft hat, mit zunehmendem Alter jedes Jahr gesünder zu werden, und was das Business vom Spitzensport lernen kann. Im Jahr 2014 wird er eine Dozententätigkeit beim Deutschen Berufsverband der Präventologen übernehmen.

Seit 2015 gibt es die „von-Kunhardt-Akademie" im historischen Wirtschaftsgebäude von Schloss Dehrn bei Limburg. Neben von Kunhardts eigenen Seminaren und Vorträgen gehören auch Gastreferenten zum spannenden und sehr modernen Programm der Akademie mit abwechslungsreichen Vorträgen aus Business, Sport und Prävention.

Weitere Infos unter http://www.vonkunhardt.de.

Dankbarkeit bringt Glücksgefühle für alle

Bärbel Langer

Als Präventologin stelle ich mir oft die Frage, wie es manchen Menschen gelingt 100 Jahre alt oder gar älter zu werden. Was genau ermöglicht ein so hohes Alter? Die Gene? Gewiss scheinen die vererbten Gene zum Teil eine Rolle zu spielen. Im Vergleich zu früheren Annahmen, in welchen Gene darüber entscheiden wie alt wir werden und welche Erkrankungen wir erleiden, scheinen die Gene heute eine weitaus geringere Rolle zu spielen. Heute schaut man sich die Lebensgestaltung und die Umwelteinflüsse, die auf uns wirken, aber auch die Lebenseinstellung der Menschen an, um Antworten zu finden, welche Faktoren unser Leben verlängern bzw. beeinträchtigen.

Menschen, die heute 100 Jahre und älter werden, erzählen Geschichten, die von schwierigen Lebensumständen wie Krieg, Verlust der Heimat und Angehörigen, Hunger und Krisen sowie Krankheiten handeln. Diese Menschen waren meist schwierigen und lebensbedrohenden Situationen ausgesetzt und waren unendlich dankbar dafür, wenn sie diese überlebt hatten. Und diese Dankbarkeit begleitete sie ein Leben lang. Sie sind sich stets dessen bewusst, dass ihr Leben hätte auch anders verlaufen können. Auf den ersten Blick scheinen diese Menschen diese Dankbarkeit mit jeder einzelnen Geste zum Ausdruck zu bringen. Dankbarkeit – egal ob gegeben oder empfangen – lässt Glücksgefühle ins uns wachsen. Glücksgefühle, die uns dabei unterstützen gesund alt zu werden? Wissenschaft hin oder her – meine Einschätzung ist ein sehr deutliches Ja.

Und wie steht um die Dankbarkeit der heutigen Generationen? Wem oder was drücken wir unsere Dankbarkeit aus? Heute ist unser Leben sicherer geworden, Ängste um Leben und Existenz sind eher die Ausnahme und für uns scheint es selbstverständlich, dass es uns gut geht. Auch wenn wir diesen früheren widrigen Lebensumständen nicht

B. Langer (✉)
67105 Schifferstadt, Deutschland
e-mail: mail@baerbel-langer.de

mehr ausgesetzt sind, bieten sich dennoch unzählige Möglichkeiten Dankbarkeit auszusprechen. Eigentlich ist es so einfach, dennoch tun wir es selten. Warum ist das eigentlich so? Haben wir es verlernt dankbar zu sein? Muss uns erst Schlimmes widerfahren, dass wir das Danken schätzen lernen? Fällt zu vieles heute automatisch in die Rubrik der Selbstverständlichkeit? Ist es selbstverständlich, dass wir unseren Job machen und unseren Verpflichtungen nachkommen? Warum also dafür loben oder danken, wenn es doch erwartet wird, dass wir das alles tun. Ist unsere Aufmerksamkeit für ein Dankeschön nur noch auf die Dinge gerichtet, die außerhalb des normalen Rahmens liegen? Auf Dinge, die außerordentlich, verrückt oder heldenhaft sind?

Wann haben Sie das letzte Mal Dankbarkeit von ganzem Herzen zum Ausdruck gebracht?

Wir alle haben sicherlich schon mal erlebt, wie es sich anfühlt, Dankbarkeit auszusprechen und ein Lächeln in das Gesicht eines Mitmenschen zu zaubern. Ein Glücksgefühl, begleitet von einer Zufriedenheit und der Bestätigung etwas Gutes getan zu haben. Hinter Dankbarkeit verbirgt sich weitaus mehr, als das Wort an sich zunächst zum Ausdruck bringt, nämlich zu danken. Dankbarkeit heißt auch „Wertschätzung" unserer Mitmenschen und damit einhergehend die bewusste „Wahrnehmung" und „Anerkennung" unserer Mitmenschen sowie deren Tun und Handeln. Mit der „Offenheit" zeigen wir beim Danken unserem sozialen Umfeld, wie wir denken und fühlen, auch geben wir ein Stück von unserer Person preis. Dankbarkeit bringt unser „prosoziales Verhalten" in allen Lebensbereichen mehr zum Ausdruck und wir sind zugleich noch Vorbild für unsere Mitmenschen, welche die Dankbarkeit eher nachlässig handhaben oder nicht kennengelernt haben. Die „Bedeutsamkeit" hebt Dinge hervor, die uns im Leben wichtig sind und die „Achtsamkeit" lässt uns genauer hinschauen und uns stärker auf Dankenswertes achten.

Kleine Dinge bekommen wieder mehr Bedeutung in unserem Leben. Und Dankbarkeit kann in allen Lebensbereichen angewendet werden, für Personen, Tiere, Gesundheit, Natur, Glück, Chancen etc. Dankbarkeit hilft uns beim „Entspannen" und reduziert physische Beschwerden und sorgt für eine „Lebenszufriedenheit" und Ausgeglichenheit. Wir lenken unsere Gedanken auf Dinge, die wichtig sind und die wir schätzen. Dankbarkeit erhöht unseren „Optimismus", denn mehr und mehr fokussieren wir unsere Gedanken auf das Positive. Wir erfahren mehr über uns selbst und wie wir uns und unsere Umwelt wahrnehmen und vielleicht werden wir eine neue Seite an uns kennenlernen. Dankbarkeit bietet uns die Möglichkeit für „immaterielle Geschenke" verpackt mit persönlichen Worten des Dankenden. Die Emotionen, die wir beim Empfangen eines Dankeschöns erleben, an andere weiterzugeben oder mit anderen zu teilen, kann zu unserem Lebensmotto werden – „ein Dankeschön empfangen – ein Dankeschön geben".

In unserer schnelllebigen Zeit laufen wir Gefahr, die Dankbarkeit ganz aus unserem Fokus zu verlieren. Doch wie können wir dafür Sorge tragen, dass dies nicht geschieht?

22 Dankbarkeit bringt Glücksgefühle für alle

Am Abend, wenn wir gewöhnlich den Tag Revue passieren lassen, ist ein geeigneter Zeitpunkt sich der Dankbarkeit zu widmen und sich bewusst zu machen, für was wir uns bedanken möchten. Welche drei Ereignisse vom heutigen Tag finde ich besonders dankenswert? Wer hat meinen Tag heute bereichert und mich glücklich gemacht? Wem möchte ich meine Dankbarkeit zum Ausdruck bringen?

Gelegenheiten, um ein „ch danke dir" zu sagen, gibt es unzählige:

- Ich danke dir, lieber Kollege, dass du mir in einer kniffligen Situation aus der Patsche geholfen hast.
- Ich danke dir, meine liebe Assistentin, dass du mir den Rücken frei hältst und wenn es noch so turbulent zugeht.
- Ich danke euch, liebes Team, für eure Loyalität.
- Wir danken dir, lieber Chef, dass du immer zu 100 % hinter uns stehst, egal was auch passiert.
- Ich bin dankbar für meine robuste Gesundheit.
- Ich bin dankbar dafür, dass ich nach einer Krankheit wieder genesen bin.
- Ich danke dir, lieber Freund, dass du mir in einer schwierigen Lebenssituation zur Seite gestanden hast.
- Ich danke für das Glück und die Chancen, welche mir im Leben immer wieder begegnen.
- Ich danke für die Unterstützung und die Geduld meiner Eltern.
- Ich danke der Kassiererin beim Einkauf, die mich mit ihrem Lächeln den miesen Tag auf der Arbeit vergessen ließ und mir ein Lächeln ins Gesicht zauberte.
- ich danke für …

… diese Liste ließe sich unendlich fortsetzen und ich bin überzeugt, dass Sie, liebe Leser, die für Sie passende Gelegenheit finden werden, ein Dankeschön auszusprechen.

Man liest immer mal wieder von Studien, die sich dem Thema Dankbarkeit widmen und die Emotionen und die damit verbundenen Auswirkungen auf unsere Verhaltensweisen untersuchen. Jeder empfindet anders, wenn wir ein „Dankeschön" aussprechen oder empfangen. Daher sind Emotionen nur schwer objektiv messbar und für Studien eine komplexe und schwer zu bewertende Größe.

Eigentlich bräuchten wir auch keine Studie, die uns die positiven Effekte eines Dankeschöns im Detail erläutern, denn wir können es doch ganz einfach selbst ausprobieren und herausfinden, welche Emotionen und Glücksgefühle wir erleben – bei unseren Mitmenschen und bei uns selbst – wenn wir Dankbarkeit zum Ausdruck bringen.

Also, worauf warten wir noch?

Wen haben Sie heute mit einem Dankeschön beglückt?

… und wer es bereits herausgefunden hat, der zählt schon zu den Glücklichen.

22.1 Über die Autorin

Bärbel Langer ist Präventologin und Bewegungscoach. Sie begleitet Menschen auf dem Weg in ein gesundheitsbewussteres Leben. Viele Jahre als Betriebswirtin in einem global agierenden Maschinenbauunternehmen angestellt und in den Bereichen Produktmanagement, Einkauf und Unternehmensentwicklung tätig. Ihr zunehmendes Interesse an Gesundheit, Ernährung und Bewegung steuerte sie sachte aber stetig in ihre Berufung. Den Menschen ihre Ressourcen bewusst zu machen und Wege aufzuzeigen, wie sie heute in eine gesunde Zukunft investieren können, ist ihr ein großes Anliegen.

Die Ernährung und die Lebensgestaltung spielen dabei eine bedeutende Rolle: „Es sind oft die kleinen Veränderungen, die Großes bewirken können." Als Bewegungscoach überzeugt sie Menschen, sich von ihren ungesunden Alltagsgewohnheiten zu verabschieden und wieder mehr Bewegung ins Leben zu bringen. Die „Dankbarkeit" ist in ihren Fokus gerückt, als sie sich mit älteren Menschen, die 100 Jahre und älter geworden sind, und ihren Lebensgeschichten befasst hat.

Veränderungsexzellenz – Der Schlüssel zum Erfolg von morgen

23

Dieter Lederer

23.1 Die Zeiten sind turbulent und veränderungsreich

Wir leben in turbulenten Zeiten. Das Schlagwort „Digitalisierung" ist in aller Munde und hat „Globalisierung" abgelöst. Dramatische Änderungen für Unternehmen, einhergehend mit einem tiefgreifenden Wandel der Kultur werden prophezeit. Dazu kommen immer kürzer werdende Innovationszyklen, hoch aggressiver Wettbewerb in globalen Märkten und das Verschwinden ehemals etablierter Premium-Marken und -Unternehmen, die den sich rapide ändernden Märkten und Kundenanforderungen nicht folgen konnten oder wollten. Kodak, Nokia und Grundig sind prominente Beispiele. Auch Schlecker und Quelle sind hier einzureihen. Doch das ist nur die Spitze des Eisbergs.

Führungskräfte benennen das „Managen von Veränderungen" als ihre größte Herausforderung, weit vor dem zweitplatzierten „Umgang mit steigender Komplexität" (Eilers et al. 2014). Vor diesem Hintergrund muss die seit Jahren konstant niedrige Erfolgsquote von Veränderungsprogrammen nicht verwundern: Nur 20 % erreichen ihre Ziele wie geplant, ein Drittel scheitert ganz (Frigge et al. 2007). Bedenkt man, dass das einzelne Programm leicht Kosten in Höhe von bis zu mehreren Millionen Euro verursachen kann, bei sehr großen Vorhaben und vielen betroffenen Mitarbeitern auch deutlich mehr, wird schnell klar, dass alleine ob der Programme selbst enorme Risiken bestehen. Gesamtwirtschaftlich gesehen geht es dabei um Milliardenbeträge, und zwar jährlich.

Das ist jedoch nur ein Aspekt. Viel schwerer wiegt das Verspielen von Wettbewerbsfähigkeit und Zukunftsperspektiven aufgrund nicht oder zu langsam erfolgender Veränderung. So war Nokia noch Ende 2010 davon überzeugt, den Smartphone-Markt mit einem eigenen Ökosystem zurück gewinnen zu können, gleichwohl der Marktanteil

D. Lederer (✉)
Johannsstr. 6, 71636 Ludwigsburg, Deutschland
e-mail: info@dieterlederer.com

des eigenen Betriebssystems bei Neuverkäufen schon um ein gutes Drittel gesunken war. Das hätte der späteste Zeitpunkt sein müssen, um alle Weichen konsequent auf Change zu stellen, schon gleich wenn man bedenkt, dass Apples erstes iPhone bereits Anfang 2007 auf den Markt kam. Dass das nicht erfolgt ist, wissen Sie. Doch warum? Was hält Unternehmen davon ab, sich zu verändern? Was lässt sie in alten Gewohnheiten, Starre und Durchhalte-Parolen verharren wie das sprichwörtliche Kaninchen vor der Schlange?

Eines ist klar: Veränderungsfähigkeiten werden heute mehr denn je gebraucht. Das wissen und spüren sowohl Führungskräfte als auch Mitarbeiter. Zögern und Abwarten bei dringend erforderlichen unternehmerischen Entscheidungen frustrieren und demotivieren. Chaotische und erfolglose Veränderungsprogramme, wie sie häufig an der Tagesordnung sind, ebenfalls. Da kommt schnell die Frage hoch, ob man beim richtigen Unternehmen ist. Im Umkehrschluss bedeutet das, dass Unternehmen mit Veränderungsexzellenz bei ihren Führungskräften und Mitarbeitern punkten können. Vertrauen und Zufriedenheit sind die Folge, genauso wie Leistungsbereitschaft und Produktivität. Damit kommen wir zur zentralen Frage: Wie entsteht Veränderungsexzellenz? Lassen Sie uns der Antwort nähern, indem wir zunächst auf das schauen, was Veränderungsexzellenz verhindert.

23.2 Unternehmenskultur verhindert Veränderungsexzellenz

Kultur ist was Feines. Denken Sie an Esskultur, Wohnkultur, Sprachkultur, usw. Dahinter stecken ein Selbstverständnis, zugehörige Werte und erlernte Fähigkeiten, die so tief verankert sind, dass wir uns jederzeit darauf verlassen können. Genauso ist es mit der Unternehmenskultur. Wenn Sie Aussagen der Art „Bei uns geht das so ..." oder die Adverbien „immer", „nie", etc. hören, dann können Sie davon ausgehen, dass von Verfahrens- und Verhaltensweisen die Rede ist, die Unternehmenskultur sind. „Bei uns werden Geräte immer einem Endtest unterzogen, bevor Sie das Haus verlassen" – das ist so, wird nicht in Frage gestellt und selbst unter Stress und Zeitnot eingehalten. Genau das ist der Vorteil der Kultur. Sie funktioniert auch „im Schlaf". Und das ist gleichzeitig auch ihr Nachteil.

Schauen wir uns Unternehmenskulturen nämlich in Bezug auf Veränderungsbereitschaft und Veränderungsfähigkeiten an, finden wir häufig Kontraproduktives: Führungskräfte, die über viele Jahre in derselben Position verharren, Mitarbeiter, die es sich allzu bequem eingerichtet haben, Entscheidungsrunden, die Debattierclubs ähneln, Blaming und Rechtfertigung – die Liste ließe sich noch lange fortsetzen. All das sind Kultur-Elemente, die schon „normale" Arbeitsabläufe erheblich behindern, erst Recht jedoch Veränderungsprozesse. In der Praxis sind fünf wesentliche Muster zu beobachten, die Veränderungen massiv erschweren:

23.2.1 Zum Hindernis gewordene Innovationen

Tolle und erfolgreiche Produkte, die mit aller Kraft geschützt werden, auch wenn sie ihren Zenit schon hinter sich haben. Dabei ist das Neue der Feind des Guten und muss daher bekämpft werden.

23.2.2 Narzisstische Fehleinschätzungen

Nehmen Sie die oben dargestellte Markteinschätzung von Nokia als Beispiel. Getroffen und kommuniziert vom Top-Management, hat sie zwei verheerende Merkmale: Sie trifft nicht zu und sie verhindert Widerspruch, folglich auch Veränderung.

23.2.3 Vermiedene Entscheidungen

Gerade Innovationen und damit einhergehende Veränderungen brauchen schnelle und klare Entscheidungen. An der Tagesordnung sind jedoch nervenaufreibende und langwierige Prozesse, die zu Stillstand und Verwässern führen. Die Treiber dafür sind meist Risikoaversion und Angst.

23.2.4 Zugelassenes Aussitzen

„Aha, es wird mal wieder eine neue ‚Sau' (= Veränderung) durchs Dorf getrieben. Da schauen wir zu bis die nächste kommt." Das ist ein gängiges Prinzip in Unternehmen, wiederum mit zwei verheerenden Merkmalen: Es gibt zu viele „Säue", d. h. die Fokussierung auf die wirklich wichtigen Veränderungen fehlt, und das Aussitzen wird zugelassen, d. h. der Wille und die Führung zur Veränderung fehlen.

23.2.5 Gelerntes Scheitern

Organisationen lernen und sie haben ein sehr gutes kollektives Gedächtnis. Wenn also immer wieder Veränderungen scheitern, und dafür gibt es mannigfaltige Beispiele in der Wirtschaft, dann werden die zugehörigen Mechanismen gelernt und Veränderungsfähigkeiten verlernt

Diese Muster sind eingeübt und „sitzen", sie sind Kultur. Das Fatale daran ist, dass damit die eigene Unternehmenskultur die Entstehung von Veränderungsexzellenz verhindert. Es ist also höchste Zeit, diesen Mustern den Kampf anzusagen. Daneben spielen die individuellen Erfahrungen und daraus folgendes Verhalten der einzelnen Führungskräfte und Mitarbeiter eine wesentliche Rolle. Darum geht es im nächsten Abschnitt.

23.3 Lebenserfahrungen verhindern Veränderungsexzellenz

Wenden wir uns nun den einzelnen Menschen in Unternehmen zu, jenseits der Unternehmenskultur. Klar ist, dass Veränderungen nur dann erfolgreich sind, wenn Mitarbeiter anfangen, ihre alten Gewohnheiten zu Gunsten neuer und zunächst ungewohnter Arbeitsweisen aufzugeben. Das erfordert Neugierde und Vertrauen, Sicherheit und Angstfreiheit sowie eine günstige Kosten-Nutzen-Relation. Unser Gehirn fragt nämlich danach, was es dafür bekommt, dass es eine Veränderung vornimmt. Das wissen wir aus der Hirnforschung (Hüther 2001). Ohne vernünftigen und nachvollziehbaren Nutzen erfolgt keine Veränderung. So einfach ist das – und sehr gut beobachtbar bei Zielen, die sich Menschen immer wieder vornehmen und doch nicht erreichen.

23.3.1 Ohne Nutzen keine Veränderung

Denken Sie an Sport machen, Abnehmen, Aufhören mit Rauchen, Aufgaben priorisieren und konsequent abarbeiten, usw. „Rauchen ist ungesund" bejaht unser Gehirn zwar rational, findet aber sofort Ausreden für die nächste Zigarette, die unbedingt gebraucht werde, um im aktuellen Stress einen emotionalen Ausgleich zu haben. Danach sei ja endlich Raum fürs Aufhören. Ein Schelm, wer Böses dabei denkt. Wirklich motivierend könnte hingegen die Vorstellung wirken, für die eigene Familie bis ins hohe Alter gesund da zu sein und dafür das Krebsrisiko zu minimieren. Dazu könnte man sich ein Bild ausmalen, wie man im Alter vital und rüstig im Kreis der Kinder und Enkelkinder sitzt – das hat Kraft. Flankierend könnte man sich vorstellen, wie der Geruch von kaltem Rauch von einem wohlig angenehmen Duft nach Frische abgelöst wird. Führt man sich diese Bilder regelmäßig vor Augen und spürt den Gerüchen nach, dann entwickeln sie einen regelrechten Sog und damit emotionale Motivation für Veränderung.

Übertragen auf Unternehmen heißt das, Mitarbeiter mitzunehmen mit sehr konkreten Geschichten und Bildern von dem, was sich verändern wird und wie das zugehörige Ziel aussieht und sich anfühlt. Unser Gehirn springt darauf an, denn es denkt gerne in Zusammenhängen (Geschichten) und in Bildern, und deutlich weniger gern in zusammenhanglosen Zahlen, Daten, Fakten.

23.3.2 Erfahrungen prägen

Weiter ist es so, dass Menschen ganz unterschiedliche Erfahrungen mit Veränderungen in ihrem Leben machen. Die einen wachsen sehr behütet auf, während andere sich selbst ausprobieren und immer wieder neue Herausforderungen suchen. Die Hirnforschung hält auch hierfür eine Erkenntnis parat: Unser Gehirn entwickelt sich so, wie es gebraucht wird. Vereinfacht ausgedrückt heißt das: Wer viele Veränderungen durchgemacht hat, tut sich leichter damit, wohingegen diejenigen, die ein langzeitstabiles Umfeld gewohnt sind, sich schwerer tun (Hüther 2011). Das äußert sich in einem breiten Spektrum von Gefühlen und Verhaltensweisen, die anstehenden Veränderungen entgegengebracht werden: Von Offenheit, Neugierde, Freude bis zu Abwehr, Skepsis, Angst. Die individuellen Lebenserfahrungen des Einzelnen führen also zu ganz unterschiedlicher emotionaler Konditionierung. Die Erfahrungen müssen übrigens weder im aktuellen Unternehmen noch überhaupt im beruflichen Umfeld gemacht worden sein, dennoch aber sind sie vorhanden und wirken.

Für Unternehmen heißt das, mit emotionaler Konditionierung so umzugehen, dass behindernde Gefühle und Verhaltensweisen, wie Angst und Abwehr, ernst genommen und abgeschwächt werden. Es ist übrigens nie zu spät zum Umlernen: Wer mehr und mehr positive Erfahrungen mit Veränderungen macht, bei dem werden Bedenken und Ängste per se abnehmen. Das ist ein wichtiger Schlüssel zum Aufbau von Veränderungsexzellenz.

23.4 Fazit: So entsteht Veränderungsexzellenz

Kommen wir nun zurück zur eingangs gestellten Frage: Wie entsteht Veränderungsexzellenz? Die Antwort liegt auf der Hand:

1. Unternehmen müssen Veränderungs-behindernde Kulturelemente durch -befähigende ersetzen. Dabei dienen die oben dargestellten Muster als Referenz, an der die eigene Situation gespiegelt und um weitere Muster aus dem eigenen Unternehmen ergänzt werden soll.
2. Unternehmen müssen ihre Führungskräfte und Mitarbeiter gehirngerecht und emotionsgerecht dort abholen, wo sie stehen. Geschichten und Bilder, die Ziel und Nutzen der Veränderung transportieren, helfen dabei, ebenso der individuelle Umgang mit den Gefühlen des Einzelnen.

Für die allermeisten Unternehmen bedeutet das ein fundamentales Umdenken und Umsteuern. Es gibt heute nur wenige Organisationen, die schon so unterwegs sind. Dabei ist klar und offensichtlich, dass im Etablieren von Veränderungsexzellenz ein enormes Potenzial steckt. Es geht um nicht weniger als um die Zukunftsfähigkeit von Unternehmen in turbulenten und sehr veränderungsfreudigen Zeiten. Zögern Sie also nicht und fangen Sie an – Sie können nur gewinnen.

Falls nun Ihre Neugierde geweckt ist und Sie genauer wissen wollen, wie das Etablieren von Veränderungsexzellenz geht, dann haben Sie zwei Möglichkeiten: Entweder Sie lesen meinen Beitrag „Veränderungsfreude statt Veränderungsfrust – Die Kunst der ‚gesunden Veränderung" in *Chefsache Gesundheit II* oder Sie rufen mich an. Wie auch immer Sie sich entscheiden, ich wünsche Ihnen gutes Gelingen beim Verändern!

23.5 Über den Autor

Dr. Dieter Lederer ist einer der renommiertesten Veränderungsexperten im deutschsprachigen Raum. Mit seiner Expertise aus 15 Jahren internationaler Unternehmensberatung verhilft er Unternehmen dazu, sich wirksam zu verändern und damit weit überdurchschnittlich erfolgreich zu sein. Seine Kunden sind Vorstände, Geschäftsführer und Manager großer Konzerne und ambitionierter Mittelständler. Sie alle verbindet der Wunsch danach, in Zeiten zunehmenden globalen Wettbewerbs und immer kürzer werdender Innovationszyklen Veränderungsexzellenz in ihren Unternehmen zu etablieren – einerseits als Vorsprung im Wettbewerb und andererseits als Schlüssel-Ressource, die Mitarbeiter und Führungskräfte motiviert und ans Unternehmen bindet.

Mit seiner Erfahrung aus 250 Veränderungsprogrammen mit 50.000 davon betroffenen Mitarbeitern gelingt es Dr. Lederer wie kaum einem anderen, die entscheidenden Impulse zu geben und damit die in Unternehmen vorhandenen, jedoch häufig brachliegenden Potenziale für Veränderungen zu aktivieren. Daraus entstehen Selbstvertrauen, Kraft und Motivation sowie das Niederreißen innerer und äußerer Widerstände. Das ist der „Stoff", der zu Veränderungsexzellenz führt.

Als Vortragsredner und Keynote-Speaker macht Dr. Lederer seine Expertise einem breiten Publikum zugänglich. Dabei verbindet er mit großer Leidenschaft seine Erfahrungen aus der Geschäftspraxis mit seinen persönlichen Lebenserfahrungen. Seine Zuhörer sind begeistert und machen sich auf den Weg, denn sie spüren den Sog, der von Veränderungsexzellenz ausgeht.

In der Reihe *Chefsache* sind folgende Beiträge von ihm erschienen: „Veränderungsfreude statt Veränderungsfrust – Die Kunst der ‚gesunden Veränderung'" in *Chefsache Gesundheit II* und „Machtspielchen durchschauen und verändern" in *Chefsache Frauen*.

Finden und buchen Sie Dr. Lederer unter: http://www.dieterlederer.com.

Literatur

Eilers, S., Möckel, K., Rump, J., & Schabel, F. (2014). *HR-report 2014/2015, Schwerpunkt Führung*. Mannheim: Hays AG.

Frigge, C., Houben, A., Pongratz, H. J., & Trinczek, R. (2007). *Veränderungen erfolgreich gestalten*. Düsseldorf: C4 Consulting GmbH.

Hüther, G. (2001). *Bedienungsanleitung für ein menschliches Gehirn*. Göttingen: Vandenhoeck & Ruprecht.

Hüther, G. (2011). *Was wir sind und was wir sein könnten*. Frankfurt am Main: S. Fischer Verlag.

Umdenken statt umfallen!

Christina Linke

Kurz vor acht Uhr an einem nebligen Montagmorgen im November. Ich stehe mit meinem Auto an einer Ampel. Es nieselt leicht und ich stelle fest, dass ich die Heizung zum ersten Mal anstellen muss. Baustellenstau – ich muss drei Ampelphasen warten, bis ich weiterfahren kann. Mein Blick fällt in dieser Zeit in das Nachbarauto. Eine Frau um die dreißig schaut mit toten Augen gelangweilt aus dem Fenster. Sie sieht gehetzt und unglücklich aus. Bei der nächsten Ampelphase schaue ich in die erschöpften Augen eines Fünfzigjährigen. Sein Gesicht ist dunkelrot. Wie kann er schwitzen bei dieser Kälte? Den beiden gemeinsam ist jedenfalls eine düstere Stimmung. Schauen Sie einmal bewusst Montagmorgens an einer Ampel in die Gesichter der Menschen. Die Gesichter sind der Spiegel zu Seele. Spätestens mit 50 kann man den Menschen sehr genau ansehen, was sie von ihrem Leben und von sich halten. Und Montagmorgens sieht man den Menschen auch besonders an, was sie von der Woche, die sie vor sich haben, halten. Was für ein trauriger Start in die Woche.

Bereitwillig lasse ich an der Baustelle jeden Wagen vor mir in meine Spur. Ich nehme die Überraschung in den Gesichtern wahr. Warum lässt die mich rein? Ist die nicht in Eile? Hat sie keine schlechte Laune? Hallo, es ist Montag! Die Tatsache ist: ich bin guter Dinge und freue mich nicht nur auf den Tag, sondern sogar auf die ganze Woche. Ich habe einen gut gefüllten Terminkalender und als Selbstständige freut mich das. Ich werde interessante Menschen kennenlernen und an den schönsten Orten Deutschlands arbeiten. Das führt dazu, dass auch ein nebliger Montagmorgen im November keine schlechte Laune bei mir auslösen kann.

C. Linke (✉)
Große Str. 45, 49074 Osnabrück, Deutschland
e-mail: info@christinalinke.com

Und nein – das war nicht immer so. Natürlich kann ich mich nur deshalb in die Situation dieser Menschen hineinversetzen, weil ich jahrelang selber so gelebt habe. Nur, dass ich das schlechte Gefühl des Montagmorgens immer schon ab Sonntagabend oder sogar schon ab Sonntagmorgen jahrelang selbst persönlich und intensiv nicht nur gelebt, sondern sogar zelebriert habe.

Warum machen Menschen eine Arbeit, die sie nicht lieben? Wir wissen es alle selbst: weil wir bequem sind. Wir haben keine Ziele, keine Träume, keinen Fokus. Und keinen *Mut*. Das Berufsleben beginnt und man startet voller Träume und Ideen. Aber feste Pläne oder konkrete Ziele? Fehlanzeige. Fragen Sie mal Abiturienten, was sie später mit ihrem Studium konkret machen wollen. „Das weiß ich doch jetzt noch nicht" oder „Mal sehen, wo es mich hin verschlägt" sind ganz regelmäßige Antworten. Und auch darin war ich damals übrigens nicht anders. Ich habe Jura studiert, „weil man sich damit alle Wege offen hält". Was für eine denkbar schlechte Motivation. Später durchlebt man eine ganz normale Karriere: Man fängt irgendwo an zu arbeiten, kauft sich ein schickes Auto, macht Fernreisen. Höher, schneller, weiter wird zum Mantra. Irgendwann gründet man eine Familie, baut ein Haus, kauft einen Hund. Die Zeichen des Erfolges werden zum Selbstzweck. Man richtet sich ein, man findet sich ab. Und schließlich weiß man zu guter Letzt gar nicht mehr, was man eigentlich überhaupt für Wünsche hat.

24.1 Momente der Wahrheit

Und dann kommen sie doch: die Momente der Wahrheit. Die Momente, die uns damit konfrontieren, dass unsere Zeit begrenzt ist. Auch bei mir gab es einen solchen Moment der Wahrheit: Es ist Hochsommer 2011. Beste Laune überall, Schulferien, Badewetter. Und dann das: Der Vater meiner Kinder stirbt. Er stirbt von einer Sekunde zur anderen. Herzinfarkt. Er wurde 50 Jahre alt. Und Trennung hin, Trennung her – mich wirft es richtig aus der Bahn. Ein Mensch, der mir lange Jahre sehr nahe stand, ist einfach nicht mehr da. Meine Kinder haben mit 8 und 11 Jahren keinen Vater mehr. Es schnürt mir regelrecht die Luft ab. Ein paar Tage später mache ich eine erstaunliche Entdeckung: Der Wecker, den er bei unserer Trennung versehentlich bei uns hatte stehen lassen, war in der Sekunde seines Todes stehen geblieben. Ich überprüfe den Zeitpunkt mehrfach. Kein Zweifel: der Wecker steht genau auf seinem Todeszeitpunkt

Was soll mir das sagen? Ich frage mich, was ich heute tun würde, wenn auch ich nur noch bis zum 50. Lebensjahr zu leben hätte – ich bin zu diesem Zeitpunkt immerhin auch schon 45 Jahre alt. Ich mache eine „Löffelliste" – es geht um all die Dinge, die ich noch sehen, erleben und machen möchte, bevor ich buchstäblich den „Löffel" abgebe. Dann beschließe ich: Ich setze das ab jetzt um und lebe meine Löffelliste. Und nicht nur das. Auch sonst in meinem Leben mache ich nur noch das, was ich wirklich aufrichtig machen will. Ich mag Angst haben vor manchen Projekten, aber ich nehme ab jetzt allen *Mut* zusammen und gehe genau diese Dinge aktiv an. Und siehe da – bereits der erste Schritt ändert schon alles. Plötzlich läuft alles wie geschmiert. Mein Leben nimmt eine

180-Grad-Wende – eine natürliche Folge meiner Entscheidung und meines Wachstums. Die Selbstständigkeit entwickelt sich großartig und entspricht genau dem, was ich machen möchte. Manche Dinge kommen sogar viel schneller, als ich sie verkraften kann. Meine eigene Kanzlei läuft rund. Ich gebe ein Seminar nach dem anderen, halte Vorträge. Der Erfolg überfordert mich manchmal, aber er schmeckt süß.

Doch die meisten Menschen haben dieses Glück nicht. Aber ist es wirklich Glück? In meiner Tätigkeit als Rechtsanwältin im Arbeitsrecht bin ich auch häufig Psychologin. Ich habe so unendlich viele Menschen erlebt, die unglücklich sind in ihren Berufen. Manchmal erweist sich – nach dem ersten berechtigten Schock – eine Kündigung als purer Glücksfall. Viel zu viele Menschen harren aus in ihren Berufen und Jobs. Und gleichzeitig habe ich auch so viele Unternehmer erlebt, die sich – und auch mich – fragen, wie sie ihre Mannschaft bloß motivieren sollen. Aber – das geht nicht. Kein anderer Mensch ist verantwortlich für *deine* Motivation. Nur Du selbst. Und plötzlich wird mir klar, dass ich eine Aufgabe habe: ich will, dass auch andere von meinen langjährigen und vielfältigen Erfahrungen in diesem Bereich profitieren und mit *Mut* ihr Leben oder die Unternehmensführung ändern. Ich beschließe, die Essenz meines Wissens zu teilen und professionelle Rednerin, also Speaker zu werden.

Nein: Ich bin kein Motivationstrainer. Ich schreie kein Tschaka und es gibt in meinen Vorträgen keine glühenden Kohlen. Ich verspreche auch nicht, dass nach meinem Vortrag alles besser wird. Aber man kann nur die Dinge ändern, die einem auch bewusst sind. Und genau das kann ich leisten und kann Menschen inspirieren. Warte nicht, bis das Leben Sie dazu zwingt, Veränderungen vorzunehmen. Wie häufig kommen Menschen zu mir nach einem Vortrag und sagen: „Stimmt, das kenne ich auch. Ich mach das jetzt!"

Die besten Sachen sind immer einfach. Deshalb ist meine Botschaft ebenso simpel, dabei aber nicht weniger erfolgreich. Ich möchte meinen Zuhörern und Lesern an dieser Stelle nur zwei Dinge ans Herz legen, die schon vielen Menschen geholfen haben:

24.2 Lieben Sie Ihre Arbeit

Machen Sie das, was Sie wirklich von Ihrem Herzen her machen möchten. Schon Konfuzius sagte: „ Suche dir eine Arbeit, die du liebst und du musst nie wieder arbeiten!" Fallen Sie nicht auch mit fünfzig einfach um. Nicht nur durchhalten, sondern genießen ist das Motto. Keine Angst, seien Sie mutig. Machen Sie den ersten Schritt. Schon der erste Schritt ändert alles. Es ist ein Irrglaube, zu denken, dass man mit dem, was man am liebsten macht, kein Geld verdienen kann. Man denkt immer, man wäre nicht gut genug für das, was man am meisten liebt. Aber dem ist nicht so. Bedenken Sie, dass Ihre Zeit begrenzt ist. Verschieben Sie daher nicht Ihr „eigentliches Leben" auf die Wochenenden, den Urlaub oder die Rente.

24.3 Ändere Deine Einstellung

Wenn Sie sich entscheiden, dort zu bleiben, wo Sie sind – dann ändern Sie Ihre Einstellung. Fragen Sie sich nicht mehr, was Ihre Arbeit Ihnen gibt, sondern was Sie der Arbeit geben können. Geben Sie alles bei Ihrer Arbeit? Wirklich alles? Man kann immer, aber auch wirklich immer, Spaß haben bei dem, was man tut. Ich kenne Ihren Chef nicht? In dieser Branche nicht möglich? Ihnen gefällt nun wirklich gar nichts an Ihrer Arbeit? Es liegt an Ihnen. Sie müssen etwas ändern. Es sind nicht immer nur andere verantwortlich dafür, dass es läuft oder eben nicht läuft. *Sie* müssen sich bewegen!

Wenn Sie sich entschieden haben, dort zu bleiben, dann geben Sie auch wirklich 100 %. Wenn das nicht geht, müssen Sie gehen. Aber hören Sie auf zu jammern und anderen die Schuld in die Schuhe zu schieben.

Erster Schritt dazu: Was gefällt Ihnen an Ihrer Arbeit? Nichts? Wirklich nichts? Nein – das gilt nicht! Schreiben Sie einmal zehn Sachen auf, für die Sie Ihrer Arbeit und Ihrem Arbeitgeber dankbar sein können. Sie werden überrascht sein, wie viele Dinge Ihnen einfallen, wenn Sie sich ein bisschen Mühe geben. Ich kann Ihnen ein paar Beispiele geben: Die regelmäßige Überweisung zum Ersten. Die netten Kollegen. Das schöne Büro. Den Kontakt zu dem netten Kunden heute. Das stolze Gefühl, den Auftrag X an Land gezogen zu haben. Das Gefühl, gebraucht zu werden, nützliche Dinge zu tun. Erwiesenermaßen geht es Langzeitarbeitslosen besser, wenn Sie sich ehrenamtlich engagieren. Es ist immer das gleiche Prinzip. Menschen suchen einen Sinn in ihrem Leben.

Fallen Ihnen wirklich keine zehn Dinge ein? Nicht mal eine Sache? Dann suchen Sie sich wirklich eine andere Arbeit und nehmen sie nicht jemandem weg, der Freude daran hätte! Wenn Sie aber bleiben, dann hören Sie auf zu jammern und geben 100 %! Genau, richtig gehört: 100 %.

24.4 Sicherheitshinweis

Veränderung macht Angst. Nicht nur demjenigen, der sich verändert, sondern auch dem Umfeld. Nichts ist mehr wie vorher. Das ist vielen Menschen unangenehm. Mehr noch: Sie weisen Ihren Kollegen ihre eigenen Schwächen auf. Wenn Sie aus dem Heer der ewig Meckernden ausscheren, brechen Sie Spielregeln. Spielregeln wie zum Beispiel: Wen der Kunde als Ersten findet, der hat verloren. Wer freitags freiwillig länger arbeitet, ist ein Verräter. Man kommt nicht gerne aus dem Urlaub wieder. Wer Montagmorgens mit einem Lachen ins Büro kommt, hat ein Problem.

Machen Sie sich nichts daraus. Es ist Ihr Weg, den Sie gehen. Es muss nicht der richtige Weg für andere Menschen sein. Machen Sie sich bewusst, dass Sie ihn gehen wollen, nicht dass Sie ihn gehen müssen. Sie selbst sitzen am Steuer Ihres Lebens, nicht Ihre Familie, nicht Ihre Kollegen. Schließlich haben alle die Wahl. Kein anderer Mensch ist dafür verantwortlich, was Sie für ein Leben führen. Natürlich ist es einfacher zu sagen, dass der Chef verantwortlich ist, wahlweise auch die Kindheit, die Familie, der Partner. Aber es ändert nichts, aber auch wirklich gar nicht daran, dass es nicht so ist.

24.5 Perspektive

Noch etwas: Sie können nicht wieder zurück. Wenn Sie die ersten mutigen Schritte gelaufen sind, gibt es für Sie keinen Weg wieder zurück. Der erste Schritt ändert alles. Sie werden Perspektiven sehen, die für Sie vorher noch nicht existent waren. Sie konnten sie nicht sehen, weil Sie sie noch nicht sehen wollten. Man selbst hat häufig einen blinden Fleck für die richtigen Wege. Man hat immer die Wahl – auch Sie! Sie allein entscheiden, ob Ihre Arbeit Sie glücklich macht oder nicht. Lassen Sie sich ermutigen, Ihren Weg zu gehen – egal, ob er darin besteht, sich beruflich zu verändern oder aber seine Einstellung zu überprüfen und zu korrigieren. Es funktioniert!

24.6 Über die Autorin

Die einzigartige Rechtsanwältin nutzt ihre Expertise aus über 20 Jahren Berufs- und Lebenserfahrung und hält ein flammendes Plädoyer für mehr Mut. In ihrem Beruf hat sie viele Jahre lang die Frustration der Menschen an ihren Arbeitsplätzen erlebt. Die Entscheidungen, wie und wo wir arbeiten und wie wir leben werden meist unbewusst getroffen – dabei sind es doch die wichtigsten Entscheidungen in unserem Leben. Menschen trennen ihr Glück von ihrer Arbeit ab und lieben nicht, was sie täglich tun. Auch sie selbst hatte sich damit arrangiert. Als dann der Vater ihrer Kinder von einer Sekunde zur anderen im Alter von 50 Jahren stirbt, ändert sie ihr Leben. Sie beschließt, ihre Ängste abzulegen und ihre Träume aktiv zu verwirklichen. Daraus ergeben sich großartige Veränderungen.

Mit einer Mischung aus Tiefgang und Humor setzt sie jetzt den ersten Anstoß bei anderen Menschen, begeistert sie und setzt maximale Energie für Veränderungen frei. Sie inspiriert zu mehr mutiger Klarheit, echter Authentizität und damit zu Top-Erfolg.

Vertriebssouveränität – Verkaufen über Limit

25

Vertrieb so einfach machen, dass Vertriebserfolg einfach ist

Jochen Metzger

25.1 Kunden erwarten mehr

Selbstbewusst, wertebewusst, informiert und kritisch, das charakterisiert den „neuen" Kunden – ob im B2B- oder im B2C-Umfeld. Die Social Economy entwickelt neue Kundentypen, die sich nicht nur auf die Digital Natives einschränken, sondern quer durch alle Gesellschafts- und Berufsschichten zu finden sind.

Das sind verändernde Herausforderungen im Vertrieb und die machen neue Qualitäten für einen nachhaltigen Erfolg notwendig: weniger Rhetorik – mehr Empathie, weniger Produktpräsentation – mehr Entwicklung von individuellen Lösungen.

Ganz sicher: Noch nie waren Kunden so gut vorbereitet und informiert wie heute. Immer mehr Kunden halten sich ständig auf dem aktuellsten Stand bis zum eigentlichen Kauf. Viele Verkäufer sind dadurch verunsichert, wie sie den Kunden in seiner Entscheidung „beraten" sollen, um am Ende den Auftrag zu bekommen und sich dabei auch noch klar vom Wettbewerb zu differenzieren.

J. Metzger (✉)
Lettenstr. 28, 73072 Donzdorf, Deutschland
e-mail: jm@jochenmetzger.com

> **Verkäufer-Monologe sind out**
> Kein Wunder, denn Kunden haben heutzutage eine Erwartungshaltung:
>
> – Potenzielle Kunden haben bereits über die Hälfte (57 %) ihres Entscheidungsprozesses abgeschlossen, bevor sie ein Unternehmen/den Verkäufer kontaktieren.
> – Für 72 % der Entscheidungsträger hat die Fähigkeit des Verkäufers, dass er sie in der Erreichung der Geschäftsziele unterstützen kann und wird, den größten Einfluss auf die Kaufentscheidung (Harvard Business Review 2014).

25.2 Kombination: Beraten und Verkaufen

Die Hürden werden etwas höher: Verkäufer müssen sich zum einen gegenüber top-informierten Kunden, die sich intensiv mit Produkt und Preisen auseinandersetzen, und zum anderen gegen den Wettbewerb behaupten. Parallel dazu sind sie gefordert, Umsatz- und Absatzziele zu erreichen, die immer noch sehr stark auf Quantität abgestimmt sind.

Der moderne Kunde will nicht noch mehr Informationen oder ein bestimmtes Produkt oder die Dienstleistung mit all den Produktmerkmalen, die er zum größten Teil schon kennt (denn er ist ja vorbereitet!), präsentiert bekommen. Er erwartet, dass seine Bedürfnisse verstanden werden und dass Fragen und Antworten klar beantwortet und gestellt werden. Die Verkäufer, die mit stereotypen Argumentationen und produktüblichen Standard-Floskeln versuchen, den Kunden zu einer Entscheidung zu führen, werden dabei scheitern. Er sollte sich vielmehr in die Lage des Kunden hineinversetzen, um aus dieser Perspektive eine *individuelle Lösung* zu entwickeln.

> ▶ Inszenierte Verkaufsgespräche mit perfekt antrainierten Argumentationen wird ein top-informierter Kunde schnell durchschauen und ablehnen. Was er möchte: Verstanden werden und eine individuelle Lösung.

In der ersten Phase des Verkaufsgesprächs kommt es auf Empathie und Zuhören an, denn hier werden Informationen ausgetauscht, die entscheidungsrelevant sind für beide Seiten. Das heißt der Verkäufer verfügt über profunde Fachkenntnisse und die Fähigkeit, Bedürfnisse und Probleme aktiv herauszuhören, so dass er diese situativ in seiner Verkaufs- und Produktargumentation einbindet und somit die Kaufentscheidung mitgestaltet.

Um den Kunden zu verstehen, muss der Verkäufer sich bereits im Vorfeld mit der Branche, der Zielgruppe und dem Kunden auseinandersetzen. Insbesondere im B2B-Bereich haben Verkäufer einige Defizite, die nicht zuletzt *veränderte Qualität der Kunden* zurückzuführen sind: Die gesamten Entscheidungs- und Einkaufsprozesse werden fortlaufend optimiert und Recherchen zu den Produkt- und Dienstleistungsalternativen sind eine Selbstverständlichkeit. Kennt sich nun der Verkäufer schlechter in der Materie aus als sein Kunde, dürfte das Gespräch schnell beendet sein.

Der Kunde von heute erwartet: Keine Informationen, die er schon längst weiß, sondern auf seine Bedürfnisse zugeschnittene Lösungen.

25.3 Service wird erwartet

Schon allein die Tatsache, dass der Kunde heutzutage die Informationen, die er für eine Entscheidung benötigt, sich selbst besorgt, verdeutlicht die „neue" Anspruchshaltung. Dadurch wird klar, dass ein Verkäufer mehr bieten muss, als nur einen guten Preis und die Informationen, die das World Wide Web oder Social Media zur Verfügung stellt. Dies ist überall erhältlich, auch beim Wettbewerber. Entscheidend für den Erfolg oder Misserfolg ist die Qualität des Verkäufers, als Problemlöser und Service-Dienstleister, sowie als Experte, der einen wertschöpfenden Beitrag leisten kann. *Der „neue" Verkäufer* nimmt eine Expertenrolle ein und unterbreitet verschiedene Lösungsansätze, welche die Wertschöpfung nachhaltig verändern und die Entscheidungsfindung erleichtern. Ausschlaggebend: Die Lösungsvorschläge passen zum identifizierten Bedarf und optimal zu den individuellen Bedürfnissen des Kunden.

Beim veränderten Anspruchsdenken wird Service erwartet und zur Selbstverständlichkeit. Doch die Unterschiede im Service sind oftmals die entscheidenden Argumente bei vergleichbaren Angeboten. Je mehr Nutzen der Kunde dadurch zusätzlich erzielen kann, desto größer ist die Wahrscheinlichkeit eines Vertragsabschlusses. Ob es um die Design-In-Unterstützung oder um Schadensregulierung bis hin zu Lieferkonzepten geht – unterm Strich zählt der Nutzen aus dem zusätzlichen Service.

> ▶ Bedürfnisse erkennen und den Bedarf ableiten, Lösungen anbieten und den ergänzenden Service, das ist die Qualität, die heute von Verkäufern gefordert wird.

Kurz zusammengefasst

- Kunden sind top-informiert und wollen deshalb keine Standard-Floskeln hören, sondern erwarten individuelle Lösungsansätze.
- Erfolgreiche Verkäufer sind Experten mit profunden Fachkenntnissen, erkennen die Bedürfnisse und entwickeln dadurch Lösungen mit einem quantifizierbaren Nutzen.
- Zusätzlicher Service ist wettbewerbsentscheidend und auftragsrelevant.

25.4 Souverän Handeln im Vertrieb

Handlungsempfehlungen

- Der Kunde von heute ist top-informiert, stellt Aussagen des Verkäufers in Frage und prüft die Relevanz zu seinen Anforderungen.
- Unerlässlich ist die Vorbereitung des Verkäufers auf die Branche, Zielgruppe und den Kunden, sowie die Fachkompetenz.
- Aufmerksames Zuhören ist die Voraussetzung, um die relevanten Informationen in die Argumentation miteinbeziehen zu können. Und die Zusammenfassung der besprochenen Inhalte legt einen gemeinsamen Standpunkt fest.
- Der Kundennutzen muss erkennbar sein – plastisch darstellbar. Und nach Möglichkeit quantifizierbar, so dass die Vorteile klar und deutlich zu erkennen sind.
- Bedürfnisse werden durch Lösungsansätze konkretisiert und erleichtern dadurch den Entscheidungsprozess – der Verkäufer als fachkompetenter Berater für individuelle Kundenlösungen.
- Die Abwicklung des Auftrags sollte unkompliziert sein, dies erwartet der Kunde als Service. Je mehr man aber noch als Service-Dienstleitung anbietet, desto deutlicher differenziert man sich eventuell vom Wettbewerb und desto sicherer ist der Auftrag.

25.5 Über den Autor

Jochen Metzger ist ein Vertriebs- und Management-Profi „par excellence" – und mit mehr als zwei Jahrzehnten Berufserfahrung ist er einer der profiliertesten Businessexperten und Redner, wenn es um Vertrieb und Leadership geht.

Er ist CERTIFIED SALES PROFESSIONAL (Q-Pool 100 – Die Qualitätsgemeinschaft internationaler Wirtschaftstrainer und -berater) und brainGuide – Das Expertenportal der deutschen Wirtschaft führt ihn schon seit vielen Jahren als einen der Experten für Vertrieb und Leadership. Die WELT online zählt ihn zu den

Businessexperten in Deutschland und im Deutschen Rednerlexikon ist er als Redner und Experte für Vertrieb und Management eingetragen. Dazu kommen noch eine Vielzahl an Auszeichnungen international renommierter Unternehmen, mit denen Jochen Metzger zusammenarbeitet, sowie die Auszeichnung mit dem Internationalen Deutschen Trainingspreis. All diese Auszeichnungen und Anerkennungen weisen Jochen Metzger als Top-Experten in seinem Fach aus.

Know-how mit viel Praxis: Jochen Metzger ist eine Ausnahmepersönlichkeit unter den Top-Experten im deutschsprachigen Raum. Durch von ihm initiierte Studien bestätigte er schon bereits mehrfach seine Methoden, Theorien und Strategien und deren absoluten Praxistransfer. Dabei räumt der Praktiker auch mal mit anerkannten Methoden auf und fördert neue Denk- und Herangehensweisen. Er ist nicht Mainstream und wird als „out of the box"-Denker anerkannt, von Menschen aus Management und Vertrieb, Persönlichkeiten aus der Wirtschaft – einfach von Menschen die verändern wollen.

Zahlreiche Unternehmen – ob im DAX-gelistet oder KMU bis hin zu Startups, national und international namhafte und die die auf dem Weg dahin sind – arbeiten mit Jochen Metzger sehr erfolgreich zusammen. Diese Zusammenarbeit mit den Unternehmen und den tausenden von Menschen bringt ihm den Ruf ein, ein umsetzungsstarker Partner mit hoher Expertise in Vertrieb und Management zu sein. Gemeinsam (r)evolutioniert er mit ihnen und den Unternehmen deren Erfolgsmodelle.

Als Vordenker unter den Business-Experten und Berater von deutschen Hidden Champions und denen die auf dem Weg dort hin sind – zeigt er, wie man sich aus der „toten Mitte" entfernt. Der standhafte Optimist und Vollblut-Vertriebler Jochen Metzger stellt den typischen Vertriebsmythen die spannendsten Erkenntnisse unterschiedlichster von ihm durchgeführten Studien gegenüber und lässt dabei Vertriebsmethoden „sterben oder leben" und stellt das progressive Verkaufen in den Vordergrund.

Mehr erfahren Sie auf: http://www.jochenmetzger.com.

Literatur

Harvard Business Review. (2014). Auszug aus einer Studie Quelle. http://de.news-sap.com/2014/09/08/neue-studie-von-harvard-business-review-analytic-services-gewinnen-unternehmen-die-bestens-informierten-kaufer-von-heute/.

Sinn wirkt präventiv

Ein Plädoyer für mehr als nur Über-Leben im Unternehmen

Monika Mischek

Haben Sie sich ganz privat schon einmal gefragt: Was ist der Sinn des Lebens und konkret was der Sinn meines Lebens? Haben Sie eine Antwort darauf gefunden? Herzlichen Glückwunsch! Dann haben Sie gute Chancen, nicht zu den Menschen zu gehören, die auf dem Sterbebett sagen werden: „Ach, hätt ich doch nur... Hätte ich nur weniger gearbeitet und mehr darauf geachtet, was mir und meiner Familie gut tut. Hätte ich nur früher herausgefunden, was ich wirklich gut kann und im Leben erreichen möchte. Hätte ich nicht immer versucht, es allen Recht zu machen, sondern mehr auf mich selbst gehört." Die Sinnfrage für das eigene Leben zu klären, ist eine große und aller Mühen werte Aufgabe, die möglicherweise nicht leicht zu lösen ist. Wenn Sie eine Antwort für sich finden, hilft Ihnen diese an vielen Stellen und bei vielen Gelegenheiten im Leben weiter. Sie finden einen klaren Standpunkt, der Ihnen viele Entscheidungen erleichtert und ein Ja oder Nein aus dieser Haltung heraus ermöglicht. Mit dem Sinn des Lebens sind die eigenen Werte verknüpft. Welche Werte sind mir wichtig auf meinem Lebensweg, privat und beruflich bzw. geschäftlich? Lehne ich einen Auftrag als Unternehmer ab, weil ich für diese Branche nicht arbeiten will? Unterstütze ich ein wertvolles Projekt, obwohl es kaum Umsatz oder gar Ertrag bringt? Mit Antworten auf die Fragen nach dem Sinn und den Werten sind Sie für den (Arbeits-)Alltag ganz gut gerüstet.

Auch im Arbeitsleben spielt das Thema Sinn eine große Rolle. Diese wurde allerdings längere Zeit nicht so deutlich wahrgenommen und erst in der letzten Zeit auch in Fachzeitschriften thematisiert. Jahr für Jahr seit 2001 wird der Gallup Engagement Index veröffentlicht (Gallup 2015). Jahr für Jahr sind die Zahlen für Deutschland

M. Mischek (✉)
Georg-Büchner-Str. 39, 64347 Griesheim, Deutschland
e-mail: mischek@changeandmove.de

verhältnismäßig konstant: 70 % der Befragten haben innerlich gekündigt und eine geringe emotionale Bindung an das Unternehmen, in dem sie tätig sind. 15 % der Befragten haben gar keine emotionale Bindung, machen „Dienst nach Vorschrift" oder arbeiten sogar gegen ihren Arbeitgeber. Die verbleibenden 15 % der Mitarbeiter haben eine hohe emotionale Bindung an das Unternehmen, sind sehr engagiert und motiviert. Sicher gibt es verschiedene Ursachen für dieses Ergebnis, fehlender Sinn ist aus meiner Sicht eine wesentliche – sicher nicht die einzige. Auch als Führungskraft profitieren Sie von einer beantworteten Sinnfrage und klaren Werten. Sie haben damit einen roten Faden, für welche Unternehmen Sie überhaupt arbeiten wollen, für Ihre Führungsaufgabe und Ihre Mitarbeiter werden eher zu den 15 % Motivierten und Engagierten gehören.

26.1 Heute schon etwas Sinn-Volles getan?

Wenn Sie im Projektgeschäft arbeiten, kennen Sie wahrscheinlich diese Meetings, in denen die Teilnehmer ihre Aufmerksamkeit auf ihre mobilen Endgeräte konzentrieren statt sich dem zu bearbeitenden Thema zu widmen. IT-Projekte oder größere Unternehmensstrukturen erhöhen die Chance, auch öfter bei solchen Besprechungen dabei zu sein. Neben politischen Spielchen und Machtdemonstrationen passiert dort oft nicht viel, schon gar keine Problemlösung. Meetings dieser Art gehören zu den größten Zeitverschwendungen im Arbeitsalltag und lösen Kopfschütteln und Augenrollen aus sowie die Frage nach dem Sinn. An dieser Stelle greifen oft die „Eh da"-Kosten. Kennen Sie die? Da die Mitarbeiter „eh da" sind, kann man sich auch zur gewohnten Zeit am gewohnten Ort treffen. Leider sind diese Meetings kein Einzelfall und werden nicht abgestellt, selbst wenn der Un-Sinn klar erkennbar ist und obwohl sie mehr Geld kosten als sie erwirtschaften. Besprechungen, um sich gegenseitig auf den neuesten Stand zu bringen oder Probleme anzusprechen um Lösungen zu finden, sind eine gute und notwendige Sache – unabhängig davon, welcher Wochentag gerade ist und welche Uhrzeit. Hier bietet sich die Gelegenheit für sinnvolles Tun: Schaffen Sie Meetings um der Meetings willen ab. Treffen Sie sich immer dann mit Mitarbeitern und Kollegen, wenn es gilt Strategien zu entwickeln, Probleme zu lösen, Innovationen auf den Weg zu bringen. In diesen Treffen wird konzentriert an der Aufgabe gearbeitet und sobald die Fragestellung gelöst ist, geht man wieder auseinander, unabhängig von der Dauer. Bei komplexeren Fragestellungen wird ein Folgetermin vereinbart, wenn heute alles getan wurde, was getan werden konnte. Bei diesem Vorgehen ist es leichter selbst kurzfristige Termine zu finden, da der Kalender nicht mit regelmäßigen Besprechungsterminen zugepflastert ist. Je nach Struktur ist es sicher nicht immer einfach ein solches Vorgehen einzuführen. Wenn Sie es zunächst in Ihrem Team bzw. in Ihrer Abteilung umsetzen, ist schon ein Schritt in die richtige Richtung getan.

26.2 Werte schaffen eine gemeinsame Basis

Für Unternehmen ist eine klare Benennung der Unternehmenswerte von großem Vorteil. Es ist keine einfache Aufgabe, diese zu definieren. Machen Sie bitte nicht den Fehler die Werte „von oben" zu verordnen – dann landen sie sicher in irgendwelchen Schubladen oder Schränken, wie so viele vor ihnen. Der Weg, der eher Erfolg verspricht, ist die Werte gemeinsam mit den Mitarbeitern über Hierarchieebenen hinweg zu ermitteln. Dieser Prozess erschöpft sich sicher nicht in einem Workshop, der Nutzen ist jedoch ungleich höher als die Investition. Wie profitiert das Unternehmen davon?

Wenn die Werte aus der Belegschaft heraus ermittelt wurden, werden diese im Arbeitsalltag gelebt und sind nicht nur Lippenbekenntnisse. Sie gelten von der Hilfskraft bis zum Vorstand bzw. der Geschäftsführung und bilden ein Fundament für die Zusammenarbeit. Darüber hinaus geben sie allen Mitarbeitern Orientierung und einen roten Faden für das eigene Handeln. Wenn Sie als Unternehmen ihre Werte kommuniziert haben, werden sich Menschen bei Ihnen bewerben, die diese Werte ganz oder größtenteils teilen. Somit erhalten Sie Bewerbungen von Menschen, die zu ihrem Unternehmen passen. Die neuen Mitarbeiter werden sich leichter in das Unternehmen integrieren und sich an ihrem Arbeitsplatz wohler fühlen. Die Gefahr, dass die Mitarbeiter während der Probezeit von sich aus kündigen, sinkt. Dies führt zu weniger Aufwendungen bei der Personalrekrutierung, da sich die Fluktuation reduziert. Werte haben also auch einen positiven Einfluss auf Ihre Personalkosten.

26.3 Was ist es wert getan zu werden?

Auf dieser allgemeinen Ebene ist die Frage im Arbeitsalltag nicht leicht zu beantworten. Wenn man sich aufgrund der eigenen Werte für die Mitarbeit in einem bestimmten Unternehmen entschieden hat, stellt sich die Frage nahezu täglich neu. Nicht immer kann man auch entsprechend der eigenen Einschätzung handeln. In jedem Unternehmen gibt es Aufgaben, die für den Geschäftsablauf erledigt werden müssen. Nicht alle machen Spaß und sind erfüllend, um diese geht es aber auch nicht. Führungskräfte haben meistens einen gewissen Spielraum, in dem sie sich bewegen und Akzente setzen können. Um diesen Bereich geht es hier, hier stellt sich dann die Frage, was es wert ist getan zu werden. Eine Aufgabe, die Führungskräfte immer wahrnehmen sollten, ist die Mitarbeiterführung. Wobei schon das Wort etwas irreführend ist. Führungskräfte sollten ihren Mitarbeitern die bestmöglichen Arbeitsbedingungen im Unternehmen schaffen, damit diese ihre Aufgaben erfolgreich erledigen können. Klingt utopisch? In manchen Unternehmen mehr, in anderen weniger...

Wenn eine Führungskraft tatsächlich Mitarbeiterführung als ihre Aufgabe wahrnimmt, haben die Mitarbeiter Entwicklungsmöglichkeiten und können damit anspruchsvollere

Aufgaben und mehr Verantwortung übernehmen, weil sie entsprechend darauf vorbereitet werden. Außerdem wird den Mitarbeitern ihr Beitrag zum Unternehmenserfolg klar, wenn Sie die Bedeutung der Aufgabe in diesen Zusammenhang stellen. Hier geht es um die Entwicklung jedes einzelnen Mitarbeiters, diese erfordert Gespräche über die Wünsche des Mitarbeiters sowie des Unternehmens und die Perspektiven für beide Seiten. Diese Gespräche nehmen Zeit in Anspruch und werden auch zukünftig immer wieder stattfinden. Der Aufwand dafür wird in vielen Unternehmen nicht gesehen oder als gering eingeschätzt – dies trifft in den seltensten Fällen zu. Allerdings handelt es sich um eine gute Investition in die Zukunft des Unternehmens. Denn gut ausgebildete Mitarbeiter, die bei ihrer Entwicklung unterstützt werden, bleiben dem Unternehmen länger treu, bringen Ideen ein und tragen damit zum Unternehmenserfolg bei. Sollten sie das Unternehmen doch verlassen, nehmen sie einen positiven Eindruck mit und empfehlen das Unternehmen aktiv als guten Arbeitgeber, bei dem man sich entwickeln kann. Im täglichen Arbeitsleben ist es nicht immer einfach, diese Art von Führung umzusetzen und sich die notwendige Zeit dafür „freizuschaufeln". Es ist jedoch immer eine gute Investition in die Zukunft.

In welchem Umfang die einzelne Führungskraft diese Zeit aufwendet, hängt zum einen vom Verständnis der Rolle Führungskraft ab. Wenn Führungskräfte unter Führung „Da geht es lang, mir nach" verstehen, wird der geschilderte Ansatz eher untergehen. Wenn sich Führungskräfte als „Ermöglicher" verstehen und beste Bedingungen für ihre Mitarbeiter schaffen wollen, dann wird sicher mehr Zeit für diese Arbeit gefunden werden. Weiterhin spielt das Menschenbild der Führungskraft eine Rolle: Wer glaubt, alle Menschen sind faul, bösartig und versuchen das Unternehmen zu betrügen, wird wenig für diese Art der Führung übrig haben und wahrscheinlich in seinen Erwartungen bestätigt. Wer jedoch glaubt, dass Menschen gerne gestalten und Verantwortung übernehmen, wenn man entsprechende Bedingungen und Freiräume schafft, der kann auf diesem Wege viel erreichen und Spitzenleistungen fördern. Organisationen, die sich in eine Richtung entwickeln, die im Einklang mit den Zielen und Wünschen der Mitarbeiter stehen, werden langfristig erfolgreicher sein.

26.4 Was ist sinn-voll im Arbeitsalltag?

Wenn nun Menschen mit den gleichen Werten an Themen arbeiten, ziehen sie sinnbildlich am gleichen Strang – und in die gleiche Richtung! Eine motivierte und leistungsfähige Abteilung bzw. ein Team ist die Folge, ein vertrauensvoller Umgang miteinander ebenfalls. Dies ist gerade in Zeiten, in denen es stressiger und hektischer zugeht, von großer Bedeutung. Denn dann wird trotzdem das gemeinsame Ziel, beispielsweise den Kunden bestmöglich zu bedienen, nicht aus dem Blick verloren und der Umgang miteinander hoffentlich pfleglicher sein.

Ein weiterer großer Vorteil ist, dass die Mitarbeiter an den Aufgaben arbeiten können, ohne im Hinterkopf Strategien entwickeln zu müssen, wie sie „im Falle eines Falles" nicht schuld sind. Ein häufiges Thema im heutigen Unternehmens-Alltag ist die Suche der Schuldigen, wenn ein Fehler passiert ist. Statt den Fehler offensiv zu kommunizieren, alle Mitarbeiter darauf aufmerksam zu machen und das Augenmerk auf die Fehlerbehebung zu richten, werden Schuldige gesucht, im schlimmsten Falle sogar entlassen – obwohl sie diejenigen sind, die etwas daraus gelernt haben könnten, um den Fehler in Zukunft zu vermeiden. Welche dieser beiden Strategien bringt nun ihr Unternehmen eher voran?

Wenn Mitarbeiter die Freiheit haben, Ideen zu entwickeln und umzusetzen sowie neue Dinge auszuprobieren, wirkt sich dies positiv auf ihre Leistungsfähigkeit und ihr Selbstvertrauen aus. Denn sie können Einfluss auf die Dinge und Abläufe in ihrer Arbeitswelt nehmen. Daraus resultieren starke Mitarbeiter, die sich entwickeln und neue Aufgaben übernehmen wollen. Dafür braucht es dann auch starke Führungskräfte, die mit diesen Mitarbeitern auf Augenhöhe kommunizieren und diese begleiten können. Häufig sind jedoch in Unternehmen Führungskräfte anzutreffen, die den Status Quo bewahren wollen und darauf achten, dass ihnen niemand ihre Position und ihren Status streitig macht. Führungskräfte, die ihre Aufgaben in dieser Form wahrnehmen, sterben hoffentlich in nicht allzu ferner Zukunft aus. Bis dahin hilft in besonders schweren Fällen von Führungsmisere nur die eigene Kündigung, um wenigstens sich selbst zu schützen.

26.5 Was können Sie jetzt tun?

Für sich selbst prüfen, ob und wie Sie zum Unternehmenserfolg beitragen können. Einen eigenen Standpunkt entwickeln, der Sinn und Werte abbildet. Als Führungskraft eine Position entwickeln, wie Sie den Mitarbeitern begegnen und die bisher gelebte Führungspraxis kritisch hinterfragen. Eine Strategie entwickeln, wie Sie gerade als Führungskraft im mittleren Management, mit den Erwartungen aus oberen und unteren Hierachieebenen umgehen, ohne sich zu bis zur Unkenntlichkeit zu verbiegen und die eigenen Werte zu verraten. Ihre Kommunikation im Unternehmen reflektieren und an die Bedürfnisse eines geänderten Führungsverhaltens anpassen.

Diese Schritte erfordern durchaus etwas Mut bekannte Wege zu verlassen. Nein, das ist nicht ganz einfach. Vieles können und sollten Sie auch selbst tun. Manchmal kann es jedoch auch hilfreich sein, sich Unterstützung und Begleitung zu sichern. Diese kann von innerhalb oder auch von außerhalb des Unternehmens erfolgen, um Ihnen einen Spiegel vorhalten oder Alternativen aufzeigen. Kommen Sie auf mich zu, ich begleite Sie und ihr Unternehmen gerne ein Stück auf diesem Weg.

26.6 Über die Autorin

Monika Mischek ist seit mehr als 25 Jahren als Führungskraft, Beraterin, Dozentin und Rednerin tätig. Ihre Themenfelder sind Personal- und Organisationsentwicklung mit den Schwerpunkten Veränderungen in Unternehmen sowie auf der persönlichen Ebene, Unternehmenskultur, Kommunikation und Projektmanagement.

Monika Mischek verbindet ihr Fachwissen mit eigenen grundlegenden Erfahrungen aus den Bereichen Führung, Kommunikation, Veränderung und Projektmanagement. Als Betriebswirtin und ehemalige IT-Consultant unterstützt sie Menschen, die immer schneller stattfindenden Veränderungen im Arbeits- und Privatleben zu bewältigen. Lebenslanges Lernen und der Umgang mit Veränderungen werden dabei immer wichtigere Kompetenzen im Leben jedes Einzelnen. Ziel ihres Tuns ist es, Menschen die Möglichkeiten aufzuzeigen, die Veränderungen bieten und Handlungsspielräume auszugestalten. Dazu ist es hilfreich, die eigenen Ressourcen zu erkennen, einzusetzen und selbst das Steuer in die Hand zu nehmen. In Seminaren, Vorträgen und Büchern vermittelt sie die Zusammenhänge und gibt Tipps, Hinweise und zeigt Möglichkeiten auf.

Der hier erschienene Text beleuchtet Aspekte des Beitrags „Sinn wirkt präventiv" im Buch Chefsache Prävention II.

Weitere Informationen und Kontaktmöglichkeiten finden Sie unter http://www.personalsorgenlos.de und http://www.changeandmove.de.

Literatur

Gallup Institut (Hrsg.). (2015). *Engagement index*. http://www.gallup.com/de-de/181871/engagement-index-deutschland.aspx. Zugegriffen am 04.08.2015.

Die Stufen zur Achtsamkeit im Unternehmen 27

Bettina Sabath

Betriebliches Gesundheitsmanagement wird für Unternehmen zunehmend wichtiger. Viele Personalverantwortliche, Führungskräfte und auch Trainer setzen immer mehr darauf. Es gibt dazu viel Literatur und viele Empfehlungen von Psychologen, von Vertretern aus der Wirtschaft und sogar der Bundesregierung. Die Geschäftsführer oder Vorstände in Unternehmen stellen sich die Frage:

> Warum? Was bringt das wirklich und ist es tatsächlich notwendig? Viele fragen sich auch, ob der Zeit- und Geldinvest im Verhältnis steht. Wertschätzen und nutzen die Mitarbeiter die Programme überhaupt?

Als Business-Coach und Trainerin in vielen Unternehmen habe ich immer wieder festgestellt, dass es Mitarbeiter gibt, die Gesundheits- oder Sportprogramme in den Unternehmen nicht nutzen, oft auch aus Zeitgründen. Es stellt sich dann die Frage: Was ist attraktiv für die Arbeitnehmer, was brauchen sie, damit es funktioniert? Auch in meinem eigenen Unternehmen habe ich viel dazu geforscht. Die Erkenntnisse, die ich in meinem Geschäft und in anderen Firmen gewonnen habe, möchte ich in diesem Kapitel mit Ihnen teilen.

B. Sabath (✉)
Sabath Media Designagentur GmbH, Georg-Todt-Str. 1, 76870 Kandel, Deutschland
e-mail: sabath@junifeuer.de

27.1 Alles ist eine Frage der Grundeinstellung

Eine steigende Anzahl an Personalausfällen aufgrund psychologischer Erkrankungen macht die meisten Unternehmen hellhörig. Gleichzeitig sind auch die Auswirkungen des demografischen Wandels in Deutschland spürbar. In bestimmen Branchen sind Nachwuchskräfte kaum noch zu finden. Umso wertvoller und wichtiger ist die Gesundheit derer, die bereits erfolgreich im Unternehmen arbeiten. Deshalb haben sich viele Unternehmen und die Betriebsräte geeinigt, für Prävention zu sorgen. Es gibt Sport- sowie Entspannungsprogramme – und in einigen Unternehmen sogar interne Therapeuten. Längst ist es nicht so, dass die Programme installiert und alle zufrieden wären. So einfach ist es leider nicht. Immer wieder bestätigt sich, dass es mehr braucht als nur das Angebot für präventive Maßnahmen. Denn maßgeblich ist auch die Unternehmensphilosophie daran beteiligt, wie gesund die Mitarbeiter sind, wie sehr sich mit ihrer Arbeitsstelle identifizieren und dementsprechend engagieren. Was zählt, ist die Grundeinstellung im gesamten Unternehmen, jedes Mitarbeiters und sogar deren Familien. Wieso der Familien, werden Sie sich jetzt vielleicht fragen? Nun, wir verbringen mehr Zeit im Beruf und mit den Kollegen als mit unserer Familie und mit unseren Freunden. Die Mitarbeiter sind dann entweder ein eingeschworenes Team und dadurch motiviert und sehr kreativ – oder jeder arbeitet so vor sich hin, fühlt sich womöglich nicht wirklich wichtig oder anerkannt und viele werden dadurch krank. Meist ist eher Letzteres der Fall. Wir leben in einer immer schneller werdenden Welt mit ständig wachsenden Anforderungen. Mode-Krankheiten wie Erschöpfungssyndrom, Burnout, Depressionen oder Ängste sind oft die Folge des ständig steigenden Stresslevels. Doch viele Mitarbeiter in Unternehmen möchten und können keine Sklaven dieses Tempos und Gehetztseins durch die neuesten Technologien mehr sein. Die betroffenen Mitarbeiter suchen deshalb immer öfter auch selbst nach Auszeiten und Ruhepolen, um aufzutanken und den größten Stress zu verarbeiten. Es strömt täglich einfach sehr viel Information auf uns ein. Viele aus älteren Generationen sagen, ja früher haben wir auch sehr viel und vor allem hart arbeiten müssen, das hat uns auch nichts geschadet. Ja, das stimmt. Unsere Vorfahren haben körperlich sehr viel härter als wir heute arbeiten müssen. Warum sind heutzutage viele von der Arbeit so erschöpft? Reizüberflutung ist ein unterschätzter Stressauslöser. Es gibt heute so viele Informationen auf einmal wie nie zuvor. Egal, ob wir gerade im Internet surfen, das Radio anhaben oder den Fernseher einschalten. Wir wissen stets, was auf der ganzen Welt und um uns herum passiert. Und seien wir doch mal ehrlich. Welche Nachrichten hören wir da? Normalerweise nur die negativen Schlagzeilen. Diese sind dann in unserem Kopf. Ab und zu kommt vielleicht einmal eine erfreuliche Nachricht, wenn zum Beispiel gerade eine Königstochter ein Kind bekommt oder zwei liebende Promis heiraten. (Wobei das auch nicht immer erfreulich endet.) Hinzu kommt die Werbung, die ebenfalls aufdringlicher und subtiler wird. Wenn sie googeln oder in Facebook stöbern, erhalten Sie immer Ihre passende Werbung am Rand der Seite. Wie auf Sie zugeschnitten und von Zauberhand. Ich habe mich schon gefragt, ob die heimlich in meinen Schuhschrank schauen können, weil ich so viel Schuhwerbung bekomme.

Natürlich ist es toll, in unserem Leben auf so viel Wissen zugreifen zu können, jederzeit, immer und überall. Doch es gibt Wissenschaftler, die überzeugt sind, dass die Menschen dadurch immer vergesslicher und gestresster werden.

Daniel J. Levitin, Professor für Psychologie und Neurowissenschaft, sagt: Unsere Gehirne sind beschäftigter als jemals zuvor (Eichinger 2015). Unser Gehirn gleicht einer Kiste mit vielen Löchern und je mehr wir hineinstopfen, umso mehr fällt wieder heraus. Wenn zu viele Informationen auf uns hereinprasseln, funktioniert die Verarbeitung einfach nicht mehr so gut. Das Gehirn ist dann wie das Fließband an einer Kasse: Je mehr Sachen wir auf das Band laden und es überfüllen, desto stärker purzeln die ganzen Sachen dann wieder herunter.

Mit Kindern wurde eine Studie durchgeführt, demnach vergessen diese Kinder Gelerntes wieder schneller, wenn sie nach dem Lernen fernsehen (Behrens und Rathgeb 2015). Doch in den Köpfen von uns Erwachsenen schaut es auch nicht besser aus, im Gegenteil.

„Es ist nicht nur so, dass wir die Dinge falsch erinnern, dass wäre schlimm genug, aber wir wissen noch nicht einmal, dass wir sie falsch erinnern, und bestehen hartnäckig darauf, dass die Ungenauigkeiten tatsächlich wahr sind", schreibt der Neurowissenschaftler Daniel J. Levitin in seinem Buch „The Organized Mind" (2014).

Das bedeutet, wir werden in diesem ganzen Informationsüberfluss alle ein bisschen dümmer und merken es vielleicht noch nicht einmal. Doch wie schon beschrieben, macht uns diese Reizüberflutung nicht nur vergesslich, sondern auch noch gereizt, nervös und krank.

Was wir brauchen, ist mehr Ruhe. Aber meistens reagieren wir entgegengesetzt. Denn wenn die Gedanken schon verwirrt sind, dann sagt unser Verstand: So jetzt machen wir uns mal einen Plan, damit wir Herr der Sache werden. Unser Verstand will uns immer weismachen, dass wir aus allem sinnvolle Schlüsse ziehen sollen. Wenn die negativen Schlagzeilen in Funk und Fernsehen kommen, was passiert dann? Wir schauen noch mehr Nachrichten, um zu sehen, was noch alles passiert oder wann es wieder vorbei ist. Das ist ein Teufelskreis. Unser Gehirn muss ja auch den ganzen Tag sondieren: Was ist wichtig und was ist nicht wichtig? Ist das jetzt eine Spam-Mail oder doch eine Mahnung der Bank? Muss ich das sofort erledigen oder hat das noch Zeit? So geht das den ganzen Tag und am Abend fühlen wir uns völlig erschöpft, ausgelaugt und fragen uns, was wir heute eigentlich den ganzen Tag gemacht haben.

> **Die Mini-Auszeit für gestresste Manager, Unternehmer und deren Mitarbeiter: Digital Detox**
> Was ist Digital Detox? Bei Digital Detox werden alle Außenreize abgeschaltet, alles, was Sie stören könnte. Werden Sie selbst kreativ. Nehmen Sie sich eine Auszeit, gehen Sie raus in die Natur (ohne Handy natürlich), legen Sie sich aufs Sofa (keine Musik). Anstatt etwas in Ihren Kopf zu lassen, geben Sie die Gedanken in Ihrem Kopf einmal auf.

(Fortsetzung)

> Schalten Sie alles ab: den Fernseher, das Radio, das Telefon, den Computer. Gehen Sie in sich und überlegen Sie sich, was Sie gerne machen oder was Sie ausdrücken möchten. Nehmen Sie sich Zeit für sich. Statt aus der Außenwelt etwas aufzunehmen, ist es an der Zeit in die Innenwelt zu gehen und zu spüren, was Sie brauchen und sich wünschen. Vielleicht können Sie dann verschiedene Herzensthemen angehen und kreativ umsetzen.
>
> Fangen Sie erst mal mit einer Stunde an und spüren am Ende nach, wie Sie sich danach fühlen. Haben Sie entspannt? Haben Sie etwas vermisst? Je öfter Sie diese Mini-Auszeit anwenden, umso leichter fällt es Ihnen.
>
> Mein Tipp: Integrieren Sie Digital Detox mindestens einmal die Woche in Ihre Mittagspause.

27.2 Über die Autorin

Bettina Sabath ist einer der gefragtesten Business Speaker, wenn es um Menschen in den Unternehmen geht. Ihre Stärke ist nicht nur die Energie, der Spirit und die Leidenschaft für das Thema, sondern auch ihre eigenen, gelebten Erfahrungen als Unternehmerin, Trainerin und Coach. Sie fokussiert sich nicht nur auf einen einzelnen Punkt, sondern auf das, was Unternehmen Leben einhaucht. Genau auf das, was Unternehmen ausmacht. Denn die Menschen im Unternehmen brauchen ein Feuer, ein Licht, eine Energie und Spirit. Sie hat das, was Menschen aufwecken lässt, erwecken lässt, relighten lässt, um Großartiges zu bewegen. Bettina Sabath ist die Frau, die es versteht, genau den Spirit in Unternehmen hinein zu hauchen, von denen diese vorher noch nicht einmal wussten, dass es ihn gibt.

Ihr Motto: „Wenn du willst, schaffst du alles."

Nach ihrer Ausbildung zur Grafikerin gründete sie 1995 eine Werbeagentur. Schon im ersten Jahr schrieb Bettina Sabath schwarze Zahlen. Im dritten Jahr stellte sie einen Auszubildenden ein, im fünften zog sie in größere Räume. Inzwischen hatte sie sechs feste Mitarbeiter.

Derzeit beschäftigt die Sabath Media Designagentur rund 40 Mitarbeiter und ist damit eine der größten Werbeagenturen in der Südpfalz. Erfolg drückt sich für die Powerfrau aber nicht nur in steigendem Umsatz oder Gewinn aus. „Wirklich erfolgreich fühle ich mich, wenn ich Mitarbeiter voranbringe", sagt Bettina Sabath. Es macht ihr Spaß, mit Menschen zu arbeiten und ihre Begeisterung zu wecken. Im Jahr 2011 gründete sie die Marke Junifeuer Consulting. Seitdem berät sie Firmen zur lebensphasenorientierten Personalpolitik und unterstützt Menschen in ihrer beruflichen und persönlichen Weiterentwicklung.

Heute konzentriert sich Bettina Sabath auf das, was ihr wirklich wichtig ist. Sie gab die Geschäftsführung ihrer Werbeagentur ab und fokussiert ihr Interesse seitdem auf deren Personalmanagement. Bewusst ermöglicht sie ihren Mitarbeitern durch flexible Arbeitszeiten und Arbeitsplatzgestaltung, Kinder zu erziehen und Eltern zu pflegen. Als Business-Coach für Junifeuer, als Mediatorin, MBA und Lehrbeauftrage an Hochschulen gibt sie ihre Erfahrungen weiter. Ihre Grundsätze wendet sie auch immer häufiger auf sich an und nimmt sich wieder mehr Zeit für sich und die Familie.

Weitere Infos unter http://www.junifeuer.de und http://www.sabath-media.de.

Literatur

Behrens, P., & Rathgeb, T. (2015). *KIM-Studie 2012 Kinder + Medien Computer + Internet*. Stuttgart: Medienpädagogischer Forschungsverbund Südwest.

Eichinger, N. (2015). Weniger ist mehr. *Herzstück*. Ausgabe Januar/Februar 2015, 76.

Levitin, D. (2014). *The organized mind*. USA: Dutton Adult

Weil Werte wirken

28

Boris Springer

Wieder einmal haben wir turbulente Zeiten. Und wieder einmal scheinen sie schlimmer zu sein als je zuvor. Ist es tatsächlich schlimmer oder doch nur anders? Fakt ist, die derzeitigen Veränderungen passen gut zu den Erkenntnissen von Nikolai Kondratieff. Er beschrieb 40 bis 60 Jahre andauernde Wirtschaftszyklen, in denen seit Ende des 18. Jahrhunderts jeweils eine neue Technologie ihren Aufschwung feierte um dann einer neuen Entwicklung Platz zu machen.

Wir erleben zurzeit das Ende des „fünften Kondratieffs", das Zeitalter der Kommunikations- und Informationstechnologie. Inhalt des sechsten Zyklus wird das weite Feld der ganzheitlichen Gesundheit sein. Hier eröffnen sich ungeahnte Möglichkeiten für bisher nicht gekannte Geschäftsfelder in den verschiedensten Bereichen. Seien es neue Berufe oder Arbeitsfelder, innovative Dienstleistungen oder neuartige Produkte wie Hilfsmittel oder Medikamente. Es wird bislang unbekannte Prophylaxe- und Therapieansätze geben, die ungesunde Lebensweise schafft große Herausforderungen und selbstredend wird die fortschreitende Alterung der Bevölkerung immer bedeutsamer, sowohl gesamtwirtschaftlich als auch in der individuellen persönlichen Betreuung. Nicht zuletzt sind vermehrt Ansätze gegen die zunehmende psychische Belastung am Arbeitsplatz gefragt, die häufig im „Burnout" endet.

Grundsätzlich ist es bei sämtlichen gesundheitlichen Themen vor allem menschlich, aber auch wirtschaftlich sinnvoller, negativen Auswirkungen vorzubeugen anstatt sie zu kurieren. An vielen deutschen Arbeitsplätzen hat diese Erkenntnis bereits ergonomische Verbesserungen zugunsten der menschlichen Physis zur Folge, gleichwohl besteht dort nach wie vor Optimierungsbedarf. Neben weiteren körperlichen Erleichterungen muss zudem ein besonderer Fokus auf die Reduzierung der psychischen Belastungen am

B. Springer (✉)
Dr. Springer GmbH, Rheinstraße 7, 41836 Hückelhoven, Deutschland
e-mail: Info@Werte-Trainer.com

Arbeitsplatz gerichtet werden. Denn der in vielen Betrieben bestehende Druck führt nicht nur zu psychisch kranken Mitarbeitern, sondern auch zunehmend zu immer größeren wirtschaftlichen Belastungen.

Wie lässt sich dieser Druck reduzieren? Neben individuellen Ansätzen in der operativen Tätigkeit jedes Unternehmens gibt es verschiedene, allgemein anwendbare Ansatzpunkte für Verbesserungen. Die bedeutendsten von ihnen sind das Arbeitsklima und die Sinnfrage der einzelnen Mitarbeiter. Wie gerne gehe ich zur Arbeit? Wie wohl und aufgehoben fühle ich mich dort? Welchen Zweck, welchen Sinn hat das, was ich dort mache? Das sind die Fragen, die Mitarbeiter mehr beschäftigen als ihr Gehalt, auch wenn dieses beileibe nicht als unwichtig angesehen wird.

Arbeitsklima wie Sinnfrage betreffen – neben anderen (zwischen)menschlichen Belangen – die Wertewelt eines Unternehmens und damit die Wertewelt aller Beschäftigten. Dabei steht außer Frage, wer für das Wertedenken verantwortlich ist: die Unternehmensleitung („Chefsache Werte")! Kein modernes, nachhaltig erfolgreiches Unternehmen kann es sich leisten, die Mitarbeiter sich selbst zu überlassen („Nun rauft Euch doch irgendwie zusammen!"), sondern ist – von der Spitze her – aktiv bestrebt, mit intrinsisch motivierten Mitarbeitern exzellente Leistungen abzuliefern. Dabei führt eine Wohlfühl-Atmosphäre zu einer produktiven Kraft, die hohe Arbeitsbelastung und Leistungsdruck kompensieren kann und eine sinnstiftende Arbeit macht nicht nur glücklicher, sondern zudem effektiver und effizienter.

Die Entwicklung zu einer intensiven und ausgeprägten Werteorientierung in Unternehmen wird durch die „Generation Y", den zwischen 1977 und 1999 Geborenen, massiv forciert. Für diese ist längst nicht mehr das Geldverdienen um jeden Preis vorrangiges Ziel. Statt dessen streben sie nach Selbstverwirklichung und Sinnsuche – sowohl bei der Arbeit als auch in ihrer Freizeit. Diese Erfahrung hat schon mancher Personalverantwortliche gemacht, der vom Bewerber im Erstgespräch nach Unternehmenskultur und -werten gefragt wurde. Spätestens jetzt, mit dem Einzug der Generation Y in sämtliche Hierarchiestufen deutscher Unternehmen, ist es dort Zeit für gelebtes Wertedenken.

Worüber sprechen wir dabei im Besonderen? Vor allem bildet die individuelle Einstellung jedes Einzelnen die Basis für die Wertewelt des Unternehmens. Sie setzt sich zusammen aus persönlicher Haltung und Handlung. Weder reicht es dabei, nur wertschätzend zu denken und nicht danach zu agieren, noch sind extrinsisch motivierte Taten ausreichend, die nur zur Wahrung eines Anscheins, vielleicht sogar gegen eigene Überzeugungen ausgeführt werden.

Die wichtigsten Grundlagen für gelebtes Wertedenken sind Demut, Respekt, Achtung und Wertschätzung materieller und immaterieller Werte anderer, die sich in einem dementsprechenden Rechtssystem befinden. Dabei gilt es unbedingt, den eigenen Selbstwert zu berücksichtigen. Diese individuelle Wertekultur ist immer einzubetten in private und berufliche Gegebenheiten.

Dabei sind Wertewelten individuell; eine objektive Priorisierung von Werten ist nicht möglich. Selbst unter Berücksichtigung der genannten Grundlagen bestehen unterschiedliche Ansichten, Meinungen und Befindlichkeiten, die es zu respektieren gilt. Einig sind wir uns in unserem Kulturkreis nur darüber, dass das menschliche Leben den höchsten Wert besitzt. Schon bei der Gesundheit gibt es Widerstreit, als Beispiel sei der angebliche „Genusswert" eines Rauchers angeführt, ebenso bei der Bewertung tierischen Lebens.

Spätestens hier beginnen die Herausforderungen für die Verantwortlichen im Unternehmen, eine Wertekultur herauszuarbeiten und zu implementieren. Der einfachste, immer noch hier und da anzutreffende Ansatz, „Zehn Gebote" im Eingangsbereich auszuhängen und auf Verhaltensänderungen zu hoffen, hat noch nie die erhofften Ergebnisse gebracht.

Tatsächlich ist aktive, sinnvollerweise extern unterstützte Arbeit für die Einführung einer gelebten(!) Wertekultur erforderlich. Hierfür bieten sich diverse Optionen an, die mindestens folgende Gemeinsamkeiten aufweisen:

– Es handelt sich um kontinuierliche Prozesse, die – je nach Situation und Anspruch – einen Entwicklungszeitraum benötigen.
– Sie beginnen mit der Bewusstmachung und Herausarbeitung der Ziele.
– Sie müssen zum Unternehmen und dessen Mitarbeitern passen.
– Sie sind Chefsache.

Eine besondere Herausforderung dieses Vorhabens soll an dieser Stelle nicht verschwiegen werden: das Brechen mit liebgewordenen Traditionen. Denn Menschen verharren bekanntlich gerne in ihren Gewohnheiten und möchten etablierte Verhaltensweisen beibehalten (Stichwort „Komfortzone"). Somit ist jede Änderung eine umso größere Herausforderung, je länger alte Verfahren, Prinzipien und Denkweisen Bestand hatten. Kurzum: Es müssen alte Zöpfe abgeschnitten werden. Auch das ist selbstverständlich Chefsache.

Am leichtesten lässt sich die Einführung einer verbesserten Unternehmenskultur verwirklichen, wenn Erfolge einer neuen Haltung für alle schnell sichtbar werden. Besonders wirksam sind daher positive Veränderungen im Umgang miteinander und im Umsatz. Die Einführung von Wertschätzender Kommunikation legt nicht nur den Grundstein für angenehmere Interaktion und größeres Vertrauen, sondern betrifft auch jeden einzelnen Mitarbeiter. Somit ist sofort der gesamte Betrieb involviert und die Akzeptanz von Neuerungen stark verbessert. Begleitender Einsatz von Wertedenken im Verkauf zeigt zudem rasch wirtschaftliche Erfolge, was wiederum Motivation für weitere Verbesserungen erzeugt. Ein Unternehmen mit werteorientierten Mitarbeitern hat zusätzlich noch eine äußerst positive Außenwirkung. Es ist ein attraktiver Geschäftspartner, wird von Kunden geschätzt und ist Magnet für gleichgesinnte Bewerber. All das trägt zu einer komfortablen, entspannten Aussicht auf eine langfristige, nachhaltige und wirtschaftlich erfolgreiche Zukunft bei.

Mit der Einführung und Beibehaltung einer gelebten Wertekultur bilden Unternehmen – zusammen mit weiteren Maßnahmen – ein Fundament, das Basis ist für zufrieden arbeitende, langfristig und gerne verbleibende Mitarbeiter. Denn: Wertedenken wirkt.

Und es steckt an. Wer mit sich, seinem Umfeld und seiner Arbeit zufrieden ist und die Werte anderer anerkennt und respektiert, infiziert mit diesem Denken und Handeln auch Zeitgenossen. Ist in einem Betrieb ein dafür fruchtbarer Boden vorhanden, kann sich diese Haltung verbreiten.

Ferner werden weitere wichtige Voraussetzungen für die psychische Gesunderhaltung geschaffen. Neben den schon angesprochenen Auswirkungen, der Reduzierung psychischer Belastungen und der Erhöhung des Wohlfühl-Faktors, sind werteorientierte Menschen auch resilienter. Das heißt, sie begegnen neuen Herausforderungen wesentlich gelassener, entspannter und ausgeglichener. Das alles hat einen unbewusst stattfindenden, vorteilhaften Einfluss auf diverse betriebliche Abläufe und somit verwundern auch nicht die zeitnah ersichtlichen, wirtschaftlich positiven Auswirkungen.

Ein besonders wichtiger Aspekt gelebter Wertekultur soll zum Schluss ausdrücklich angesprochen werden. Es ist der ständige Wertewandel und seine fortlaufende Beachtung. Was gestern noch galt, muss heute nicht mehr richtig sein. Eine Wertekultur im Unternehmen zu etablieren, ist attraktiv. Dieses Vorhaben dann nicht weiter aktiv zu begleiten, birgt die Gefahr, dass sich Störungen einschleichen und wachsen könnten, sofern sie nicht rechtzeitig bemerkt und abgestellt werden. Auch wenn sich die meisten Störfeuer aufgrund des positiven Klimas von selbst löschen. Trotz aller positiver Eigenschaften ist Werteorientierung kein Selbstläufer!

Fazit: Wertedenken lohnt sich. Menschlich wie wirtschaftlich. Eine gelebte Wertekultur ist nachweislich eine solide, nachhaltige Basis für zufriedene und psychisch gesunde Mitarbeiter, eine angenehme Arbeitsatmosphäre und damit auch wirtschaftlichen Erfolg im Zeitalter des sechsten Kondratieffs.

28.1 Über den Autor

Dr. Boris Springer ist Werte-Trainer aus Leidenschaft. Sein Motto lautet: „Werte gut – alles gut!". Er unterstützt und begleitet Unternehmen bei der Implementierung von

Wertebewusstsein in Kommunikation, Führung und Vertrieb. Zusätzlich ist ihm die wertschätzende Gewinnung der Generation 50plus ein besonderes Anliegen. Als Vortragsredner begeistert er die Zuhörer für sein Fachgebiet; seine wöchentliche Kolumne „Springers Werte" erscheint seit 2009.

Schon während seines naturwissenschaftlichen Studiums bestimmten Werte sein Denken und Handeln. Mit Beginn der Selbstständigkeit 1994 etablierte und optimierte er eine individuelle Wertekultur in seinem Unternehmen. Auf Dr. Springers Wissen und Erfahrung greifen zahlreiche renommierte Branchen, Verbände und Trainernetzwerke zurück.

Weitere Informationen gerne unter http://www.Werte-Trainer.com.

29 Wer Leistung will, muss Sinn stiften

Kurt Steindl

> **Beispiel**
>
> Der Sommer war endgültig vorbei und die Nächte wurden kühl. Höchste Zeit also, unseren Pool abzudecken. Als wir das letzte Trapezblech hochhoben, bemerkten wir darunter ein Igelnest. Nach vorsichtiger Inspizierung stand eindeutig fest, es war bewohnt.
>
> Normalerweise müssen wir unsere beiden Jungs mit neun und zwölf Jahren dazu nötigen, ihren kleinen Beitrag zur Haus- und Gartenarbeit zu leisten. Dieses Mal war es jedoch anders. „Wir brauchen viel Laub, damit die Igel im Winter nicht erfrieren!", lautete das Kommando. Und dann geschah etwas Wunderbares:
>
> Wie Wirbelwinde sausten die Kinder in die Garage, holten die Rechen und begannen tatsächlich mit Feuereifer das Laub auf unserer Gartenwiese zu kleinen Haufen zusammenzukehren. Geschwind wurden die Laubhaufen dann über dem Igelnest platziert. Ohne Aufforderungen waren die Jungs tatsächlich begeistert bei der Arbeit. Nach getaner Tat standen sie noch sehr lange vor ihrem Werk und warteten darauf, dass sich vielleicht ein Igel zeigt. Müde, aber gleichzeitig sehr zufrieden, setzten sie sich schließlich an den Küchentisch und beratschlagten, wie sie die Igel gut durch den Winter bringen könnten.

Die Motivationsforschung hat eindeutig belegt, dass es nur *eine* anhaltende, nachhaltige Motivation beim Menschen gibt – die intrinsische Motivation. Das Tun aus eigenem Antrieb, aus Freude an der Sache. „Wollen" lautet hier das Zauberwort.

K. Steindl (✉)
Im Weideland 8, 4060 Leonding, Österreich
e-mail: office@kurtsteindl.com

Wenn wir mit einem ansehnlichen Euroschein wedeln, wird sich vermutlich jemand finden, der die ungeliebte Aufgabe für diese Summe abarbeitet. Diese Art der Motivation wirkt natürlich auch, aber nur kurzfristig.

Das Beispiel mit dem Igelnest zeigt eindringlich, dass die Leistung der Handelnden automatisch hoch ist, wenn der Sinn einer Tätigkeit klar erkennbar ist – und die Betroffenen sich damit einverstanden erklären. Laub zusammenrechen an sich, ergab für die Kinder keinen Sinn. Leben zu schützen, hat da schon eine ganz andere Dimension.

Der entscheidende Punkt ist die Haltung des Mitarbeiters, mit der er an die Aufgaben herangeht. Wer seine Arbeit gerne macht, wird sie in der Regel auch gut machen. Also nicht motivieren, sondern vielmehr Demotivation vermeiden, lautet die oberste Führungsaufgabe.

Menschen handeln immer aus einem triftigen Grund. Sogar, wenn sie es kurz darauf bereuen. Haben wir nicht alle im Stress schon einmal etwas gesagt, das uns danach leid tat? Aber in diesem Moment kam es einfach über uns. Unsere intrinsischen Bedürfnisse sind der Grund dafür. Wenn unsere Bedürfnisse in Gefahr geraten, dann reagieren wir oftmals sehr impulsiv und werden vielleicht sogar richtig zornig.

Die Erfüllung von Werten gibt dem Leben Sinn. Wir brauchen keine Leitbilder an der Wand, sondern gelebte Werte und damit wahrhaftige Orientierung im Alltag.

Zuerst klären wir im Führungskreis die Unternehmenswerte, nach denen wir unser Tun ausrichten wollen. Bin ich Gründungsunternehmer, dann sind meine persönlichen Werte automatisch auch die Unternehmenswerte. Sind mehrere Personen an der Gründung beteiligt, zum Beispiel bei Familienunternehmen, dann ist die Summe der persönlichen Werthaltungen die Basis der Unternehmenswerte.

Werte kann man nur spüren, fühlen. Wir sind deshalb auch gefordert, unser Gespür dafür zu schärfen, was uns in unserem Innersten tatsächlich wichtig ist. Was löst ein angenehmes Gefühl aus und was eher ein schlechtes Gewissen? Unser Gewissen ist ein sogenanntes *Sinn*-Organ. Wohlgemerkt, kein Sinn*es*organ, sondern ein *Sinn*organ, das uns tatsächlich ganz klar den Weg weist. Wenn wir uns die Frage stellen: „Ist das richtig oder falsch?" bekommen wir sofort die Antwort.

Werte verlangen uns immer ganz und nicht nur ein bisschen. Speziell dann, wenn es gerade bequemer wäre, darauf zu verzichten. Wir spüren die Herausforderung und die Werte fordern die Erfüllung. Jetzt geht es darum, Farbe zu bekennen. Sind meine Werthaltungen nur Lippenbekenntnisse, die sich schön als Plastiksatz formulieren lassen oder steckt eine tiefe Ernsthaftigkeit dahinter?

Wenn wir nicht nach unseren Werten leben, dann opfern wir unsere Vitalität und unsere Lebendigkeit. Damit aber auch unser ganzes Sein. Wir opfern es oftmals auf dem Altar von Geld, Ansehen, Status, Macht oder anderen Dingen, die uns ach so wichtig erscheinen.

Wir spüren bereits in früher Kindheit, was uns gut tut und was nicht. Was uns Freude bereitet, was uns ein tiefes inneres Glücksgefühl beschert. Damit sind natürlich nicht die Freude über ein Geschenk und der Stolz über eine gut gemeisterte Aufgabe gemeint. Diese damit verbundenen Gefühle sind eher oberflächlich und flüchtig. Nein, ich meine diese tiefen ursprünglichen Gefühle, die wir uns meist gar nicht erklären können, warum sie uns so gut tun. Die uns lächeln lassen. Bei denen wir am liebsten vor Freude in die Luft springen wollen. Diese tiefen Gefühle entstehen aus der Präsenz von Grundwerten. Wenn wir unsere Grundwerte spüren, dann sind wir glücklich, so einfach ist das. Grundwerte lassen sich übrigens rational nur beschränkt erklären, sie sind eben ein Gefühl. Man kann sie nur spüren.

Einen Grundwert erkennt man daran, dass er gut für mich ist und gleichzeitig gut für den anderen. Wenn es nur gut für mich ist, dann ist das Egoismus. Ist es nur gut für den anderen, dann ist es Selbstaufgabe. Grundwerte sind immer positiv und wollen auch immer etwas Positives schaffen. Sie basieren auf dem Gefühl von Liebe. (Hass, Neid, Rache und so weiter sind keine Grundwerte, sondern lediglich Motive.) Grundwerte geben uns die Disziplin, konzentriert einer Sache nachzugehen. Wenn wir diese mächtigen Gefühle spüren, sind wir sogar bereit große Strapazen und Mühen auf uns zu nehmen. „Wer ein Warum hat, erträgt auch jedes Wie!" sagte schon Friedrich Nietzsche.

„Wie hätten Sie es gerne am allerliebsten?", lautet die entscheidende Frage, um den eigenen Bedürfnissen und Werten auf den Grund zu gehen. Nicht, was wäre nett, lautet die Frage, sondern was hat wirkliche Bedeutung für mich.

29.1 Über den Autor

Kurt Steindl ist Vortragsredner und der erfahrenste Hoteltester Österreichs.

„Der Serviceflüsterer" (Radio Bayern 3) stieg als gelernter Restaurantfachmann innerhalb weniger Jahre ins Hotelmanagement auf. Dort war er mehr als 15 Jahre in leitender Funktion tätig. Überdurchschnittliche Dienstleistungen sind für den ehemaligen Gastwirt die Basis erfolgreicher Marktbehauptung. Deshalb gründete er im Alter von vierzig Jahren eines der erfolgreichsten Weiterbildungsinstitute Österreichs. Seine Firma Gastlichkeit & Co betreut Tophotels und namhafte Kunden im In- und Ausland.

Er ist „Österreichs oberster Hoteltester" (Tageszeitung Kurier, OÖ. Nachrichten) und überprüfte bislang mehr als 2000 Hotels und unzählige Restaurants. Seine Bewertungen dienen als Grundlage für die österreichische Hotelklassifizierung. Er gilt als profunder

Tourismusexperte und ist ein vielgefragter Berater, wenn es um Sinn- und Werteorientierte Unternehmensführung geht.

Kurt Steindl lebt, was er sagt. Spürbare Werthaltungen, Arbeitsfreude und positive Emotionen als Energiespender. Das spürt man auch bei seinen Auftritten auf der Bühne. Als lebendiger Redner versteht er es, die Zuhörer in seinen Bann zu ziehen. Er spricht aus der Praxis für die Praxis. Klar verständlich und motivierend bringt er tiefgründig und gleichzeitig unterhaltsam auch komplexe Zusammenhänge auf den Punkt. Er ist ein Feingeist, der auch hinter die Kulissen blickt und nachdenklich macht. Authentisch, bescheiden und glaubwürdig.

Weitere Infos unter http://www.kurtsteindl.com.

MIT WEICHEN BANDAGEN© – die Faustformel für außergewöhnlichen Erfolg

30

Christoph Teege

In diesem Beitrag möchte ich Ihnen zeigen, warum „harte Bandagen" langfristig nicht zum Erfolg führen und was Sie trotzdem von Boxern lernen können. Wenn der Boxer den Ring betritt, will er gewinnen – unbedingt. Er setzt für den Sieg seine Gesundheit aufs Spiel, verlässt den Schutz der Ringecke und muss sich mit Rückschlägen auseinandersetzen. Eine Garantie, dass er gewinnt, hat er aber nicht. Sobald seine Gesundheit ernsthaft gefährdet ist oder keine Chance mehr auf den Sieg besteht, wirft der Trainer das Handtuch.

Und genau das ist der entscheidende Unterschied zu Fach- und Führungskräften in Unternehmen. Beim aufmerksamen Lesen der Zeitungen und Beobachtung der Medien scheint es, dass viele Ziele nur noch auf Kosten der Gesundheit und mit „harten Bandagen" erreicht werden können.

Ich möchte Ihnen zeigen, dass es auch mit „weichen Bandagen" geht. Weich hat in diesem Zusammenhang nichts mit Weicheiern oder Schwächlingen zu tun. Es geht vielmehr um den gezielten und intelligenten Einsatz eigener Ressourcen. Wenn Sie die Faustformel für außergewöhnlichen Erfolg anwenden, werden Sie einen gesundheitlichen K. o. vermeiden. Sie werden Ihre körperliche und mentale Schlagfertigkeit steigern und so Ihre Chancen erhöhen, den Ring als Sieger zu verlassen.

Beim Boxen haben Sie einen echten Gegner, der Sie körperlich angreift. In Job und Alltag müssen Sie sich (hoffentlich) keiner körperlichen Angriffe erwehren. Im Berufs- und Privatleben geht es vielmehr um Angriffe, die auf mentale Ebene einwirken. Die Rede ist von den Angriffen des Alltags.

C. Teege (✉)
Zingel 35, 31134 Hildesheim, Deutschland
e-mail: mail@christoph-teege.de

30.1 Angriffe des Alltags

Wahrscheinlich gibt es Hunderte von großen und kleinen Angriffen des Alltags. Ich fasse sie gerne in drei großen Gruppen zusammen:

1. Ungewisse Zukunft

Niemand kann die Zukunft exakt vorhersagen – auch wenn wir uns das noch so sehr wünschen. Unser Verstand und unsere bisherigen Denk- und Entscheidungsgewohnheiten setzen absolute Sicherheiten voraus. Wir haben tief in uns drinnen das Bedürfnis nach Sicherheit und nach Kontrolle. Trotzdem bleibt immer ein Rest-Risiko. Diese fehlende Sicherheit schüchtert viele Menschen ein, hemmt und blockiert sie bei der Entfaltung des eigenen Potenzials und sorgt dafür, dass gesundheitsgefährdende Umstände einfach akzeptiert werden.

2. Gesellschaftliche Erwartung

Jeder hat Erwartungen und stellt Ansprüche an Sie – sowohl im privaten als auch im beruflichen Bereich. Dazu kommen noch die eigenen Ansprüche an sich selbst. Die meisten Menschen sind von irgendwelchen Maßstäben und Idealen getrieben. Aus Angst vor Ablehnung orientieren sie sich an der gesellschaftlichen Erwartung, statt die eigene Zukunft selbst aktiv zu gestalten. Sie können sich noch so sehr anstrengen: Sie werden es niemals allen recht machen können.

3. Ständige Erreichbarkeit und Informationsflut

Durch moderne Technologien ist es möglich, 24 Stunden und an sieben Tagen in der Woche erreichbar zu sein. Die Grenze zwischen Arbeitsleben und Freizeit verschmilzt immer mehr. Das Smartphone ist unser ständiger Begleiter. Schon morgens nach dem Aufstehen werden E-Mails und soziale Medien gecheckt. Im Büro angekommen, diktieren wiederum E-Mails das Tagesgeschäft. So schön die moderne Technologie ist – sie hat leider einen großen Nachteil: Sie raubt Ihre Aufmerksamkeit und lenkt Sie vom Wesentlichen ab. Die Folge: Sie kommen nicht wirklich dazu, das zu erledigen, was Sie sich für den Tag vorgenommen haben.

Die Angriffe des Alltags sorgen dafür, dass die Menschen Ihre Leistungsgrenze schneller erreicht haben. Um mit der Geschwindigkeit mithalten und durchhalten zu können, arbeiten Sie kompromissloser, härter und auf Kosten der Gesundheit – eben mit „harten Bandagen". Zu diesem Ergebnis kommt auch eine Studie des Gesundheitsmonitors der Stiftung von Bertelsmann und BARMER GEK aus dem Jahr 2015. Sie hat ergeben, „dass knapp 25 Prozent der Vollzeit- Beschäftigten in Deutschland ein Tempo vorlebe, das es langfristig selbst nicht durchzuhalten glaubt. 18 Prozent erreichten oft die Grenze ihrer Leistungsfähigkeit. 23 Prozent verzichten auf Pausen. Und jeder Achte kommt krank ins Unternehmen."

Um von derartigen Angriffen des Alltags nicht gesundheitlich K. o. geschlagen zu werden, können Sie einige Eigenschaften und Verhaltensweisen von Boxern übernehmen – zusammengefasst in der Faustformel für außergewöhnlichen Erfolg.

30.2 Faustformel für außergewöhnlichen Erfolg

Die Faustformel für außergewöhnlichen Erfolg besteht aus drei Bereichen. In der Mitte sehen Sie eine Hand, die zu einer Faust geballt ist. Auf den Knöcheln steht GmvH. Sie können mit der Hand weich und zärtlich sein und filigrane Sachen machen, gleichzeitig können Sie mit der Faust auch mal richtig auf den Tisch hauen, wenn es zu viel wird. Die Abkürzung GmvH steht für Gesellschaft mit voller Haftung. Die Faust steht stellvertretend für Eigenverantwortung und Eigeninitiative. Es ist Ihre Entscheidung, wie Sie mit Ihrer Energie umgehen. Setzen Sie Ihre Kräfte konstruktiv ein und kämpfen Sie für das Ziel und halten Sie sich nicht auf Nebenkriegsschauplätzen auf!

Der zweite Bereich sind die fünf Finger. Jeder Finger steht für einen wichtigen Punkt auf den Weg zum Erfolg:

1. Fokus

Es ist gut, einen Fokus zu haben. Noch besser ist es, wenn Sie einen „weichen Fokus" haben. Sich zu fokussieren gibt Orientierung und sorgt für Klarheit. Die Gefahr, sich zu verzetteln, wird minimiert. Sie laufen dabei allerdings Gefahr, dass Sie die Chancen links und rechts des Weges gar nicht wahrnehmen. Das ist wie beim Boxen. Wenn der Boxer in den Ring geht, will er gewinnen. Aber er darf sich nicht zu sehr auf eine Sache konzentrieren. Er muss genau kalkulieren, wie er seine Stärken im Kampf mit dem Gegner einbringen kann. Im Job und Privatleben ist es genauso. Achten Sie darauf, Ihre Stärken optimal einzusetzen und prüfen Sie, was sich links und rechts vom Weg abspielt. Ihre Intuition und Ihre Emotionen helfen Ihnen dabei und geben Ihnen wertvolle Anhaltspunkte für die nächsten Ziele.

2. Planung

Wenn ein Boxer zum Kampf antritt, will er siegen. Eine Garantie dafür kann ihm jedoch niemand geben. Er weiß, dass es Rückschläge geben wird. Eine gute Trainingsplanung hilft dabei, von Rückschlägen nicht überrascht zu werden und erhöht gleichzeitig die Gewinnchancen. Im Job und im Alltag ist es ebenfalls sinnvoll, sich mit Rückschlägen zu beschäftigen und vernünftig zu planen, damit Sie sich nicht verzetteln. Es gibt aus meiner Erfahrung zwei Grundsätze, die Sie beachten sollten:

- Planen Sie so grob wie möglich und so fein wie nötig. Gehen Sie vom gewünschten Ergebnis zurück bis zum Ausgangspunkt. Brechen Sie den Weg zum Ziel in einzelnen Schritten herunter, jedoch nicht bis ins letzte Detail.
- Logik vor Zeit. Bringen Sie die einzelnen Schritte in eine logische Reihenfolge. Erst dann setzen Sie sich Termine, bis wann die jeweiligen Schritte abgeschlossen sein sollen.

3. Umsetzung

Wenn Sie im Ring stehen, müssen Sie den Schutz der Ringecke verlassen und sich dem Kampf stellen – auch oder gerade weil Sie nicht wissen, ob Sie gewinnen oder verlieren werden. Im Job und Alltag verhält es sich genauso. Sie müssen die einzelnen Schritte des Plans nach und nach erledigen. Erst dann sehen Sie, ob Ihr Plan aufgeht. Es klingt so einfach, und trotzdem bereitet es vielen Menschen Schwierigkeiten. Sie schieben immer wieder Aufgaben vor sich her. Ausreden wie der innere Schweinehund werden gerne als Rechtfertigung für die eigene Inaktivität verwendet. Vergessen Sie den Schweinehund! Übernehmen Sie (mehr) Verantwortung und entscheiden Sie selbst, ob Sie das Ziel erreichen wollen oder nicht. Hauen Sie mit der Faust auf den Tisch und kommen Sie ins Handeln.

4. Vitalität

Der Boxer ist gut beraten, seine Energie im Kampf gut einzuteilen. So vermeidet er Rückschläge und sorgt dafür, dass ihm im Verlauf des Kampfes nicht die Kräfte verlassen. Auch hier gibt es wieder Parallelen zu Ihrem Job und Privatleben. In der Regel brauchen Sie für Ihr Ziel Wochen, Monate und manchmal sogar Jahre. Auch hier müssen Sie Ihre Energie gut einteilen. Nur so können Sie dranbleiben und letztendlich ans Ziel kommen. Bleiben Sie vital, gesund und leistungsfähig. Die gute Nachricht: Steigern Sie Ihre Vitalität durch Bewegung, Ernährung und Entspannung. Die schlechte Nachricht: Sie können Vitalität nicht an andere delegieren – da müssen Sie selber ran!

5. Erfolg

Im Boxen bedeutet Erfolg der Sieg im Ring. Doch auf dem Weg dorthin hat der Boxer mit dem Widerstand des Gegners zu kämpfen, wird häufig in die Ringseile gedrängt und steht manchmal vor der Frage: „Soll ich das Handtuch werfen oder mich durchboxen?" Die Antwort ist eindeutig: Solange Ihre Gesundheit nicht gefährdet ist und noch eine Chance auf den Sieg besteht, heißt die Devise: weitermachen, dranbleiben und sich durchboxen. Im Job und Privatleben ist es ähnlich. In den wenigsten Fällen kommt es genauso, wie Sie es geplant haben. Auch hier werden Sie Phasen haben, in denen Sie am liebsten aufgeben würden. Achten Sie auf Ihre Intuition und Ihre Emotion als Impulsgeber. Wenn noch eine Chance besteht, das Ziel zu erreichen, dann bleiben Sie unbedingt dran.

Der dritte Bereich in der Faustformel ist sozusagen der Boxhandschuh, der die Hand vor Verletzungen schützt. Es umfasst das Thema Selbstbehauptung. Sie müssen in erster Linie Ihre Gesundheit vor den Angriffen des Alltags schützen. Aber es geht noch weiter. Wenn Sie damit beginnen, mehr Eigeninitiative zu zeigen und mehr Verantwortung zu übernehmen, werden Sie dafür nicht nur Lobeshymnen hören. Nicht alles, was Sie tun, wird von Ihrem Umfeld mit Zustimmung belohnt. Entwickeln Sie daher einen gesunden Egoismus, um sich von derartigen Reaktionen nicht verunsichern zu lassen. Das bedeutet, dass Sie Ihre Vorhaben trotzdem durchsetzen, solange Sie eine gute Absicht damit verfolgen. Denn wie gesagt, Sie werden es nie allen recht machen können.

30.2.1 Fazit

Der Weg zum Erfolg lässt sich wunderbar mit dem Boxen vergleichen. Sie bekommen Rückschläge, werden manchmal auf den Ringboden der Tatsachen geschickt und haben in keiner Sekunde die Garantie, dass Sie den Ring als Sieger verlassen. Unter Anwendung der Faustformel wird es Ihnen gelingen, Rückschläge besser zu verkraften, einen gesundheitlichen K. o. zu vermeiden, Ihre mentale und körperliche Schlagkraft zu steigern und Ihre Erfolgschancen deutlich zu erhöhen.

30.3 Über den Autor

Christoph Teege, Dipl.-Ing. (FH), Jahrgang 1981, verheiratet, eine Tochter, ist Speaker, Fitness-Coach und Lehrbeauftragter für SpeedReading an den Hochschulen Hannover und Hildesheim sowie der Universität Köln.

Er hatte im Abitur in Mathematik und Physik eine 5 – trotzdem studierte er Maschinenbau – erfolgreich und in der Regelstudienzeit. Er kündigte seinen gut bezahlten Job als Ingenieur und machte sich 2011 als SpeedReading-Trainer und Fitness-Coach selbstständig – obwohl ihm alle davon abgeraten hatten. Er war bis 2008 Raucher und hatte keinerlei Erfahrung im Ausdauersport. Nach nur zwei Jahren Training finishte er den Ironman (3,8 Kilometer Schwimmen, 180 Kilometer Radfahren, 42 Kilometer Marathon) –

es war zugleich sein erster Triathlon überhaupt. Mit gerade einmal eineinhalb Jahren Fitness-Box-Erfahrung nahm Christoph Teege 2012 am Casting für das „TV Total Quizboxen" teil – und wurde genommen. Er absolvierte beim Quizboxen seine ersten Boxkämpfe. In den Live-Shows behielt er vor einem Millionen-Publikum die Nerven und gewann als einziger Kandidat alle fünf Kämpfe. Christoph Teege ist der amtierende Quizbox-Weltmeister.

Im Mai 2015 kämpfte Christoph Teege um die WBU Semipro Deutsche Meisterschaft – und gewann. Er ist amtierender WBU Semipro Deutscher Meister im Boxen. Heute unterstützt er mit seinen Vorträgen, Büchern und seinem Programm „Box dich durch!" Unternehmen, Fach- und Führungskräfte sowie Privatpersonen dabei, einen gesundheitlichen K. o. zu vermeiden, gelassener mit Rückschlägen umzugehen, die mentale und körperliche Schlagkraft zu steigern, damit diese Leistungsträger als Sieger aus dem Ring gehen.

Weitere Infos unter http://www.Christoph-Teege.de.

Literatur

Bertelsmann Stiftung (Hrsg.). (2015). *Gesundheitsmonitor Selbstgefährdendes Verhalten.* https://www.bertelsmann-stiftung.de/de/themen/aktuelle-meldungen/2015/maerz/gesundheitsmonitor-selbstgefaehrdendes-verhalten/. Zugegriffen am 05.08.2015.

Erfolg entsteht nicht nur in Tabellen und Reports

31

Dagmar Verloop

Erfolg macht sexy – Redewendung, Klischee oder Realität? Erfolg macht Spaß und damit sexy. Menschen, die erfolgreich sind, strahlen die drei „Selbst" aus, nämlich Selbstbewusstsein, Selbstsicherheit und Selbstwertgefühl. Sie treten dementsprechend positiv, überzeugend und motivierend auf und sind es. Ihr Glas ist stets halb voll, es gibt in aller Regel keine Probleme, sondern nur Herausforderungen und damit meistens auch Lösungen und Wege weiter voranzukommen. Dies strahlt Sicherheit, Verlässlichkeit und Vertrauen aus.

Der berufliche Erfolg bedeutet aber für jeden Menschen etwas anderes. Der eine misst ihn an der Höhe seines Gehaltes und den damit verbundenen monetären Möglichkeiten sich Wünsche zu erfüllen. Ein anderer bewertet den Erfolg an seiner Position und der damit verknüpften Macht und Einflussnahme. Bei dem einen ist es der größere Dienstwagen, bei dem anderen die Bonuszahlung. Für manche bedeutet beruflicher Erfolg, wenn persönliche Ziele erreicht wurden, für andere, wenn gemeinsam mit einem Team etwas aufgebaut wurde. Der eine empfindet Erfolg, wenn er Anerkennung in der täglichen Arbeit erhält und der andere, wenn er Mitarbeiter führen und fördern darf. Bei manchen ist es beruflicher Erfolg, wenn man tun kann, was seinem Talent entspricht oder sein Hobby ist, und bei anderen, wenn eine Aufgabe als sinnvoll empfunden wird.

Auf Unternehmensseite wird der Erfolg hingegen im Wesentlichen an allgemeingültigen und individuellen KPIs (Key Performance Indicators) gemessen, wie z. B. wachsende Marktanteile, steigende Umsatzzahlen, höhere Renditen, stärkere Profitabilität oder sinkende Kosten.

D. Verloop (✉)
Sachsenhäuser Landwehrweg 94, 60599, Frankfurt
e-mail: dagmar.verloop@dagmar-verloop.com

Damit Unternehmen im Dienstleistungssektor den immer stärker wachsenden und sich ändernden Markt- bzw. Kundenanforderungen gerecht werden, erfordert es also nicht nur innovative Lösungen und kosteneinsparende Dienstleistungen, sondern vor allem auch gut ausgebildete, erfahrene und engagierte Mitarbeiter. Denn überall da, wo menschliches Handeln Einfluss auf Lösungen, Prozesse und Ergebnisse hat, spielen zusätzlich Faktoren wie Loyalität, Motivation, Anerkennung, Wertschätzung, Achtung, Respekt und Produktivität entscheidende Rollen, da sie das Engagement des einzelnen mit beeinflussen.

Eine wesentliche Basis dabei liefert der inhaltliche (Mehr)Wert einer Tätigkeit, der neben einer angestrebten Position, einem gewissen Gehalt, Prestige oder sonstigen Sondervergütungen, den persönlichen Antrieb und die Bestätigung liefern. Denn wenn man liebt, was man tut, verleiht dies ein Flow-Erlebnis mit einer positiven Auswirkung auf die Leistungsfähigkeit und damit auf den Erfolg.

Firmen befinden sich im Spannungsfeld zwischen Stake- bzw. Shareholdern und legen vor diesem Hintergrund Zielgrößen fest, an denen wiederum individuelle oder kollektive Ziele abgeleitet werden. Eine Win-Win-Situation besteht, wenn der Erfolg sowohl auf Unternehmens- wie auch auf Mitarbeiterseite in gleicher Weise interpretiert und durch entsprechende Zielvereinbarungen, die realistisch, fordernd wie auch erreichbar und beeinflussbar sind, festgeschrieben wird. Dabei ist zu beachten, dass interdependente Ziele Entscheidungsfreiräume zulassen und gegenläufige Ziele möglichst vermieden oder gering gehalten werden sollten, um innerhalb und zwischen Teams oder Bereichen den Weg zum Erfolg zu ermöglichen. Interner Wettbewerb sollte dabei auch keine kontraproduktive Konkurrenzsituation schaffen, die einem Gesamterfolg zuwiderläuft. Zielmodelle, die das Optimieren verschiedener Kenngrößen zulassen, fördern unternehmerisches Handeln und steigern das Engagement und die Motivation und tragen damit zum Erfolg bei.

Kennzahlen, die, manchmal in täglicher Frequenz, den internen Wettbewerb anheizen sollen, und wöchentliche Reports, die kurzfristige Entwicklung demonstrieren oder monatliche Berichte, die Tendenzen für das Geschäftsjahr aufzeigen, sind Medien, um den Erreichungsgrad des Erfolges aufzuzeigen. Weisen sie negative Entwicklungen aus, ist es unabdingbar, kurzfristig Maßnahmen zu definieren und umzusetzen, die den Erfolgskurs wieder in Aussicht stellen. Da solche Maßnahmen in aller Regel erneut durch angepasste oder neue Kennzahlen in weiteren Reports oder Berichten gemessen, dokumentiert und kommuniziert werden, ist es notwendig, angemessene und erfolgsversprechende Maßnahmen zu definieren. Interne Prozesse, um Zahlen und deren Erreichen dürfen dabei nicht zum Selbstzweck werden und zu zunehmend administrativen Tätigkeiten führen, die für die eigentlichen wertschöpfenden Aufgaben zu wenig Zeit oder Kreativität lassen. „How to beat the system" (das System überlisten), um die gewünschten Zahlen zu liefern, hilft ebenso wenig, wie eine reine Nabelschau (was kann ich tun um mein Ziel zu erreichen). Um also erfolgreiche Maßnahmen einzuleiten, erfordert es zunächst die Probleme und deren Ursache zu erkennen und nicht nur an Symptomen „rumzudoktern". Dies bedarf auch den stetig verändernden Markt, die Mitbewerber sowie fortschreitende Trends und Entwicklungen zu analysieren, denn so global der Markt ist, so komplex sind mögliche Ursachen, Lösungsszenarien und deren Wirkungen.

(Optimierungs-)Maßnahmen, zumeist im Back-Office, beinhalten in aller Regel die Einführung neuer oder die Anpassung bestehender Systeme und Prozesse und enden nicht selten in der Verlagerung von Verantwortungsbereichen in Near- oder Off-Shore-Länder. Deren Ergebnis hängt somit zum einen davon ab, inwieweit diese professionell (Maßstab wie bei externen Kundenprojekten) auf- und umgesetzt sowie kommuniziert und geschult wurden, aber vor allen Dingen auch, inwieweit diese Neuerungen Entlastung und Unterstützung im täglichen Business bringen bzw. im Einklang mit den Rahmenbedingungen und Zielvorgaben der beteiligten Parteien stehen, um zum Erfolg beizutragen.

Interne Prozesse, Abwicklungsprozeduren, Berichte und Reports sollen dazu dienen, die tägliche Arbeit zu unterstützen und dabei Visionen, mögliche Chancen oder positive Entwicklungen zu betrachten und zu analysieren, statt einerseits administrativen und nicht produktiven (Mehr-)Aufwand zu erzeugen und andererseits stundenlange Meetings oder Telefonkonferenzen mit wiederholenden Diskussionen, Verteidigungs- und Rechenschaftsdebatten auszulösen. Erfolg erreicht man durch wertschöpfende Tätigkeiten und die vermehrte Betrachtung von Chancen und Wegen.

Nicht nur eine Unternehmens- und Meeting-Kultur beeinflussen den Erfolg, sondern auch eine strategische, konsequente und systematische Personalplanung und -entwicklung. Vor dem Hintergrund, dass Wirtschaftlichkeits- und Rentabilitätsüberlegungen in Unternehmen immer häufiger Fortbildungsmaßnahmen aufgrund von Kostendruck und Einsparungsentscheidungen auf ein Minimum reduzieren oder gar gänzlich streichen, gewinnt diese immer mehr an Bedeutung.

Optimale interne Maßnahmen/Prozesse sind zentral, aber nicht alleine ausschlaggebend für den Erfolg. Entscheidend ist vor allem auch, Kunden kurzfristig und nachhaltig dazu verhelfen, besser und erfolgreicher zu werden. Das bedeutet, bedarfsgerechte, passende oder auch innovative Produkte oder Dienstleistungen zu marktgerechten Preisen anzubieten, und dabei selbst profitabel zu sein und stetig zu wachsen, um sich am Markt behaupten zu können. Die Digitalisierung schafft immer mehr Transparenz und damit Vergleichbarkeit, was zielgruppenorientierte und wirtschaftliche Alleinstellungsmerkmale unabdingbar machen. Um somit den Druck um Umsatz und Margen zu minimieren und den Erfolg zu maximieren, ist es von Zeit zu Zeit sinnvoll, etwas Abstand vom Gewohnten zu nehmen, eine andere Perspektive einzunehmen, den Blick auf anderes zu richten und die Zeit für kreative Entwicklung zu investieren.

Im Dienstleistungsgeschäft kommt es aber auch darauf an mit Kreativität, Diplomatie und Einfühlungsgabe auf Kunden einzugehen, ihr Business und ihren Markt kennenzulernen bzw. zu verstehen. Der Kunde will erleben, dass er im Mittelpunkt steht, seine Belange verstanden bzw. Trends antizipiert werden und er passende Ideen, Lösungen und Leistungen „in time and budget" aber auch in der avisierten Qualität und Quantität bereitgestellt oder umgesetzt bekommt. Dies führt schlussendlich den Kunden wie auch den Dienstleister zum Erfolg.

In einer globalisierten Wirtschaft, die mit immer schneller wechselnden technischen Möglichkeiten ein immer höheres Maß an Transparenz erzeugt, ist es eine Maxime immer kurzfristiger Erfolge zu erzielen, um sich effektiv und effizient auf dem Markt zu positionieren. Das Entwickeln und Aufsetzen von längerfristigen Maßnahmen wird häufig zu Gunsten von Quick Wins zurückgestellt. Agile und flexible Systeme und Projektpläne sind erforderlich, um kurzfristig reagieren und handeln zu können. Produkte und Lösungen sollten volatilen Gegebenheiten Stand halten. Anwendungen müssen jederzeit modular anpassbar und kompatibel sein. Projekte und Vorhaben sollten in ihren Phasen verwertbare (Teil-)Lösungen vorsehen, um in kürzester Zeit auf neue Anforderungen anpassbar zu sein und auch in wirtschaftlich schwierigen Situationen Erfolge zu ermöglichen.

Unsere Wirtschaft ist ein vernetztes Business von Konkurrenten, Partnern, Kollegen, Mitbewerbern, Lieferanten oder Investoren, mit Verbindungen zwischen Kontinenten, Ländern, Regionen und Menschen. Hieraus entwickeln sich Netzwerke, die nicht nur interessante Menschen miteinander verbinden, sondern dem einzelnen auch häufig neue Impulse, Ideen und Input liefern. Ein aktiver, kollegialer und wertschätzender Umgang in solchen Netzwerken öffnet Türen, liefert wertvolle Informationen oder ist nicht selten auch ein Sprungbrett in das Meer neuer Möglichkeiten und Herausforderungen. Eine wesentliche Grundlage für Erfolg, innerhalb von Netzwerken bzw. von (weltumspannenden) Kooperationen, sei es innerhalb eines international agierenden Großkonzerns oder zwischen Partnern aus unterschiedlichen Ländern, ist das Verständnis für die Unterschiedlichkeiten aller Beteiligten und der Wille, diese möglichst reibungslos miteinander zu verbinden und zu einem erfolgreichen Ganzen zu integrieren. Dies erfordert nicht nur die Berücksichtigung und Integration kultureller und arbeitsrechtlicher Divergenzen, sondern ebenso eine positive und offene Einstellung ohne jegliche Ressentiments für einen gemeinsamen Austausch. Im Business trägt zwar der einzelne mit seiner Expertise und Erfahrung zur Zielerreichung bei, aber das Team schafft den Erfolg. Erfolg entwickelt sich somit in ausgewogenen und abgestimmten Teams mit der optimalen Zusammensetzung aus unterschiedlichen Erfahrungen, abgestimmten Qualifikationen beider Geschlechter und verschiedener Alterslevel.

Formen der Zusammenarbeit, persönliche Kontakte, aber auch die Kommunikation auf und zwischen Hierarchie-Ebenen spielen hierbei eine nicht unwesentliche Rolle, um sich in seiner Tätigkeit bzw. Position eingebunden sowie wohl zu fühlen und sich damit verstärkt zu engagieren und erfolgreich einzubringen. Achtung und Respekt wirken sich auf die Zufriedenheit und das Wohlsein aus. Anerkennung und Wertschätzung schaffen Zutrauen und Motivation. Vertrauen und Freiraum fördern Leidenschaft und Kreativität. Engagement und Produktivität tragen dazu bei, qualitativ und quantitativ mehr zu leisten. Loyalität und Motivation fördern engagiertes und positives Handeln. Der Faktor Mensch trägt somit nicht nur zur Wertschöpfung sondern auch zur Unternehmenskultur und nach außen zum Image eines Unternehmens bei.

Erfolg zeigt sich nicht nur in quantitativ messbaren Ergebnissen, Unternehmenskennzahlen, Anzahl an Beförderungen oder der Höhe des Bonus, sondern bereits auf dem Weg dorthin, durch qualitative Kriterien, wie gute Kommunikation, Loyalität, Motivation, Anerkennung und Kollegialität. Sie sind die Akzeleratoren und Verstärker für den quantitativen Erfolg und die Zahlen hierbei sind Resultierende und fallen umso besser aus, je besser die menschlichen Potenziale eingesetzt, gefördert und entwickelt werden.

31.1 Über die Autorin

Dagmar A. Verloop ist Beraterin und Managerin und seit über 20 Jahren in Beratungsunternehmen und Banken erfolgreich tätig. Die studierte Betriebswirtin entwickelte und implementierte Anwendungen, analysierte und optimierte Prozesse oder baute Organisationseinheiten auf. Ihre langjährige Erfahrung im Sales und in der Leitung von Einheiten oder Projekten ließen immer wieder erkennen, dass der Fokus auf Fachwissen, Technik oder Zahlen nicht ausreichen, um Erfolg zu erzielen. Der Faktor Mensch und die (interne) Kommunikation spielen im Organisations- und IT-Umfeld ebenso bedeutende Rollen. Sie versteht sich als Bindeglied zwischen der fachlichen und der technischen Welt, in der sie Menschen unterschiedlichster Disziplinen zusammenführt und zu Teams aufbaut. Mit Spaß und Abwechslung, mit Kreativität und Erfahrung, sowie mit Respekt und Wertschätzung, begleitet sie diese, um gemeinsame Ziele zu erreichen. Hieraus entwickelte sie nicht nur ihr breites Netzwerk, sondern sie engagiert sich seit mehreren Jahren auch als Management-Coach und Mentor, und unterstützt Mitarbeiter und Kunden erfolgreich in ihrer Karriere.

„Der Chief Heart Officer (CHO) – die Führungskraft der Zukunft"

Claus Walter

„Es muss von Herzen kommen, was auf Herzen wirken soll."
Johann Wolfgang von Goethe

32.1 Neue Wirkkräfte

In meinem Beitrag zu dem Buch *Chefsache Frauen* gebe ich fundierte Impulse, wie Frauen in der Arbeitswelt mit Leichtigkeit z. B. genderspezifische Barrieren und Konfliktpotenziale auflösen und erfolgreicher werden können. Viele Aspekte davon sind generell für alle aktiv am Arbeitsleben Teilnehmenden – insbesondere Führungskräfte – nutzbar. Daher habe ich in diesem „Best of"-Beitrag ein Abstract der für diese Zielgruppe relevantesten Erkenntnisse aus meiner Arbeit mit dem Schwerpunkt „Herz-Resonanz" (vgl. Abschn. 32.4) zusammengestellt. Mit dem Ziel, in unserer Arbeitswelt der Zukunft eine Grundlage für mehr Wertschöpfung statt Erschöpfung zu schaffen, kurzum – neue Qualitäten der Führung und im Umgang miteinander zu bewirken.

Laut der Weltgesundheitsorganisation (WHO) entwickeln sich Herzerkrankungen und Depressionen bis 2020 zu den führenden Volkskrankheiten. Das Herz ist demnach in seinen beiden Funktionen, sowohl als Organ wie als Zentrum der Gefühle, belastet. Ein Aspekt, der bisher immer noch zu wenig Beachtung findet, da das rationale Vorgehen nach wie vor meist höhere Priorität hat. Eine Haltung, die vor dem Hintergrund der höheren Anforderungen an die Sozialkompetenz der Führungskräfte der Zukunft ein Auslaufmodell ist.

C. Walter (✉)
CforC GmbH, Buchgrindelstr. 13, PF 876, Wetzikon CH-8623, Schweiz
e-mail: c.walter@cforc.biz

Was heißt das im Klartext? Es bedeutet die Besinnung auf den eigenen innersten Kern und mit ihr einhergehend eine Stärkung der Verbindung zwischen der persönlichen Intuition, dem Herz und dem Verstand. Wem das gelingt, der ist in seiner ursprünglichen Resonanz, findet zu sinnhaften Zielen und damit zum ganz persönlichen Erfolg. Das belegen die in den letzten 20 Jahren gewonnenen wissenschaftlichen Erkenntnisse führender europäischer und amerikanischer Naturwissenschaftler (HeartMath Institute, Kalifornien, USA) zur Herz-Resonanz, der Quantenphysik und der Herz-Raten-Variabilitäts-Messung. Sie zeigen u. ä. auf, dass das Magnetfeld des Herzens, gemeint ist seine Anziehungskraft, 5000-mal stärker ist, als die entsprechenden Signale des Gehirns.

Die nutzbaren Qualitäten dieser Zusammenhänge für die Führungsetagen und überall in der täglichen Arbeitswelt liegen also auf der Hand bzw. im Herzen. Packen Sie es an. Sie können nur gewinnen.

32.2 Mut zum „beherzten" Tun

Mut ist laut Duden die Bereitschaft, angesichts zu erwartender Nachteile etwas zu tun, was man für richtig hält. „Beherztheit" ist als ein Synonym aufgeführt. Bereits rein sprachlich sind Mut und Herz demnach verbunden. Wen wundert es da, dass die Kombination aus Mut und Herzblut, wenn sie authentisch von Führungspersönlichkeiten gelebt wird, zum Erfolg führt.

Mut braucht es überall um Wettbewerbsdruck, Fusionen und Restrukturierungen in den Unternehmen bewältigen zu können. Die Führungskraft steht bekanntlich vor Herausforderungen wie:

- *Zunehmende Unverbindlichkeit der Arbeitsverhältnisse und der Mitarbeitenden* – gefordert wird: ziel- und lösungsorientiertes Führen
- *Zunehmende Projektstrukturen* – gefordert wird: Teambilder- und Leadership-Kompetenz
- *Mitarbeiter arbeiten in höherer Eigenverantwortung* – gefordert wird: kommunikative Kompetenz und die Fähigkeit zu delegieren
  (SKP AG 2008)

Was sich daraus ablesen lässt: Emotionale und soziale Kompetenz sind vom „nice to have" zum „must have" geworden. Sie werden heute gleichbedeutend oder sogar wichtiger als Fachwissen eingestuft. Das unterstreicht auch Stefan Ries, Personalchef von SAP: „Die Führungskraft soll Vorbild und Vertrauensperson sein – verantwortungsbewusst, mitreißend, kommunikativ und einfühlsam. (…) Chefs sollen zudem dafür sorgen, dass sich Privatleben und Berufsalltag bestmöglich vereinbaren lassen, egal ob es um Familien- oder Gesundheitsthemen geht" (Ries 2015).

Gleichermaßen belegen zahlreiche Beispiele aus meiner Coaching-Praxis, dass die gezielte Förderung der sozialen und emotionalen Kompetenz von CEOs,

Geschäftsleitungsmitgliedern und Führungskräften zu signifikant verbesserten Unternehmensergebnissen führt. Zwei wesentliche Kriterien dafür sind eine schnellere und klarere Kommunikation sowie ein gestärktes Miteinander bzw. die Bereitschaft zum Miteinander. So gelang beispielsweise in einem Fall die erfolgreiche Durchführung eines anstehenden Change-Prozesses innerhalb weniger Monate. Ein anderes Unternehmen erzielte eine permanente Auslastungserhöhung auf sechs Monate im Voraus.

32.3 Die CHO-Erfolgsnavigation: Herzblut und Teamgeist

Die Zeiten von TEAM im Sinne von „Toll, ein anderer macht's" sind definitiv vorbei. Echter Teamgeist ist gefragt und der entsteht ebenfalls im Herz, was sich ganz wesentlich in der Verbundenheit und Einsatzbereitschaft der Mitarbeitenden für ihr Unternehmen ausdrückt. Ein starker Bindungsfaktor in diesem Zusammenhang ist die Führungskraft. Schafft sie es, für ihre Mitarbeitenden in Personalunion Chef oder Chefin, (Karriere-) Coach und Begleiter zu sein – eine Ebene von Mensch zu Mensch herzustellen – ist das der beste „Kitt", der Mitarbeitende und Unternehmen zusammen hält. Und ein Team wirklich große Taten vollbringen lässt.

Rein rational gesteuert sind diese neuen Anforderungen an Führungspersönlichkeiten nicht mehr zu erfüllen. Eine neue Vorgehensweise und Haltung ist gefragt: hin zum Menschen, zum Menschlichen. Da der Mensch eine Einheit aus Gedanken, Gefühlen und Handlungen ist, führt das in der Konsequenz zu einer neuen „Art" von Führungskraft – dem Chief *Heart* Officer (CHO).

Ihr oder sein Führungsstil ist geprägt von Abgleichen, Aushandeln und Entscheiden mit dem Team für ein gemeinsames Ziel. Beinahe automatisch ergibt sich daraus ein „Wir-Gefühl", das aus einer heterogenen Gruppe eine kraftvolle Einheit macht, die aus den Stärken der einzelnen Gruppenmitglieder erwächst. Auf dieser Basis gedeiht und festigt sich das zwischenmenschliche Vertrauen und es schärft das Bewusstsein aller Teammitglieder für die eigene Verantwortung in diesem gemeinsamen Spiel. Ein Paradebeispiel aus dem Sport ist hierfür sicherlich der Gewinn der Fußball-Weltmeisterschaft 2014 durch die deutsche Nationalmannschaft (Hornig 2014).

Die oder der CHO – ist im Vorteil, wenn

– ein starkes Gemeinschaftsgefühl gefragt ist, um große Aufgaben zu meistern,
– es stabilen „Schulterschluss" braucht, um erfolgreich Krisen und Change Prozesse zu bewältigen,
– von Herzen kommende aufrichtige Motivation gefragt ist, um anstehende Aufgaben mit Liebe, Freude und Begeisterung zu tun.

Und das sind nur einige wenige Beispiele, die Liste ließe sich lange fortsetzen, denkt man an Herausforderungen wie z. B. den Fachkräftemangel, die stetig zunehmende Komplexität von Arbeitsprozessen oder den ständigen Wechsel von Priorisierungen.

Damit in diesen Zusammenhängen optimale Lösungen und Erfolge entstehen können, braucht es ein Zusammenspiel der Wirkkräfte von Gedanken, Gefühlen, Handlungen der Einzelpersonen (siehe Abschn. 32.4) und eine Berücksichtigung der vernetzten Wechselwirkungen der Beziehungsgeflechte im Team und im Markt.

Der Wandel vom CEO zum CHO lohnt sich, denn jede Führungskraft ist ein Vorbild und ein wichtiger, wenn nicht der wichtigste, Faktor für die Ausstrahlung eines Unternehmens. Strahlt ein Unternehmen insgesamt positiv aus, verursacht durch seine Mitarbeitenden, Führungskräfte, Produkte und Dienstleistungen, hat es eine positive Wirkkraft. Es folgt seinem „Unternehmens-Herz-Kompass" und damit seiner Erfolgsnavigation.

32.4 Herz-Resonanz und Herz-Kompass

Reduziert auf das Wesentlichste, lässt sich beides so erklären: Die Herz-Resonanz ist die *Ausstrahlung und Anziehung* des Herzens. Das menschliche Herz löst mit jedem Herzschlag einen elektromagnetischen Impuls aus, der ein elektromagnetisches Feld mit einem Durchmesser von 2,5 Metern erzeugt. Dieses Herz-Magnetfeld funktioniert genau entgegengesetzt zum „normalen" elektrischen Magnetfeld, genauer gesagt: *Gleiches zieht Gleiches an*, d. h. Positives zieht Positives und Negatives zieht Negatives an.

Die Epigenetik, Energetik, Psychosomatik und Quantenphysik haben die Wirkkraft von Gedanken, Gefühlen, Handlungen und emotionale Erlebnisse als Ursachen für Krankheit oder Unfall und im Körper gespeicherte Zellerinnerungen (Eigenschaften) nachgewiesen. Dies alles zieht der „Herz-Magnet" an – Positives wie Negatives. Ein Prozess, der andauernd unbewusst in jedem Menschen abläuft. Gleiches gilt für jedes Unternehmen, denn dahinter stehen Menschen.

Umso wichtiger ist es demnach, für eine im Ganzen stimmige bzw. positive Haltung und damit Ausstrahlung aller Mitarbeitenden, der Führungskräfte und des unternehmerischen Handelns zu sorgen. Nur dann kann Positives angezogen werden, kann nachhaltige (wirtschaftliche) Entwicklung stattfinden.

Kombinieren wir nun die Anziehungskraft der (Unternehmens-)Herz-Resonanz mit der richtungsweisenden Funktion eines Kompasses. Er gibt uns Orientierung, wir können ihn nutzen, um eine gewählte Richtung einzuschlagen und zu halten. Letztlich erreichen wir mit seiner Hilfe unser Ziel. Wird der Kompass jedoch durch magnetische Störfelder der Erde abgelenkt, gelangen wir nicht oder nur auf größeren Umwegen an das gewünschte Ziel.

Genau nach diesem Prinzip funktioniert auch der Herz-Kompass. Er kann z. B. durch in den Quanten gespeicherte Informationen im menschlichen Herz-Resonanz-Feld oder durch Störfelder im Umfeld beeinflusst oder abgelenkt werden. Bündelt nun ein Unternehmen alle Stärken seiner Mitarbeitenden, kann die Erfolgsnavigation des «Unternehmens-Herz-Kompass» mit einer großen Anziehungskraft dorthin ausgerichtet werden, wo das Unternehmen seine Erfolge erzielen will.

Jede Führungskraft und jeder Mitarbeitende wird dabei zum „CHO" (vgl. Abb. 32.1).

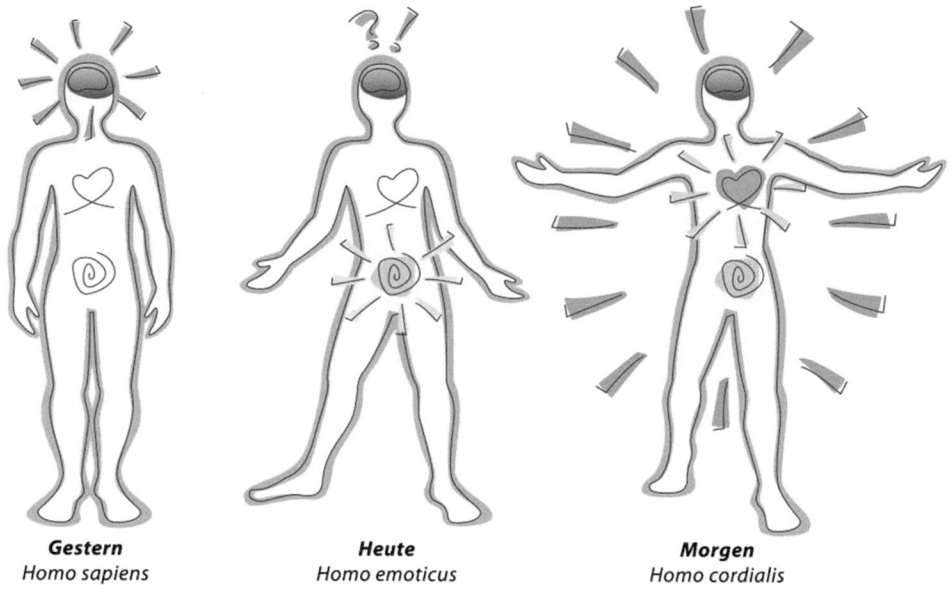

Abb. 32.1 Vom CEO zum CHO (Chief Heart Officer)

32.5 Über den Autor

Veranlasst durch ein eigenes Burnout im Jahr *2004* recherchiert **Claus Walter** (Jahrgang *1962*) nach einer zielgerichteten Methode zur Revitalisierung erschöpfter Menschen und Unternehmen. Seine Nachforschungen fokussieren sich auf die Wirkungen des Herz-Resonanz-Feldes, der Kohärenz-Felder und der Quantenphysik. Aus diesem Wissen und seinen eigenen Erfahrungen entwickelt Claus Walter innerhalb von sieben Jahren die innovative Methodik Herz-Resonanz-Coaching (HRC)®. Im August *2013* zeichnete der Schweizerische KMU-Verband das HRC mit einem Innovationspreis aus.

Im Jahr *2010* gründete Claus Walter die C for C GmbH in Wetzikon (CH). Seitdem praktizieren er und sein Team zertifizierter Coaches diese Methode mit nachhaltigem

Erfolg. Ergänzend dazu entstanden zwischenzeitlich zwei Arbeitskonzepte: für Einzelpersonen die „Integrative Vitalisierung", welche verschiedene Vitalisierungselemente und Methoden der „Drei-Säulen-Medizin" (Naturwissenschaft, Naturheilkunde, Energetik) zu einem wirksamen Gesamtkonzept kombiniert. Für Unternehmen gibt es ein BGM-Arbeitskonzept, das verschiedene Elemente aus der Geschäftsentwicklung, Führung, dem Coaching und Betrieblichen Gesundheitsmanagement vereint.

C for C ist ein registriertes Beratungsunternehmen für Betriebliches Gesundheitsmanagement beim Bundesamt für Gesundheit, Bereich Gesundheitsförderung Schweiz sowie in verschiedenen Verbänden im Bereich Burnout-Prävention aktiv tätig.

Claus Walter war bis *2004* als Betriebswirt und Marketingexperte sowie u. ä. in den Bereichen Innovationsmanagement und Business Development in verschiedenen internationalen Konzernen sowie kleinen und mittelständischen Unternehmen auf Führungsebene tätig. Er ist Master Coach DVNLP und verfügt über das Certificate of Advances Studies in Betrieblichem Gesundheitsmanagement.

Für das Buch Chefsache Frauen verfasste Claus Walter das Kapitel „Erfolg mit Herz. Stärken weiblicher Führung nutzen".

Weitere Infos unter www.cforc.biz.

Literatur

Ries, Stefan. (2015). Wir legen Wert auf Selbstreflektion. *Handelsblatt 31*, 13./14./15.02.2015.

Hornig, M. (2014). *Elf Beste oder beste Elf?* http://www.focus.de/gesundheit/experten/hornig/es-gewinnen-nicht-die-elf-besten-sondern-die-beste-elf-was-unternehmen-von-der-weltmeistermannschaft-lernen-koennen_id_4020670.html. Zugegriffen am 05.08.2015.

SKP AG (Hrsg.). (2008). *Führungskräfte der Zukunft 2008*. http://files.feedplace.de/change-management/SKP%20Studie%202008_F%FChrungskr%E4fte%20der%20Zukunft.pdf. Zugegriffen am 05.08.2015.

Iss Dich fit!

Oder wie man durch richtiges Essen, Gesundheit, Leistungsfähigkeit und Erfolg steigern kann

Hardy Walle

Essen ist ein Grundbedürfnis, wir essen mehrmals täglich – leider meist zu oft. Während die einen nach Lust und Laune essen, machen andere aus dem Essen eine Weltanschauung oder Ideologie.

Ist nun vegan oder vegetarisch besser als eine Mischkost oder doch lieber Paleo Diet statt High Carb und Low Fat?
Die Antwort ist doch ganz einfach: Schalten wir unseren gesunden Menschenverstand ein und schauen auf unsere „Historie". Wir Menschen waren zwei Millionen Jahre lang Jäger und Sammler. Und gejagt haben wir Wild, Vögel und Fische, gesammelt haben wir Pilze, Beeren, Kräuter etc. Und damit es etwas zu essen gab, mussten wir uns auch jeden Tag bewegen – also ohne Bewegung kein Essen. Erst seit 10.000 Jahren sind wir Ackerbauer und Viehzüchter, das heißt, wir haben die Bewegung eingeschränkt und führen uns dennoch größere Mengen an Kohlenhydraten zu.

10000 Jahre sind doch eine sehr lange Zeit, da kann sich der Stoffwechsel doch sicher adaptieren?
Falsch gedacht! In der Evaluation sind 10.000 Jahre im Vergleich zu zwei Millionen Jahre fast gar nichts! Berücksichtigt man dann noch dazu, dass wir erst seit etwas mehr als 100 Jahren raffinierte Kohlenhydrate zur Verfügung haben, dann ist klar, woher die sogenannten Zivilisationserkrankungen kommen. Sie resultieren aus einer erhöhten Zufuhr von Kohlenhydraten bei gleichzeitigem Bewegungsmangel.

Die Folgen kennen wir alle: Der Bauchumfang wächst, die Potenz schwindet, Bewegung fällt uns immer schwerer, die geistige Leistungsfähigkeit lässt nach und wir werden

---

H. Walle (✉)
Am Tannenwald 6, 66459 Kirkel, Deutschland
e-mail: h.walle@bodymed.com

zunehmend träger. Morgens müssen wir uns durch Kaffee oder Zigaretten aufputschen, abends können wir nur noch durch Alkohol runterkommen. Doch das geht auch nur noch eine gewisse Zeit gut. Die drohenden Folgen sind schlechte Blutfette, erhöhter Blutdruck bis hin zu Herzinfarkt und Schlaganfall oder Sie entwickeln einen sogenannten Altersdiabetes. Sie können es sich aussuchen, was besser ist.

Aber auch Ihre Psyche leidet. Da wir ständig am Limit arbeiten, steigt der Stresspegel, gleichzeitig geht die Laune runter. Dies bleibt natürlich auch zu Hause im Familienleben nicht ohne Folgen. Doch statt Medikamente oder Paartherapie sollten Sie besser auf mich hören.

Die Antwort ist ganz einfach: *Helfen können Sie sich nur noch selbst.*

Wir erinnern uns: Wir waren Jäger und Sammler. Darauf sind wir abgestimmt. Und für die Jäger und Sammler gab es auch mal Feste. Wenn das Mammut erlegt war, da wurde richtig rein gehauen und gefressen bis nichts mehr ging! Aber danach gab es auch wieder Zeiten, wo es wenig oder gar nichts gab. Und bewegt haben wir uns immer – sonst gab's ja nichts zu essen.

33.1 Welche Konsequenzen sollten Sie aus dem Gesagten ziehen?

1. Fünf Mahlzeiten pro Tag sind absoluter Unsinn!

Zwei bis drei Mahlzeiten pro Tag sind völlig ausreichend, wobei Sie durchaus auch einmal pro Woche einen „Fresstag" einlegen können, aber nur dann, wenn darauf auch ein Fastentag folgt. Oder wenn im Urlaub oder auf der Kreuzfahrt die Schlemmertage überhand nehmen, dann sollten danach auch Fastentage oder Fastenwochen eingelegt werden.

2. Eiweiß ist der Schlüssel zum Erfolg

Der Steinzeitmensch aß bis zu 30 % seiner Energie in Form von Eiweiß. Heute kommen wir in Deutschland gerade mal auf schlappe 14 %. Das heißt, essen Sie Eiweiß – je mehr desto besser, am besten schon gleich morgens. Naturjoghurt, Quark, Lachs, Eier, alles was Sie wollen. Apropos Eier, diese zählen zu den gesündesten Lebensmittel überhaupt. Je mehr Eier Sie essen, desto besser – es gibt kein Zuviel! Der Mythos, dass Eier den Cholesterinspiegel erhöhen, ist längst widerlegt. Da sind eher das Marmeladenbrot oder das Hörnchen das Problem. Diese erhöhen definitiv die Blutfette.

Mittags wieder Eiweiß, zum Beispiel ein knackiger Salat (als griechischer Salat mit Eier, Thunfisch etc. oder auch Salat mit Putenstreifen) und abends ein schönes Steak, ordentlich Gemüse dazu und ein knackiger Salat. Auf die Kohlenhydrate können Sie abends problemlos verzichten. Ein Gläschen Wein ist natürlich auch erlaubt.

3. Halten Sie Essenspausen ein

Das heißt, der Abstand zwischen den Mahlzeiten sollte jeweils vier bis sechs Stunden betragen. Zwischenmahlzeiten sind absolut tabu, also auch keinen Apfel zwischendurch, kein zweites Frühstück und kein Nachmittagssnack.

4. Je mehr Sie trinken, desto besser

Aber achten Sie darauf, dass Sie zwischen den Mahlzeiten keine Kalorien trinken. Wir Deutschen trinken pro Tag ca. 300 kcal pro Tag. Rein statistisch gesehen wird die „Übergewichtsepidemie" mit einem Kalorienüberschuss von 100 kcal pro Tag getrieben. Das bedeutet konkret, bei den Getränken über Tag kann man am einfachsten Kalorien einsparen.

5. Essen Sie viel gutes Fett

Es ist ein Irrglaube, dass Fett fett macht. Olivenöl, Rapsöl und Omega-3-Fette fördern die geistige Frische, senken das Risiko für Alzheimer wie auch das Risiko für Herzinfarkt und erleichtern sogar die Gewichtsabnahme, da sie entzündungshemmend wirken. Lediglich gehärtete Fette, die in Süßigkeiten und Wurstwaren „versteckt" sind, stellen ein Problem dar. Über natürliche Lebensmittel können Sie kaum zu viel Fett essen. „Künstliche" Produkte, welche Bäckereien, Konditoreien, aber auch Metzgereien in Form von Wurstwaren anbieten sind voll mit gehärtetem Fett – und das ist das Problem.

6. Vitamine, Mineralien, Spurenelemente

Vitamine sind der Schlüssel für Vitalität und Lebensfreude, sekundäre Pflanzenstoffe sind der zusätzliche Turbo für die Wirkung der Vitamine. Ohne Mineralien, wie zum Beispiel Magnesium, kann Ihr Energiestoffwechsel nicht funktionieren, es fehlt Ihnen die Power. Essen Sie daher viel Gemüse, essen Sie bunt und essen Sie Obst als Nachspeise.

Apropos Obst, bitte Obst immer essen, nie trinken, daher sind Obstsmoothies wie auch Fruchtsäfte oder Fruchtnektare absolut tabu. Aber wie bereits gesagt, Obst nie zwischendurch essen, nur als Nachspeise.

7. Bewegung

Wie bereits erwähnt, wir waren Jäger und Sammler. Es gab nur etwas zu essen, wenn wir auch gejagt d. h. uns bewegt haben. Deshalb bewegen Sie sich regelmäßig, am besten täglich. Bauen Sie jeden Morgen einige gymnastische Übungen ein. Wenn Sie fit sind, gerne auch 20 Liegestützen, Chrunches, Kniebeugen und ein paar Dehnübungen. Zweimal pro Woche für eine Stunde im Fitness-Studio muss eigentlich drin sein, dazu noch zwei bis dreimal pro Woche 30 bis 60 Minuten niedrig dosiertes Ausdauertraining und Sie werden fit wie ein Turnschuh. Und zwar nicht nur körperlich, sondern auch geistig fit und gleichzeitig verbessert sich Ihr Stoffwechsel. Sie sind tagsüber leistungsfähiger, abends zu Hause ausgeglichener, Ihr Eheleben wird spannender und Sie schlafen auch wieder gut.

8. Und nicht vergessen: Soziale Kontakte sind wichtig

Im Beruf machen Sie es doch auch, sich vernetzen auf XING oder LinkedIn. Kontakte pflege, sich im Gespräch halten, sich in Erinnerung rufen etc. Warum vernachlässigen Sie dann Ihre Familie, Ihren Freundeskreis, alte Bekannte von früher? Es ist einfach: Planen Sie soziale und private Kontakte genauso wie Ihre Geschäftskontakte. Warum nicht, auch ein halbes Jahr im Voraus. Wer soziale Kontakte pflegt, fühlt sich nicht nur wohler, er lebt auch nachweislich länger. Ganz ohne Medizin, ganz ohne den Doktor. Ich habe es ja schon gesagt, helfen Sie sich selbst. Es ist einfacher als Sie denken.

33.2 Zum Schluss noch ein paar praktische Tipps

Wenn Sie mal keine Zeit zum Essen haben, dann gönnen Sie sich neben dem Coffee to go nicht auch noch ein „Hörnchen to go". Für diese Fälle sollten Sie immer einen hochwertigen Eiweißshake zu Hause haben. Dieser sollte jedoch möglichst 70 % hochwertiges Molkenprotein (nicht Sojaprotein oder Milcheiweiß) enthalten, der Kohlenhydratanteil in 100 g Pulver sollte unter 10 g liegen und er sollte neben Vitaminen auch Spurenelemente, Mineralstoffe und Ballaststoffe enthalten. Wenn Sie einen solchen Shake morgens, wenn mal keine Zeit für zu einem ausgiebigen Frühstück ist, trinken, anstatt unterwegs beim Bäcker rein zuspringen, werden Sie einen richtigen Energieschub erleben.

Essen Sie das
- Eier
- Spinat
- Hähnchenbrust/Hähnchenfilet/Hähnchenschenkel
- Bio-Rindfleisch
- Fisch aller Art (nicht paniert)
- Schweinefleisch (nur aus biologischem Anbau)
- Erbsen, Linsen, Bohnen, Kidneybohnen, Sojabohnen
- Gemüsemischung (aus der Tiefkühltruhe)
- Sauerkraut
- Spargel

> **Erlaubte Getränke**
> – Wasser jeglicher Art (Leitungswasser oder Mineralwasser)
> – Grüne Tees und blonde Tees (keine Früchtetees)
> – Kaffee ohne Zucker
> – Sauerkrautsaft (gut für den Darm)
> – Tomatensaft (gut für die Prostata)
> – 1 bis 2 Gläser Wein (besser als Bier)

> **Verboten**
> – Softdrinks jeder Art
> – Früchtesmoothies (Gemüsesmoothies erlaubt)
> – Fruchtsäfte (Obst soll man essen, nicht trinken)

▶ Im Unternehmen arbeiten Sie doch auch mit KPIs.

Lassen Sie Ihre eigenen KPIs messen:

– hsCRP (Entzündungswert)
– Fatty Liver Index (Wert, der eine Fettleber anzeigt)
– Gutes und schlechtes Cholesterin
– Triglyceride
– Leberwerte
– Vitamin-D-Siegel
– Omega-3-Index
– HOMA-Index

Diese Werte kann nur ein Arzt bestimmen. Zum Teil sind diese Werte keine Kassenleistungen.

Messen Sie zudem jeden Tag Ihr Körpergewicht, aber auch Ihr Körperfett, Ihren Wasseranteil und Ihre stoffwechselaktive Masse (z. B. Beurer BF 800, BF 700).

Mit einem Fitnessarmband oder einer Fitnessuhr wissen genau, ob Sie sich ausreichend bewegen (Beurer AS80/AS85).

Mindestens einmal im Jahr sollten Sie sich auch Ihren Blutdruck checken lassen (Hausarzt oder Apotheke).

33.3 Sie wollen mehr wissen?

Ich empfehle Ihnen das Buch „*Chefsache Gesundheit*" – *der Führungsratgeber für das 21. Jahrhundert*.

Dort finden Sie im Kapitel 12: „Leistungsfähiger, erfolgreicher und glücklicher durch intelligente Ernährung" ausführliche Informationen von mir.

Sie können Sich aber gerne auch im Internet informieren. Unter www.bodymed.com und www.leberfasten.com finden Sie viele Gesundheitstipps, aber auch Infos, wie Sie die von mir entwickelten Konzepte vor Ort umsetzen können.

Sie wollen Ihre Mitarbeiter fit machen?

Ich biete gemeinsam mit weiteren Bodymed-Profis BGM-Kurse in Unternehmen an. So wurde zum Beispiel das Energieunternehmen Steag 2011 mit dem vom Handelsblatt verliehen Corporate Health Award als gesündestes Energieunternehmen Deutschlands ausgezeichnet und ich mit meinen Bodymed-Partnern hatten einen entscheidenden Anteil daran.

33.4 Über den Autor

Dr. med. Hardy Walle, Jahrgang 1958, verwitwet, vier Kinder, ist Arzt und Unternehmer. Er bietet seit über 20 Jahren Ernährungsberatung an. Von 1993 bis 2006 war er als Facharzt für Innere Medizin niedergelassen. Seither führt er eine Privatpraxis mit den Schwerpunkten Ernährungsmedizin, Mikronährstofftherapie, Gesundheitsförderung.

Dr. Hardy Walle entwickelte 1994 das Bodymed-Ernährungskonzept, welches inzwischen in Deutschland, Österreich und in der Schweiz in über 800 qualifizierten Beratungsstellen angeboten wird.

2014 wurde das von H. Walle entwickelte Bodymed-Programm in die S3 Leitlinie „Prävention und Therapie der Adipositas", welche von den wichtigsten Fachgesellschaften herausgegeben wird, aufgenommen.

2014 wurde H. Walle in die Deutsche Akademie für Ernährungsmedizin (DAEM) berufen.

Neben zahlreichen Fachbeiträgen und Studien hält Dr. Walle mehr als hundert Vorträge pro Jahr zu den Themen „Ernährung", „Mikronährstofftherapie", „Performance-Optimierung und Stressmanagement".

Er ist Gründer und Vorstand der Bodymed AG und betreibt neben seiner privatärztlichen Gesundheitspraxis zusätzlich ein Gesundheitszentrum.

34 Angst – Ein unterschätztes Gefühl

Floris Weber

Vor ein paar Wochen bereiste ich Tadschikistan, den friedlichen Nachbarn von Afghanistan und eines der ärmsten Länder der Welt. Angekommen in der Hauptstadt Duschanbe, beobachtete ich den vorbeifließenden Verkehr. Dabei fiel mir ein junger Mann auf, der sich auf der Rückseite eines fahrenden Busses mit einem Arm an einem Geländer festhielt und in der anderen Hand einen länglichen Stock trug. Ich fragte mich, ob dieser Mann ein blinder Passagier sei oder nur ein wagemutiger Jugendlicher, der den Kick der Gefahr suchte. Bei näherem Hinschauen bemerkte ich, dass das Fahrzeug über zwei hervorstehende metallische Tentakel zeitweise mit einer elektrischen Leitung verbunden war. Da der Verkehrsverlauf und die parkenden Autos den Bus von Zeit zu Zeit zwangen, sich von dem elektrischen Leitungssystem zu entfernen, wurde der Bus im entsprechenden Moment von dem jungen Mann mit einem Stock aus dem Leitungssystem ausgefädelt und später an geeigneter Stelle wieder eingefädelt. Wie ich im Nachhinein erfuhr, ist der Beruf des Buseinfädlers in Tadschikistan ein fester Bestandteil des täglichen Nahverkehrs. Zu sehen, unter welchen Bedingungen Menschen in anderen Ländern der Erde scheinbar vollkommen angstbefreit arbeiten, relativiert die eigene Sichtweise auf die Dinge. Deutschland gehört zu den Ländern, mit den höchsten Sicherheitsstandards der Welt. Ein sehr hoher Sicherheitsstandard sollte zu einem hohen Sicherheitsgefühl führen. Trotz aller Sicherheitsmaßnahmen ist das Gefühl der Angst jedoch ein allgegenwärtiges Gefühl und Problem.

F. Weber (✉)
Alsterchaussee 13, 20149 Hamburg, Deutschland
e-mail: kontakt@floris-weber.com

© Springer Fachmedien Wiesbaden 2016
P. Buchenau (Hrsg.), *Chefsache: Best of 2014 / 2015*,
DOI 10.1007/978-3-658-08709-8_34

34.1 Wie entsteht Angst?

Angst entsteht dadurch, dass ein Außen- oder Innenreiz von uns wahrgenommen wird und in unserem Gehirn eine bestimmte Bewertung erfährt. Wenn Sie einen weißen Sandstrand sehen, werden Sie wahrscheinlich innerlich entspannt darauf reagieren. Laufen Sie nachts in einer dunklen Gasse und merken, wie Sie verfolgt werden, wird ihr Gehirn das Gefühl von Angst auslösen. Bestimmte Nervenzellverbände, vor allem das limbische System, sind in unserem Gehirn für die Bewertung der eingehenden Reizinformation verantwortlich. Aufgrund der bisher von uns gemachten Erfahrungen wird der eingehende Reiz bewertet und mit einer entsprechenden emotionalen Antwort versehen. Unser Gehirn entscheidet automatisch, wie es jeden eingehenden Sinnesreiz bewertet. Wenn wir uns mit einer Hand an ein wackliges Geländer eines Busses festklammern würden, würden wir wahrscheinlich starke Ängste durchstehen, während derselbe Vorgang für den hauptberuflichen Buseinfädler in Tadschikistan lediglich stupide Alltagsroutine darstellt. Dadurch, dass wir in Deutschland in der Regel überhaupt nur mit wenig wirklichen Angstreizen konfrontiert werden, sind wir untrainiert darin, Ängste zu meistern. Und gerade weil wir so hohe Sicherheitsstandards haben, machen uns Dinge Angst, die außerhalb der bekannten Standards laufen. Angsterkrankungen gehören in Deutschland mit Depressionen zu den häufigsten Erkrankungen der Psyche. Privat wie beruflich wird Angst gerne verschwiegen und insbesondere von Unternehmen nicht ausreichend adressiert.

34.2 Angst in Unternehmen

In Unternehmen sind die häufigsten Ängste Rede- und Versagensängste. Ängste auszuhalten und gegen sie anzugehen absorbiert einen gewaltigen Teil der insgesamt zur Verfügung stehenden persönlichen Energie. Je mehr Ängste Mitarbeiter haben, desto schlechter ist ihre Gesamtperformance. Ein hohes Standing in der Hierarchie eines Unternehmens schützt dagegen nicht gegen Angst. Angst ist ein subjektiv empfundes Gefühl, das nicht mit unserer Rolle im Unternehmen korreliert. An der Unternehmensspitze hat Angst einen gewaltigen Einfluss und breitet sich von dort in sämtliche Mitarbeiterbereiche aus.

Angenommen Sie fahren im Winter auf einer verschneiten Straße. Mit großer Wahrscheinlichkeit werden Sie das Tempo verringern und das Lenkrad fester halten. Kurzum, Sie reagieren auf Angst damit, dass Sie die Kontrolle erhöhen und das Tempo verringern. Ein Übermaß an Angst und ein Übermaß an Kontrolle kosten unverhältnismäßig viel Energie und sorgen für Zeitverlust. Vielfach erscheinen Führungskräfte, als seien sie befreit von Zweifeln und Unsicherheit. Die meisten Führungskräfte sind fachlich sehr versiert, aber nicht führungskompetent. Rhetorikkurse oder Seminare zur Körpersprache erschaffen keine kompetenten Führungskräfte. Es ist die persönliche mentale Entwicklung, die Menschen zu Führungspersönlichkeiten heranreifen lässt. Dies beinhaltet auch die Auseinandersetzung mit den eigenen Schwächen. Da Führungskräfte in vielen Unternehmen in Bezug auf ihre persönliche Entwicklung und ihre Gefühle alleine gelassen werden, bleiben ihre emotionalen Probleme ungelöst und sorgen für zahlreiche Probleme. Konkret führen Ängste bei Führungskräften dazu, zu viel Kontrolle über ihre Angestellten auszuüben. Die Kontrolle, die über das gesunde Maß hinausgeht, verringert die Produktivität der Mitarbeiter und auch der Führungskraft selbst. Die Angst wird dann an Mitarbeiter weitergegeben. Das Problem der Führungskraft überträgt sich also auf die nächstgrößere Arbeitseinheit. Mit Angst geht ebenso einher, keine klaren Entscheidungen zu treffen. Entscheidungen werden verzögert oder gar nicht erst getroffen. Das führt dazu, dass die Mitarbeiter keine klaren Vorgaben bekommen und somit hinsichtlich ihrer Arbeitsziele verunsichert sind. Angst führt auch dazu, dass die subjektiven Belange des Betroffenen, nämlich die Linderung der Angst in den Vordergrund treten und die unternehmerischen Belange wie Produktivität und Erfolg in den Hintergrund treten. Kurzum: Angst im Unternehmen kostet Produktivität, frisst Zeit und führt zu einer unklaren Linie. Alles Dinge, die jeder Unternehmer vermeiden möchte.

34.3 Was können Unternehmen tun?

Die Unternehmenskultur sollte auf einen angstfreien, offenen Umgang ausgelegt sein, der allen Mitarbeitern einräumt, zum Wachstum des Unternehmens beizutragen. Geschlossene, streng hierarchische Systeme wachsen langsamer und sind ineffizienter als Unternehmen, in denen eine Kultur des angstfreien, anerkennenden Austausches praktiziert wird.

Ein wichtiger erster Schritt ist die Auseinandersetzung und die Enttabuisierung des Themas Angst. Wenn Kinder Angst haben alleine zu schlafen, machen Eltern das Licht an und schauen gemeinsam mit den Kindern unter dem Bett nach. So werden die Kinder beruhigt und die Angst wird aufgelöst. Angst hat dann den größten Einfluss, wenn sie im Dunkeln wüten darf. Holt man sie ans Tageslicht, verliert sie ihre Macht. Was für Kinder gilt, funktioniert auch bei Erwachsenen. Prävention hilft.

Ein weiterer Schritt besteht in der gezielten Auseinandersetzung unter Führungskräften mit dem Thema Angst. Wer seine eigenen Ängste und die Ängste seiner Mitarbeiter versteht, kann adäquat damit umgehen. Das sind Fähigkeiten, die man von keiner Führungskraft per se erwarten kann, sondern in denen Führungskräfte gezielt geschult werden sollten.

Ein dritter Schritt besteht darin, Betroffenen eine Anlaufstelle zu geben, die professionell dabei hilft, übermäßige Ängste bei Einzelnen schnell und effizient zu behandeln. Überlassen Sie ihre Angestellten nicht der Kassenmedizin. Wenden Sie sich an eine Anlaufstelle, die darauf ausgerichtet ist, den Betroffenen schnell und effizient zu helfen.

34.4 Über den Autor

Floris Weber ist einer der bekanntesten Hypnosetherapeuten im deutschsprachigen Raum und Verfechter für den Erhalt und die Verbesserung psychischer Gesundheit in Unternehmen. Als ärztlicher Leiter seines Hypnose-Zentrums in Hamburg gilt er als Vorreiter eines Konzeptes, das Unternehmen dabei hilft, die psychische Gesundheit ihrer Angestellten gezielt zu fördern. Als Berater, Vortragsredner und Seminarleiter unterstützt er Unternehmen darin, psychische Erkrankungen von Mitarbeitern zu verhindern, zu erkennen und erfolgreich behandeln zu lassen. Als Experte auf diesem Gebiet wird er regelmäßig zu den Themen Hypnose, Angst und Selbstwertgefühl eingeladen und war als Gast bei Formaten wie ZDF-WISO und ARD Mona Lisa sowie anderen bekannten Medien.

Weitere Infos unter www.hypnosetherapeut-hamburg.de.

35

Work-Life-Fun-Balance

Wo stehen Sie auf Ihrer persönlichen Lebensfreude/Spaß-Skala?

Susanne Wendel

> *„Da es sehr förderlich für die Gesundheit ist, habe ich beschlossen, glücklich zu sein."*
>
> Voltaire

▶ Auf einer Skala von 1 bis 10 – wie viel Spaß haben Sie in Ihrem Job? Und wie viel in Ihrem Leben? Wenn es nicht mindestens 8 ist – warum tun Sie das dann überhaupt alles?

Gesundheit ist Chefsache. Und die fängt bei Ihnen an. Bei Ihnen ganz persönlich und bei der Frage, was Sie selber für Ihre Gesundheit und Ihre Work-Life-Balance tun. Nichts ist unglaubwürdiger als jemand, der gesunde Lebensführung predigt, aber persönlich völlig am Ende ist. Nur wenn Sie sich selbst am Herzen liegen, können Ihnen auch Ihre Mitarbeiter am Herzen liegen. Wenn Sie selber dafür sorgen, dass Sie genügend Spaß und ein sexy Leben haben, können das auch Ihre Mitarbeiter. Weil sie neugierig auf Sie werden und es Ihnen nachmachen wollen. Weil jeder Mensch gerne Spaß hat und lacht. Und weil Sie selber genügend Ressourcen übrig haben, um sich um Ihre Mitmenschen – egal ob im Unternehmen oder privat – zu kümmern und ihnen Freude zu bereiten.

▶ Solange Sie selber Druck haben, werden Sie ihn an andere weitergeben, und die werden sich das nicht lange gefallen lassen. Es ist bekannt, dass Mitarbeiter nicht ihrem Unternehmen kündigen, sondern ihrem Chef. Weil sie ihn für einen humorlosen Idioten halten.

S. Wendel (✉)
Health & Fun GmbH, Kaiser-Ludwig-Str. 37, 82031 Grünwald, Deutschland
E-Mail: welcome@susannewendel.de

© Springer Fachmedien Wiesbaden 2016
P. Buchenau (Hrsg.), *Chefsache: Best of 2014 / 2015*,
DOI 10.1007/978-3-658-08709-8_35

Lebensfreude, Spaß und Gesundheit hängen eng zusammen, das sagt nicht nur der gesunde Menschenverstand, dazu gibt es mittlerweile jede Menge Studien. Lachen ist gesund, Entspannung ist gesund, Sex ist gesund, glückliche Menschen sind im Durchschnitt gesünder als Griesgrämige. Eigentlich wäre es einfach. Doch das ist es nicht, denn so richtig lebensfroh ist man entweder nur alleine oder zusammen mit anderen lebensfrohen Menschen. In vielen Unternehmen aber gehört „gestresst sein" zum guten Ton und es wird lieber getratscht als sich gegenseitig motiviert. Ein Burnout zu haben ist regelrecht in Mode gekommen. Zwar reden alle über Work-Life-Balance, doch wer tatsächlich gut gelaunt und voller Energie seinen Job macht und zu Hause ganz entspannt noch Partner und Kinder managt, ist für andere suspekt. Viele Menschen empfinden Arbeit als ein notwendiges Übel, das man jeden Tag so schnell wie möglich hinter sich bringen sollte. Freizeit ist angesagt, und am besten nur die. Und vor kurzem titelte der „Stern": „Rettet den Feierabend! Wie wir unser Leben vor der Arbeit schützen können". Jetzt mal ehrlich: Wie sehen Sie das? Ist arbeiten wirklich *so* schlimm? Dann wäre es ja kein Wunder, dass so viele Menschen krank sind. Oder fehlt vielleicht einfach nur der Ausgleich, und die richtige Information?

Dass Körper, Geist und Seele zusammenhängen, weiß heutzutage eigentlich jeder. Doch wie man diese Balance ganz praktisch in einer komplexer werdenden Welt leben kann, das ist die große Frage.

35.1 Ist Ihr Job artgerecht??

Ein chinesisches Sprichwort lautet: „Anspannung ist, wer Du glaubst sein zu müssen. Entspannung ist wer Du bist." Fangen wir mal ganz simpel an. Leben Sie artgerecht? Wenn es um unsere Haustiere geht, machen wir uns oft mehr Gedanken als für uns selber: Was bedeutet artgerechte Haltung? Die Katze bekommt spezielles Futter, der Hund genügend Auslauf, der Fisch ein großes Aquarium. Aber der Mensch? Was braucht der und in welcher Menge? Ernährung, Bewegung, Entspannung, das ist klar – doch was genau und wie viel? Was bedeutet artgerechte Menschenhaltung? Kann man die im Job umsetze, wo wir einen Großteil unserer Zeit verbringen? Die gute Nachricht: Mit kleinen Mitteln kann man hier schon sehr viel erreichen. Das wichtigste ist, man macht sich das überhaupt erst mal klar. Da braucht es kein aufwändiges Gesundheitsmanagement, sondern erst mal Bewusstsein. Erste Schritte sind dann schnell gemacht. Die schlechte Nachricht: Menschen sind sehr individuell und es braucht Stück für Stück verschiedene Gesundheitsangebote, aus denen sich idealerweise jeder das herausholen kann, was für ihn selber am besten passt. Nicht jeder mag Vollkornnudeln und nicht jeder kann mit Yoga entspannen. Individualität ist ein großer Megatrend, und Menschen wollen gesehen und ernst genommen werden so wie sie nun mal sind.

Doch nach wie vor das Wichtigste: Bei Ihnen als Chef geht´s los, Sie sind das Vorbild, also schauen Sie doch erst mal was *Sie* brauchen.

Mehr Lebensqualität. Dann wird die Arbeitsleistung automatisch besser. Voltaire (1694–1778) sagte: „In der einen Hälfte des Lebens opfern wir unsere Gesundheit, um Geld zu erwerben. In der anderen Hälfte opfern wir Geld, um die Gesundheit wiederzuerlangen."

35.2 Work-Life-Fun-Balance

Ist Ihr Job eine „10"? Ein Sechser im Lotto? Ist Ihr Leben eine „10"? Wie schätzen Sie sich selber ein und wie würden Außenstehende Sie einschätzen? Fragen Sie mal Freunde und Bekannte und lassen Sie sich überraschen, was dabei herauskommt . . . Fakt ist: Je weiter entfernt von der „10", desto mehr Lebensenergie fehlt jeden Tag. Lebensenergie ist die Währung der Zukunft, und alles was sie fördert, wird an Wert gewinnen. Je mehr Lebensenergie ein Mensch verspürt, desto größer ist der Beitrag, der er für andere sein kann und möchte. Egal ob für seine Familie, seine Freunde oder seinen Job.

Deshalb sollte man sich ab und zu mal Zeit für ein Fazit nehmen: Wo stehe ich eigentlich gerade?

35.3 Work-Life-Body-Balance

Was tun Sie aktiv für Ihren Körper? Wie ernähren sie ihn, wie bewegen Sie ihn, wie viel Schlaf geben Sie ihm und wie oft gönnen Sie ihm tagsüber eine Entspannungspause?

Grundvoraussetzung dafür, dass die Lebensenergie fließt: den Körper auf Vordermann zu bringen – so dass Sie sich darin wieder richtig wohlfühlen! So wie Sie Ihr Auto zum TÜV bringen und die Wohnung ab und zu ausmisten und verschönern. Ist eigentlich das Gleiche, nur dass wir es bei uns selber oft nicht gewohnt sind, der eigene Körper kommt oft erst ganz zum Schluss. Egal ob Sie bei der Ernährung oder der Bewegung anfangen, egal ob mit Massage oder Floaten. Egal ob Sie gleich den Rundumschlag machen oder nur eine kleine Sache ändern, denken Sie einfach dran: Auch Chefs brauchen ab und zu eine Runderneuerung und in jedem Fall viele Streicheleinheiten.

35.4 Work-Life-Mind-Balance

Was tun Sie aktiv für Ihren Geist? Womit beschäftigen Sie ihn, wie füttern Sie ihn und vor allem – wie entrümpeln Sie ihn, wenn es mal wieder „zu viel" wird? Digital Detox heißt ein neuer Trend aus den USA. Dabei geht darum, wie man seinen Geist von den vielen

vielen digitalen Informationen entgiftet, die pausenlos auf ihn einströmen. Meditation ist eine Möglichkeit, aber auch Musik hören oder ein „Hirnwichsbuch", in das Sie alle negativen Gedanken und wiederkehrenden Sorgen hineinschreiben und anschließend wegwerfen.

35.5 Work-Life-Social-Balance

Unabhängig davon, zu welchem Ergebnis Sie in den anderen Bereichen kommen: Verbinden Sie sich mit Menschen, die ein erfülltes Leben haben und ihren Job lieben – und verbringen Sie Zeit mit ihnen. Trennen Sie sich von Jammer-Freunden und Nervtöt-Verwandten. Lebensenergie und Glück sind ansteckend. Jammern leider auch. Ein Fisch, der nur im trüben Wasser dümpelt, hat keine Ahnung, wie phantastisch schön ein buntes Korallenriff aussieht. Er braucht jemanden, der ihm den Weg dorthin zeigt. Fragen Sie diejenigen, die die „10" leben – und lernen Sie von ihnen. Es braucht eine Menge Mut dafür, sich ein richtig geniales Leben zu kreieren. Doch es lohnt sich. Sie haben wahrscheinlich keine Ahnung, wie viel befriedigender Ihr Leben tatsächlich sein kann ...

35.6 Work-Life-Sex-Balance

Eine Sache, die Männer wie Frauen sehr effektiv und tief entspannt, ist Sex. Wir unterscheiden uns sicherlich in der Art, *wie* wir den Sex mögen, aber *dass* Sex entspannt, wird niemand anzweifeln. Leider wird dieser Aspekt viel zu selten thematisiert. Ein erfülltes Sexleben ist einer der wichtigsten und leider noch am meisten unterschätzten Faktoren für körperliche und seelische Gesundheit. Nun gut, es gibt schon viele Studien über die Wirkung von Sex auf den Körper... aktiviert das Immunsystem, schüttet Glückshormone aus, hilft gegen Herzinfarkte sowie Prostatakrebs bei Männern und gegen Migräne bei Frauen (ja, tatsächlich!). Doch letztlich ist Sex immer noch ein großes Tabu, obwohl er überall präsent ist. How is your sexlife?

Wenn's im Bett nicht stimmt, kann man noch so viele Entspannungskurse, Mountainbike-Touren oder Joggingkilometer absolvieren, das wird nicht reichen. Nicht wirklich. Da bringen auch die betrieblichen Gesundheitsmaßnahmen nichts. Doch als Chef mit den Mitarbeitern über deren Sexleben sprechen, na ja, das geht natürlich auch nicht. Was geht ist: vorleben. Ein Mensch, der guten Sex hatte, ist attraktiv und strahlt Vitalität aus. Das weiß jeder, der schon mal verliebt war. Dann ist auf einmal alles leicht und man möchte jeden Menschen umarmen. Ich komme nochmal auf Folgendes zurück: Wer selber Druck hat, gibt ihn an andere weiter. Also sorgen Sie dafür, dass *Sie* Ihren Druck loswerden. Etwas Besseres können Sie nicht für Ihre Mitarbeiter tun. Sie sind zuerst dran...

35.7 Über die Autorin

Susanne Wendel gilt als Deutschlands spritzigste Gesundheitsexpertin. Ihre Vorträge, Workshops und Bücher sprühen vor Charme, Witz und Kompetenz. Seit 2001 hält die diplomierte Oecotrophologin und Erfolgsautorin Vorträge und leitet Workshops zu Gesundheits- und Kommunikationsthemen für namhafte Firmen. Sie absolvierte eine internationale mehrjährige Leadership- und Coaching-Ausbildung und gründete im Sommer 2012 zusammen mit ihrem Partner die Health & Fun GmbH. Susanne Wendel begeistert Mitarbeiter und Führungskräfte von Unternehmen ebenso wie Multiplikatoren in der Gesundheitsbranche mit ihren praxisnahen, unterhaltsamen und innovativen Vorträgen. Erfahren Sie alles, was Sie schon immer über Gesundheit im 21. Jahrhundert wissen wollten. Von den neuesten Ernährungstrends über work-life-fun-balance bis hin zu gesundem Sex. Immer nach dem Motto „Lebst Du noch oder stirbst Du schon"!

Weitere Infos unter www.susannewendel.de

Weiterführende Literatur

Gänsler, S., & Bröske, T. (2010). *Die Gesundarbeiter*. Hamburg: Murmann Verlag GmbH.
Händeler, E. (2009). *Die Geschichte der Zukunft*. München: Joh. Brendow & Sohn Verlag GmbH.
Horx, M. (2011). *Das Megatrend-Prinzip*. München: Deutsche Verlags-Anstalt.
Wendel, S. (2012). *Gesundgevögelt*. Stuttgart: HORIZON Medienverlag.

Topaktuelles Wissen für die Praxis

2013. XII, 258 S. 48 Abb. Brosch.
€ (D) 29,99 | € (A) 30,83 | * sFr 37,50
ISBN 978-3-658-01417-9 (Print)
€ (D) 22,99 | * sFr 30,00
ISBN 978-3-658-01418-6 (eBook)

2014. XIX, 167 S. 34 Abb. in Farbe. Geb.
€ (D) 19,99 | € (A) 20,55 | * sFr 25,00
ISBN 978-3-658-03589-1 (Print)
€ (D) 14,99 | * sFr 20,00
ISBN 978-3-658-03590-7 (eBook)

2014. XIV, 325 S. 48 Abb. Brosch.
€ (D) 29,99 | € (A) 30,83 | * sFr 37,50
ISBN 978-3-658-03611-9 (Print)
€ (D) 22,99 | * sFr 30,00
ISBN 978-3-658-03612-6 (eBook)

2015. X, 261 S. 7 Abb. Brosch.
€ (D) 29,99 | € (A) 30,83 | * sFr 37,50
ISBN 978-3-658-03613-3 (Print)
€ (D) 22,99 | * sFr 30,00
ISBN 978-3-658-03614-0 (eBook)

2015. XVIII, 207 S. 47 Abb. Brosch.
€ (D) 29,99 | € (A) 30,83 | * sFr 37,50
ISBN 978-3-658-05774-9 (Print)
€ (D) 22,99 | * sFr 30,00
ISBN 978-3-658-05775-6 (eBook)

2015. XIV, 115 S. Geb.
€ (D) 29,99 | € (A) 30,83 | * sFr 32,00
ISBN 978-3-658-07507-1 (Print)
€ (D) 22,99 | * sFr 25,50
ISBN 978-3-658-07508-8 (eBook)

2016. Etwa 300 S. Geb.
€ (D) 29,99 | € (A) 30,83 | * sFr 37,50
ISBN 978-3-658-07497-5 (Print)
€ (D) 22,99 | * sFr 25,50
ISBN 978-3-658-07498-2 (eBook)

2016. Etwa 300 S. Geb.
€ (D) 29,99 | € (A) 30,83 | * sFr 37,50
ISBN 978-3-658-07509-5 (Print)
€ (D) 22,99 | * sFr 25,50
ISBN 978-3-658-07510-1 (eBook)

2015. Etwa 70 S. Geb.
€ (D) 19,99 | € (A) 20,55 | * sFr 21,50
ISBN 978-3-658-05782-4 (Print)
€ (D) 14,99 | * sFr 17,00
ISBN 978-3-658-05783-1 (eBook)

€ (D) sind gebundene Ladenpreise in Deutschland und enthalten 7 % MwSt. € (A) sind gebundene Ladenpreise in Österreich und enthalten 10 % MwSt. Die mit * gekennzeichneten Preise sind unverbindliche Preisempfehlungen und enthalten die landesübliche MwSt. Preisänderungen und Irrtümer vorbehalten.

Jetzt bestellen: springer.com/shop